국어

선생님이 강력 추천하는

개념 PLUS 단원평가

4·2

3~4학년군

KB085559

여러분의 꿈을 응원합니다!!!

민들레에게는
하얀 씨앗을 더 멀리 퍼뜨리고 싶은 꿈이 있고,

연어에게는
고향으로 돌아가 알알이 붉은 알을 낳고 싶은 꿈이 있습니다.

여러분도 가지각색의 아름다운 꿈을 가지고 있지요?
꿈을 향한 마음으로
좋은 결과를 위해 힘껏 달려 보아요.

여러분의 아름답고 소중한 꿈을 응원합니다.

구성과 특징

국어 활동

『국어 활동』의 내용을 확인하고 활용할 수 있도록 하였습니다.

1. 단원 요점 정리

교과서 내용 가운데 가장 중요하고 중심이 되는 내용을 보기 쉽게 정리했습니다.

2. 개념을 확인해요

교과서 개념에 대한 주요 내용을 간단한 문제를 통하여 확인할 수 있습니다.

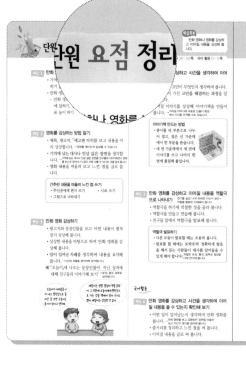

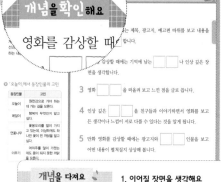

3. 개념을 다져요

꼭 알아야 할 기본 개념이나 원리와 관련된 문제로 꾸몄습니다.

4. 단원 평가

여러 가지 유형의 문제를 단원별로 구성하고, 도전, 실전 으로 난이도를 구분하여 학습 목표를 이룰 수 있도록 하였습니다.

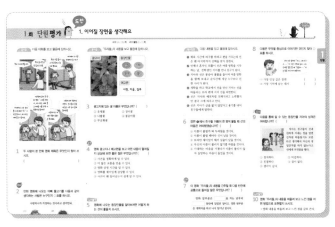

5. 창의 서술형 문제

서술형 평가에 대비할 수 있도록 다양한 문제로 구성하였습니다.

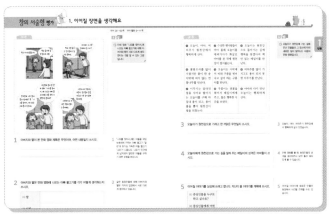

6. 100점 예상문제

핵심만 콕콕 짚어 중간 범위, 기말 범위, 전체 범위로 구분하여 구성하였습니다.

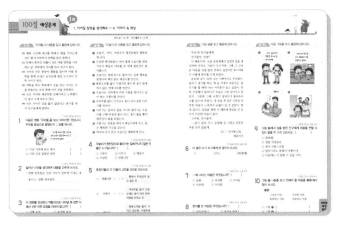

정답과 풀이

별책 부록

스스로 학습할 수 있도록 문제마다 자세한 풀이를 넣었으며 '더 알아볼까요!' 코너를 두어 문제를 정확하고 쉽게 이해할 수 있도록 하였습니다.

이 책의 특징

- 교과서 내용을 모두 반영하였습니다.
- 단원 요점을 꼼꼼하게 정리하였습니다.
- 여러 유형의 평가 문제를 통하여 쉽게 학습 목표를 이룰 수 있습니다.
- 권말 부록(100점 예상문제)으로 학교 시험에 완벽하게 대비할 수 있습니다.

차례

4·2

3~4학년군

국어 4-2

3~4
학년군

독서 단원 책을 읽고 생각을 나누어요

독서 준비 ▶ 읽을 책을 정하고 내용 예상하기

읽을 책 정하기

🍎 책을 골랐던 경험을 떠올려 보고 읽을 책을 정해 봅시다.

경험 나누기	• 자신이 읽었던 책 이야기하기 • 자신이 읽었던 책 목록 만들기 • 자신의 독서 습관에 대해 짝과 이야기 나누기		
책 찾아보기	• 책을 고르는 방법 알아보기 • 책을 고르는 자신의 기준 만들기		
누구와 읽을지 정하기	자신이 읽고 싶은 책을 혼자 골라 읽어요.	모둠 친구들과 의논해 읽고 싶은 책을 함께 골라 읽어요.	관심 있는 분야가 같은 친구들이 모여 함께 읽어요.
읽을 책 결정하기	혼자서 읽을 때	읽고 싶은 책 제목을 쓰고 책을 고르는 기준에 따라 알맞게 표시해 본다.	
	친구와 함께 읽을 때	• 친구들과 함께 읽고 싶은 책을 소개해 본다. 책을 고른 까닭이나 기준을 말하면 더 좋다. • 친구들이 고른 책을 살펴보고, 책을 고른 기준을 고려하며 어떤 책을 읽으면 좋을지 생각해 본다.	

책의 저자와 머리말을 살펴보고 내용 예상하기

🌸 책의 저자와 머리말을 살펴보고 내용을 예상해 봅시다.

책의 저자를 살펴보고 내용 예상하기

작가 소개

정채봉(1946~2001)
작은 바닷가 마을에서 태어나 동화 작가가 되었습니다.
『물에서 나온 새』, 『멀리 가는 향기』, 『콩 형제 이야기』 따위를 썼고 어린이 문학상을 많이 받았습니다.

오세암
정채봉

여러 가지 머리말을 살펴보고 내용 예상하기
머리말은 작가의 말, 서문이라고도 한다. 작가가 책을 쓴 까닭이나 책 전체 내용에 대한 정보가 담겨 있다.

읽기 방법 정하기

🍑 책을 어떤 방법으로 읽을지 정해 봅시다.

▲ 선생님께서 읽어 주시는 내용 듣기

▲ 혼자 소리 내지 않고 읽기

▲ 모둠 친구들과 돌아가며 읽기

궁금한 점을 떠올리며 책 읽기

🌼 궁금한 점을 떠올리며 책을 읽어 봅시다.

궁금한 점을 떠올리며 책 읽기

옹 고 집

진짜 옹고집이 동냥으로 밥을 얻어먹으며 떠돌아다닌 지 3년이 지났다. 옹고집은 가족이 매우 그리웠지만, 고향으로 돌아가면 쫓겨날까 두려워 용기를 낼 수 없었다.

한편 고향에서는 가짜 옹고집이 자신의 잘못을 반성하며 곳간에 있는 곡식을 가난한 사람들에게 나누어 주고, 마을 사람들은 가짜 옹고집을 칭찬했다.

이 말을 들은 진짜 옹고집은 화를 내다가 앞일을 걱정했다.

'가짜가 내 재물로 사람들에게 인심을 얻었으니 나는 이제 집에 돌아갈 희망이 없구나. 마지막으로 내 집 한번 보고 싶구나.'

책을 읽고 질문 떠올리기

원님은 왜 가짜 옹고집을 진짜라고 생각했을까?	옹고집은 어떻게 될까?	가짜 옹고집은 왜 곳간의 곡식을 마을 사람들과 나누었을까?
개과천선은 무슨 뜻일까?	진짜 옹고집은 왜 고향으로 가지 못했지?	내가 옹고집이라면 어떤 방법으로 진짜 옹고집이라는 것을 증명할까?

책을 읽고 떠오른 질문 정리하기

> • 진짜 옹고집이 잘못한 일에는 어떤 것이 있을까?
> • 원님은 왜 가짜 옹고집을 진짜라고 생각했을까?
> • 가족과 마을 사람들에게 가짜라며 쫓겨날 때 진짜 옹고집은 어떤 생각을 했을까?
> • 내가 옹고집이라면 어떤 방법으로 진짜 옹고집이라는 것을 증명할까?
> • 글쓴이가 우리에게 하고 싶은 말은 무엇일까?
> • 이야기가 끝난 뒤 진짜 옹고집은 어떻게 되었을까?

질문 분류하기

책에서 답을 찾을 수 있는 질문	책에서 답을 찾을 수 없는 질문
• 진짜 옹고집이 잘못한 일에는 어떤 것이 있을까? • 원님은 왜 가짜 옹고집을 진짜라고 생각했을까?	• 가족과 마을 사람들에게 가짜라며 쫓겨날 때 진짜 옹고집은 어떤 생각을 했을까? • 내가 옹고집이라면 어떤 방법으로 진짜 옹고집이라는 것을 증명할까? • 글쓴이가 우리에게 하고 싶은 말은 무엇일까? • 이야기가 끝난 뒤 진짜 옹고집은 어떻게 되었을까?

독서 후 ▷ 책 내용을 간추리고 생각 나누기

책 내용 간추리기

● 책 한 권을 끝까지 읽고 책 내용을 간추려 봅시다.

책 제목	별별 우주 이야기

옛날 옛적 하늘을 탐구하다: 밤하늘에 관심이 많았던 옛날 사람들은 밤하늘을 관측했고, 그 결과 달력이 만들어졌다.

그래도 지구는 돈다: 사람들은 1500년 넘게 천동설을 믿었지만 여러 과학자가 노력하고 천체 망원경으로 관찰한 결과, 지구가 태양의 주위를 돈다는 지동설이 옳다는 것이 밝혀졌다.

우주, 저 멀리 새로운 세계: 천체 망원경으로 별을 관찰하면서 우리 은하와 외부의 수많은 은하가 모여 우주를 이룬다는 것을 알게 되었다.

아름다운 밤하늘 이야기: 옛날 사람들은 별을 보고 여러 궁금증을 풀려고 했다. 그래서 시간과 계절의 변화를 알았고 별자리에 신화와 전설을 붙여 별자리 이야기를 만들었다.

우주의 비밀을 밝혀 나가다: 지금은 천체 망원경을 로켓으로 쏘아 올려 우주에서 천체를 관측하고 있으며, 앞으로 더 성능 좋은 천체 망원경이 개발되면 우주 탄생의 비밀과 우주의 미래도 알 수 있을 것이다.

이야기 글은 누가, 언제, 어디에서, 무엇을 했는지 생각해 보고 간추립니다. 그리고 설명하는 글은 중요한 낱말을 중심으로 정리한 뒤에 관련 있는 내용을 덧붙이며 간추립니다.

● 다음 활동 가운데에서 하나를 골라 해 봅시다.

선택 1 개념 지도 그리기

책을 읽고 중요한 내용 정리하기

책 제목	옥수수왕 납시오!

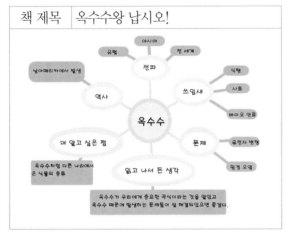

정리한 내용 발표하기

선택 2 책 속 좋은 구절 말하기

책 속 좋은 구절과 그 구절을 고른 까닭 쓰기

책 제목: 행복한 청소부 "무슨 뜻인지 알게 될 때까지 되풀이 해서 읽었어."	책 속 좋은 구절
고른 까닭	나는 책을 읽다가 모르는 것이 나오 면 포기했었는데 책에 나오는 청소부 아저씨처럼 읽다 보니 점점 이해가 되 었다. 이 사실을 다른 사람에게도 알려 주고 싶다.

책갈피 만들기

발표하기

선택 3 독서 토의 하기

이야깃거리 생각하기

책 제목: 늑대가 들려주는 아기 돼지 삼 형제 이야기

〈이야기 나누고 싶은 내용〉

• 늑대가 동물을 먹이로 먹는다고 해서 이웃집 아 기 돼지를 먹은 것은 잘한 일일까?

• 늑대가 하는 말은 진실일까?

'책에서 답을 찾을 수 없는 질문' 가운데에서 친구들과 이야기 나누 고 싶은 질문을 떠올려 봅니다.

이야깃거리 모으기

친구들은 늑대에게 설탕 한 컵을 꾸어 줄까?	이 사건에서 아기 돼지들은 어떤 책임이 있을까?	작가는 왜 늑대를 주인공으로 삼았을 까?
이 책에서 말을 하지 않는 사람은 누구인가?	늑대가 하는 말은 진실일 까?	늑대가 동물을 먹이로 먹는다고 해서 이 웃집 아기 돼지를 먹은 것은 잘한 일일까?

모둠별로 이야깃거리 정하기

책 이야기 나누기

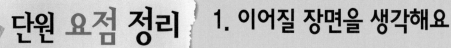
단원 요점 정리 1. 이어질 장면을 생각해요

학습목표
만화 영화나 영화를 감상하고 이어질 내용을 상상해 봅시다.

국어 36~59쪽 국어 활동 6~11쪽

핵심 1 만화 영화나 영화를 본 경험 말하기

- 기억에 남는 만화 영화나 영화의 제목 알아맞히기 놀이를 해 봅니다. →만화 영화나 영화의 제목 말하기
- 만화 영화나 영화를 경험을 말해 봅니다.
  - 만화 영화나 영화의 제목을 떠올리고 물음에 답하기, 만화 영화나 영화를 본 경험 발표 놀이 하기

핵심 2 영화를 감상하는 방법 알기

- 제목, 광고지, ★예고편 따위를 보고 내용을 미리 상상합니다. →영화를 재미있게 감상할 수 있습니다.
- 기억에 남는 대사나 인상 깊은 장면을 생각합니다. → 기억에 남는 대사나 인상 깊은 장면을 친구들과 이야기하면서 영화를 보고 든 생각이나 느낌이 서로 다를 수 있다는 것을 알게 됩니다.
- 영화 내용을 떠올려 보고 느낀 점을 글로 씁니다.

> **간추린 내용을 떠올려 느낀 점 쓰기**
> - 주인공에게 편지 쓰기
> - 시로 쓰기
> - 그림으로 나타내기

핵심 3 만화 영화 감상하기

- 광고지와 등장인물을 보고 어떤 내용이 펼쳐질지 상상해 봅니다.
- 상상한 내용을 바탕으로 하여 만화 영화를 감상해 봅니다.
- 일이 일어난 차례를 생각하며 내용을 요약해 봅니다. →사건의 흐름을 생각하며 요약합니다.
- 예 「오늘이」에 나오는 등장인물이 지닌 성격에 대해 친구들과 이야기해 보기 └표정, 몸짓, 말투로 짐작합니다.

오늘이가 어려움을 이겨 내고 원천강으로 돌아간 걸 보면 오늘이는 용기가 있다고 생각해.

매일이는 정말 열심히 책을 읽었어. 그 덕분에 오늘이에게 원천강으로 가는 것을 책에서 찾아 주기도 했어. 매일이는 성실한 것 같아.

핵심 4 만화 영화를 감상하고 사건을 생각하며 이어질 내용 쓰기

- 등장인물의 고민이 무엇인지 생각하며 봅니다.
- 등장인물이 가진 고민을 해결하는 과정을 알아봅니다.
- 이어질 이야기를 상상해 이야기책을 만들어 봅니다. → 이어질 이야기에 새로운 인물이 등장해서 사건을 전개할 수도 있습니다.

> **이야기책 만드는 방법**
> - 종이를 네 부분으로 나누어 접고, 접은 선 가운데에서 한 부분을 뜯습니다.
> - 네 면 가운데에서 세 면에 이야기를 쓰고 나머지 한 면에 풀칠해 붙입니다.

핵심 5 만화 영화를 감상하고 이어질 내용을 역할극으로 나타내기

연기를 실감 나게 하려면 자신이 맡은 역할을 충분히 이해해야 합니다.

- 역할극을 하기에 적절한 것을 골라 봅니다.
- 역할극을 만들고 연습해 봅니다.
- 친구들 앞에서 역할극을 발표해 봅니다.

> **역할극 발표하기**
> - 다른 모둠이 발표할 때는 조용히 봅니다.
> - 발표를 할 때에는 또박또박 정확하게 발음을 해서 듣는 사람들이 대사를 알아들을 수 있게 해야 합니다. └적절한 표정, 몸짓, 말투로 정성을 다해 연기해 봅니다.

국어활동

핵심 6 만화 영화를 감상하고 사건을 생각하며 이어질 내용을 쓸 수 있는지 확인해 보기

- 어떤 일이 일어났는지 생각하며 만화 영화를 봅니다. →만화 영화를 보고 감동받은 장면을 떠올려 보고 자신의 생각을 정리해 봅니다.
- 줄거리를 정리하고 느낀 점을 써 봅니다.
- 이어질 내용을 글로 써 봅니다.

조금 더 알기

⚙ 「우리들」의 내용 파악하기

영화 앞부분은 선과 지아가 친하게 지내는 내용이고, 영화 뒷부분은 선과 지아의 사이가 나빠져 힘들어 하는 내용입니다.

⚙ 「오늘이」에서 등장인물의 고민

등장인물	고민
오늘이	원천강으로 가야 하는데 가는 길을 모른다.
매일이	행복이 무엇인지 알고 싶다.
연꽃나무	꽃봉오리를 많이 가지고 있는데, 이상하게도 하나만 꽃이 핀 까닭을 알고 싶다.
이무기	여의주를 많이 가졌는데도 용이 되지 못한 까닭을 모른다.

⚙ 역할극 만들기

❶ 역할을 정하고, 대본이 없는 상태에서 즉흥적으로 이어질 내용에 어울리는 대사를 만들어 가며 연기한다.

❷ 대사가 잘 떠오르지 않을 때에는 모둠 친구들과 함께 직접 연기해 보며 대사를 만든다.

 낱말 사전

★ 예고편 영화나 텔레비전 프로그램 따위의 내용을 선전하기 위하여 그 내용의 일부를 뽑아 모은 것.

개념을 확인해요

1 영화를 감상할 때에는 제목, 광고지, 예고편 따위를 보고 내용을 미리 ☐☐ 합니다.

2 영화를 감상할 때에는 기억에 남는 ☐☐ 나 인상 깊은 장면을 생각합니다.

3 영화 ☐☐ 을 떠올려 보고 느낀 점을 글로 씁니다.

4 인상 깊은 ☐☐ 을 친구들과 이야기하면서 영화를 보고 든 생각이나 느낌이 서로 다를 수 있다는 것을 알게 됩니다.

5 만화 영화를 감상할 때에는 광고지와 ☐☐ 인물을 보고 어떤 내용이 펼쳐질지 상상해 봅니다.

6 만화 영화를 감상한 뒤에는 일이 일어난 ☐☐ 를 생각하며 내용을 요약해 봅니다.

7 만화 영화를 감상하고 ☐☐ 을 생각하며 이어질 내용을 씁니다.

8 만화 영화를 감상하고 ☐☐ 극으로 나타내 봅니다.

9 만화 영화를 감상하고 역할극 발표를 할 때에는 ☐☐ 하게 발음을 해야 합니다.

10 연기를 실감 나게 하려면 자신이 맡은 ☐☐ 을 충분히 이해해야 합니다.

도움말

1. 만화 영화나 영화의 제목 글자들의 첫 자음자를 보고 만화 영화나 영화의 제목을 알아맞히는 놀이입니다.

핵심 1

1 다음은 만화 영화나 영화의 제목 알아맞히기 놀이를 한 모습입니다. 첫 자음자로 보아 빈칸에 들어갈 제목은 무엇입니까? (   )

제목의 첫 자음자	제목
ㅇ ㄴ ㅈ ㄷ ㅇ	안녕 자두야
ㄱ ㅈ ㄱ ㅁ ㅅ	

① 포카혼타스
② 검정 고무신
③ 장금이의 꿈
④ 미녀와 야수
⑤ 마법 천자문

2. 영화를 감상하면서 현실에서 비슷한 상황이 생기면 어떻게 할지도 생각해 봅니다.

핵심 2

2 영화를 감상하는 방법으로 알맞지 <u>않은</u> 것은 어느 것입니까? (   )

① 인상 깊은 장면을 생각한다.
② 등장인물의 수를 세어 본다.
③ 기억에 남는 대사를 생각한다.
④ 영화 내용을 떠올려 보고 느낀 점을 글로 써 본다.
⑤ 제목, 광고지, 예고편 따위를 보고 내용을 미리 상상한다.

3. 만화 영화를 볼 때, 등장인물의 성격을 짐작하면서 보면 훨씬 재미있고 내용을 이해하는 데 도움이 됩니다.

핵심 3

3 만화 영화를 감상하면서 내용을 이해하기 위해 살펴보아야 할 것을 모두 고르시오. (,   ,   )

① 만화를 그린 곳
② 등장인물의 표정
③ 등장인물의 몸짓
④ 등장인물의 말투
⑤ 만화 영화를 본 시간

핵심 4

4 만화 영화를 감상하고 사건을 생각하며 이어질 내용을 쓰는 방법으로 알맞지 <u>않은</u> 것은 무엇입니까? (   )

① 인물이 처한 상황을 고려한다.
② 일이 일어난 차례를 생각하며 쓴다.
③ 앞의 내용과 관련지어 쓰지 않는다.
④ 앞의 내용과 잘 어울리도록 내용을 쓴다.
⑤ 인물의 성격이나 하는 일을 생각해 쓴다.

도움말

4. 이어질 내용은 막연한 상상보다는 앞 내용과 잘 어울리도록 사건의 흐름을 생각하며, 재미와 감동이 있게 씁니다.

핵심 5

5 만화 영화를 감상하고 역할극으로 나타낼 때 인물의 말과 행동을 실감 나게 표현하는 방법으로 알맞은 것은 어느 것입니까? (   )

① 인물의 말을 일정한 말투와 크기로 표현한다.
② 몸짓을 많이 하지 말고 가만히 서서 표현한다.
③ 인물의 마음에 어울리는 몸짓과 표정으로 말한다.
④ 만화 영화에 나오는 모든 인물의 모습을 통일하여 표현한다.
⑤ 인물의 마음과는 상관없이 현재 그 인물을 연기하는 '나'의 마음이 잘 드러나게 표현한다.

5. 연기를 실감 나게 하려면 자신이 맡은 역할을 충분히 이해해야 합니다.

핵심 6

6 다음은 「임금님 귀는 당나귀 귀」의 줄거리를 정리한 것입니다. 이어질 내용을 쓰시오.

> 임금님이 자고 일어났더니 귀가 커져 있었다. 그래서 임금님은 의관을 만드는 노인에게 귀를 감출 수 있는 큰 왕관을 만들게 했다. ➡ 노인은 임금님의 귀가 길어졌다는 것을 말하지 못하고 끙끙 앓다가 병이 들고, 마침내 죽기 전에 아무도 없는 대나무 숲에 가서 "임금님 귀는 당나귀 귀."라고 말했다. ➡ 대나무 숲에서 "임금님 귀는 당나귀 귀."라는 소리가 들리자 임금님은 대나무를 모두 베어 버렸다. ➡ _____
> _____

6. 만화 영화를 감상하고 사건을 생각하며 이어질 내용을 쓸 때에는 만화 영화의 줄거리를 떠올려 보고 앞으로 어떤 일이 일어날지 생각해야 합니다.

국어 36~59쪽   국어 활동 6~11쪽

1~2 다음 대화를 보고 물음에 답하시오.

1 두 사람이 본 만화 영화 제목은 무엇인지 찾아 쓰시오.

(   )

중요

2 만화 영화에 나오는 아빠 물고기가 다음과 같이 생각하는 사람은 누구인지 ○표를 하시오.

> 아빠 물고기가 니모를 무척 사랑한다고 생각한다.

(1) (   )   (2) (   )

3~5 「우리들」의 내용을 보고 물음에 답하시오.

3 광고지에 있는 꽃 이름은 무엇입니까? (   )

① 유채꽃   ② 장미꽃
③ 나팔꽃   ④ 봉숭아꽃
⑤ 무궁화꽃

응용

4 영화 광고지나 예고편을 보고 어떤 내용이 펼쳐질지 상상해 보면 좋은 점은 무엇입니까? (   )

① 사건을 정확하게 알 수 있다.
② 더 많은 교훈을 얻을 수 있다.
③ 영화 상영 시간을 알 수 있다.
④ 영화를 재미있게 감상할 수 있다.
⑤ 사건이 왜 일어났는지 쉽게 알 수 있다.

서술형

5 영화에 나오는 등장인물을 알아보려면 어떻게 하는 것이 좋을지 쓰시오.

_____

_____

6~10 다음 내용을 읽고 물음에 답하시오.

❶ 체육 시간에 피구를 하려고 편을 가르는데 선은 맨 마지막까지 선택을 받지 못한다.

❷ 언제나 혼자인 외톨이 선은 여름 방학을 시작하는 날, 전학생인 지아를 만나 친구가 된다.

❸ 지아와 선은 봉숭아 꽃물을 들이며 여름 방학을 함께 보내고 순식간에 세상 누구보다 친한 사이가 된다.

❹ 개학을 하고 학교에서 선을 만난 지아는 선을 따돌리는 보라 편에 서서 선을 외면한다.

❺ 선은 지아와 예전처럼 친해지려고 노력했지만 결국 크게 싸우고 만다.

❻ 선은 지아가 금을 밟지 않았다고 용기를 내어 친구들에게 말한다.

---

6 장면 ❶에서 친구들 이름이 한 명씩 불릴 때 선의 마음은 어떠했겠습니까? (   )

① 이름이 불릴까 봐 두려웠을 것이다.

② 이름이 불릴 때마다 신이 났을 것이다.

③ 보라만 재미있어 해서 심술이 났을 것이다.

④ 자신의 이름이 불리지 않기를 바랐을 것이다.

⑤ 기대하는 마음을 가졌다가 이름이 불리지 않자 실망하는 마음이 들었을 것이다.

---

7 이 영화 「우리들」의 내용을 간추릴 때 다음 빈칸에 공통으로 들어갈 말은 무엇입니까? (   )

영화 앞부분은 [   ] 을 하는 날부터 [   ] 동안에 있었던 일이고, 영화 뒷부분은 개학식을 하고 나서 일어난 일이다.

① 개학 ② 졸업
③ 여름 방학 ④ 수업 시간
⑤ 체육 시간

---

8 다음은 무엇을 중심으로 이야기한 것인지 찾아 ○ 표를 하시오.

선이 자주 말하던 "아니, 그게 아니고……."가 가장 기억에 남아. 나도 선처럼 말을 할 때 "있잖아……."라는 말을 자주 하기 때문이야.

⑴ 가장 인상 깊은 장면 (   )
⑵ 가장 기억에 남는 대사 (   )

주의

9 다음을 통해 알 수 있는 등장인물 지아의 성격은 어떠합니까? (   )

지아는 친구들이 선과 친하게 지내는 것을 알면 선처럼 따돌릴지도 모른다고 생각해서 자신의 생일잔치를 하지 않는다고 선에게 거짓말을 했다.

① 정직하다. ② 비겁하다.
③ 친절하다. ④ 겁이 없다.
⑤ 생각이 깊다.

서술형

10 영화 「우리들」의 내용을 떠올려 보고 느낀 점을 어떤 방법으로 표현할지 쓰시오.

• 영화 내용을 떠올려 보고 느낀 점을 글로 쓴다.

• _____

_____

_____

11 만화 영화 속 등장인물의 성격을 알아볼 때에 살펴볼 점을 모두 고르시오. (, ,)

① 말투
② 몸짓
③ 표정
④ 나이
⑤ 가족 관계

12 다음 그림은 어떤 등장인물을 나타낸 것인지 기호를 쓰시오.

㉮ 사막에서 비와 구름을 벗어나고 싶은 구름이
㉯ 많은 여의주를 가지고도 용이 되지 못한 이무기
㉰ 행복이 무엇인지 알고 싶어 계속해서 책을 읽는 매일이

( )

13 다음 등장인물의 행동으로 보아, 성격은 어떠하겠습니까? ( )

오늘이: 낯선 사람들이 원천강에서 오늘이를 먼 곳으로 데려다 놓았는데 여러 사람의 도움으로 다시 원천강으로 돌아갔다.

① 착하다.
② 친절하다.
③ 욕심이 없다.
④ 남을 위해 희생한다.
⑤ 포기하지 않고 목표를 이루어 낸다.

 중요

14 다음 고민은 어떤 사건이 일어나서 해결되었는지 알맞은 것끼리 선으로 이으시오.

(1) 원천강으로 가야 하는데 가는 길을 모른다. •

(2) 행복이 무엇인지 알고 싶다. •

(3) 꽃봉오리를 많이 가지고 있는데, 이상하게도 하나만 꽃이 핀 까닭을 알고 싶다. •

(4) 여의주를 많이 가졌는데도 용이 되지 못한 까닭을 모른다. •

• ㉮ 책에서 벗어나 구름이와 행복한 시간을 보낸다.

• ㉯ 연꽃이 꺾어지자마자 송이송이 다른 꽃들이 피기 시작했다.

• ㉰ 위험에 빠진 오늘이를 구하려고 품고 있던 여의주를 모두 버려 마침내 용이 되었다.

• ㉱ 매일이, 연꽃나무, 구름이, 이무기를 만나 원천강으로 가게 된다.

 중요

15 만화 영화를 감상하고 사건을 생각하며 이어질 내용을 쓸 때에 생각할 점이 아닌 것은 어느 것입니까? ( )

① 중심인물을 누구로 할까?
② 중심인물에게 어떤 일이 생길까?
③ 중심인물은 그 일을 어떻게 해결할까?
④ 200자 원고지 세 장을 넘길 수 있을까?
⑤ 사건을 전개할 새로운 인물이 필요할까?

1 단원

16 지우는 어떤 내용을 역할극으로 만들고 싶어하는지 알맞은 것에 ○표를 하시오.

지우

나는 태윤이가 쓴 내용으로 역할극을 했으면 좋겠어. 야아가 시름시름 앓다가 죽자 오늘이는 깊은 슬픔에 빠졌지. 오늘이에게 웃음을 찾아 주고자 용이 된 이무기가 오늘이를 등에 태우고 여행을 떠난다는 내용이 마음에 들어.

(1) 야아와 오늘이가 시름시름 앓다가 죽어서 용이 되는 내용 ( )

(2) 용이 된 이무기가 오늘이를 등에 태우고 여행을 떠나는 내용 ( )

17 만화 영화를 감상하고 이어질 내용을 역할극으로 나타내는 차례에 맞게 기호를 쓰시오.

❶ 역할극을 만들고 연습하기
❷ 친구들의 발표를 보고 난 뒤에 인상 깊은 대사나 연기 내용 쓰기
❸ 반 친구들 앞에서 역할극 발표하기
❹ 역할극을 하기에 적절한 뒷이야기 고르기
❺ 역할극을 발표하고 난 뒤에 느낀 점 말하기

( ) → ( ) → ( ) → ( ) → ❷

서술형

18 역할극을 실감 나게 발표하는 방법을 쓰시오.

_____

_____

19~20 다음을 참고하여 물음에 답하시오.

만화 영화 「독도 수비대 강치」의 내용

자신의 과거를 모르고 서커스 단원으로 살아가던 강치와 친구들은 독도의 괭이로부터 도움을 요청 받는다. 강치와 친구들은 '불타는 얼음'을 차지하기 위해 독도를 침략한 아무르 일당을 물리치고 평화를 되찾는다.

19 다음 까닭에 알맞은 인상 깊은 장면은 무엇입니까? ( )

그 까닭	강치의 눈물방울이 불타는 얼음에 떨어지자 죽었던 독도의 생물이 다시 살아나게 되어서 다행이라는 생각이 들었기 때문이다.

① 불타는 얼음에 강치의 눈물방울이 떨어지는 장면
② 강치가 아무르와 싸워서 불타는 얼음을 되찾는 장면
③ 강치와 친구들이 독도에 와서 사철나무 어르신을 만나는 장면
④ 강치가 자신에 대해 아무 것도 모른 채 서커스 단원으로 살아가는 장면
⑤ 아무르가 불타는 얼음을 차지하려고 독도로 가는 길에 갈매기에게 공격을 당하는 장면

20 이 만화 영화를 보고 이어질 내용을 쓰는 방법으로 알맞은 것을 두 가지 고르시오. (,)

① 등장인물의 대사를 세어 본다.
② 만화 영화의 줄거리를 떠올려 본다.
③ 앞으로 어떤 일이 일어날지 생각한다.
④ 등장인물이 한 말의 길이를 생각한다.
⑤ 자신과 비슷한 성격의 등장인물을 찾는다.

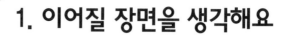

국어 36~59쪽 　국어 활동 6~11쪽

1~2 다음 대화를 보고 물음에 답하시오.

3~5 「우리들」의 내용을 읽고 물음에 답하시오.

❶ 체육 시간에 피구를 하려고 편을 가르는데 선은 맨 마지막까지 선택을 받지 못한다.

❷ 언제나 혼자인 외톨이 선은 여름 방학을 시작하는 날, 전학생인 지아를 만나 친구가 된다.

❸ 지아와 선은 봉숭아 꽃물을 들이며 여름 방학을 함께 보내고 순식간에 세상 누구보다 친한 사이가 된다.

❹ 개학을 하고 학교에서 선을 만난 지아는 선을 따돌리는 보라 편에 서서 선을 외면한다.

3 중심인물은 누구누구입니까? (　 , 　)

① 선　　　② 윤　　　③ 지아
④ 봉숭아　⑤ 선생님

1 언제, 어디에서 아버지와 딸이 대화를 나눴습니까? (　　　)

① 등굣길, 집
② 수업 중, 교실
③ 방과 후, 복도
④ 하굣길, 운동장
⑤ 일요일 밤, 공원

4 장면 ❸에서 선과 지아가 봉숭아꽃으로 한 일은 무엇인지 쓰시오.

(　　　　　　　　　　　　　)

서술형

5 개학날 아침에 지아가 선을 외면했습니다. 그 까닭은 무엇일지 쓰시오.

_____

_____

2 딸은 아버지를 누구와 비슷하다고 하였는지 찾아 쓰시오.

(　　　　　　　　　　)

6~8 「우리들」의 내용을 읽고 물음에 답하시오.

❶ 체육 시간에 피구를 하려고 편을 가르는데 선은 맨 마지막까지 선택을 받지 못한다.

❷ 언제나 혼자인 외톨이 선은 여름 방학을 시작하는 날, 전학생인 지아를 만나 친구가 된다.

❸ 지아와 선은 봉숭아 꽃물을 들이며 여름 방학을 함께 보내고 순식간에 세상 누구보다 친한 사이가 된다.

❹ 개학을 하고 학교에서 선을 만난 지아는 선을 따돌리는 보라 편에 서서 선을 외면한다.

❺ 선은 지아와 예전처럼 친해지려고 노력했지만 결국 크게 싸우고 만다.

❻ 선은 지아가 금을 밟지 않았다고 용기를 내어 친구들에게 말한다.

6 장면 ❶에서 친구들 이름이 한 명씩 불릴 때 선의 마음은 어떻게 변해 갔겠습니까? (   )

① 기대감 → 실망감
② 두려움 → 즐거움
③ 무서움 → 안도감
④ 화가 남 → 행복함
⑤ 속상함 → 자랑스러움

7 간추린 내용으로 보아, 영화 뒷부분은 어떤 내용인지 쓰시오.

· 선과 지아가 (   ) 내용이다.

8 장면 ❻를 통해 알 수 있는 선의 성격은 어떠합니까? (   )

① 소심하다.   ② 용감하다.
③ 친절하다.   ④ 겁이 많다.
⑤ 정직하지 못하다.

9 다음 친구들은 「우리들」을 보고 무엇무엇에 대해 이야기하고 있습니까? (,   )

나는 윤이 김치볶음밥 만드는 방법을 설명하는 말이 재미있었어. "섞어! 간단해."라고 하자 다 같이 웃었잖아.

피구를 하려고 편을 나눌 때 선의 표정이 점점 변해 가는 것이 가장 인상 깊었어.

① 인상 깊은 장면
② 기억에 남는 대사
③ 상상한 이어질 내용
④ 일어난 사건의 차례
⑤ 가장 안타까웠던 장면

10 영화를 감상하는 방법으로 알맞지 않은 것은 무엇입니까? (   )

① 인상 깊은 장면을 생각한다.
② 기억에 남는 대사를 생각한다.
③ 영화의 뒷부분만 여러 번 돌려 본다.
④ 영화 내용을 떠올려 보고 느낀 점을 써 본다.
⑤ 제목, 광고지, 예고편 따위를 보고 내용을 미리 상상한다.

서술형

11 자신이 재미있게 영화를 감상하는 방법을 쓰시오.

_____

_____

12~16 「오늘이」의 내용을 읽고 물음에 답하시오.

❶ 오늘이, 야아, 여의주가 원천강에서 행복하게 산다.
❷ 수상한 뱃사람들이 야아 몰래 오늘이를 데려가다가 화살로 야아를 쏜 뒤에 원천강이 얼어붙는다.
❸ 오늘이는 원천강으로 돌아가는 길에 행복을 찾겠다며 책만 읽는 매일이를 만난다.
❹ 꽃봉오리를 많이 가졌지만 꽃이 한 송이밖에 피지 않는 연꽃나무를 만난다.
❺ 오늘이는 사막에서 비와 구름을 벗어나고 싶어 하는 구름이를 만난다.
❻ 여의주를 많이 가지고도 용이 되지 못한 이무기를 만난다.
❼ 이무기는 갈라진 얼음 사이로 떨어지는 오늘이를 구해 마침내 용이 되고, 용이 불을 뿜어 원천강이 빛을 되찾는다.
❽ 구름이는 연꽃을 꺾어서 매일이에게 주고, 둘은 행복한 시간을 보낸다.
❾ 야아와 다시 만난 오늘이는 행복하게 산다.

12 오늘이가 살고 있었던 곳은 어디입니까?
(　　　)
① 사막
② 원천강
③ 구름 위
④ 꽃봉오리 속
⑤ 연꽃나무 위

13 다음은 오늘이가 만난 인물을 차례대로 적은 것입니다. 빈칸에 들어갈 등장인물을 쓰시오.

매일이 → 연꽃나무 → ⬚⬚⬚⬚ → 이무기

(　　　　　　　　)

14 매일이가 많은 책을 읽는 까닭은 무엇입니까?
(　　　)
① 멋진 용이 되고 싶어서
② 꽃을 활짝 피우고 싶어서
③ 행복이 무엇인지 알고 싶어서
④ 많은 꽃봉오리를 갖고 싶어서
⑤ 친구들과 재미있게 이야기하고 싶어서

15 이무기는 어떤 인물입니까? (　　　)
① 야아를 화살로 쏜 인물
② 오늘이를 먼 곳으로 데려다 놓은 인물
③ 사막에서 비와 구름을 벗어나고 싶은 인물
④ 여의주를 많이 가지고도 용이 되지 못한 인물
⑤ 꽃봉오리를 많이 가졌지만 꽃을 한 송이밖에 피우지 못하는 인물

16 「오늘이」에 나오는 등장인물이 지닌 성격에 대해 이야기를 하고 있습니다. 빈칸에 들어갈 알맞은 말은 무엇입니까? (　　　)

 오늘이가 어려움을 이겨 내고 원천강으로 돌아간 걸 보면 용기가 있다고 생각해.

매일이는 정말 열심히 책을 읽었어. 그 덕분에 오늘이에게 원천강으로 가는 길을 책에서 찾아 주기도 했어. 매일이는 ⬚⬚⬚ 것 같아.

① 괴팍한
② 성실한
③ 음흉한
④ 불쌍한
⑤ 불친절한

17~18 다음을 보고 물음에 답하시오.

등장인물	고민
오늘이	원천강으로 가야 하는데 가는 길을 모른다.
매일이	행복이 무엇인지 알고 싶다.
연꽃나무	꽃봉오리를 많이 가지고 있는데, 이상하게도 하나만 꽃이 핀 까닭을 알고 싶다.
이무기	여의주를 많이 가졌는데도 용이 되지 못한 까닭을 모른다.

17 다음은 누구의 고민 해결 과정일지 쓰시오.

매일이, 연꽃나무, 구름이, 이무기를 만나 원천강으로 가게 된다.

(   )

서술형

18 연꽃나무의 고민이 해결되는 사건으로 알맞은 내용은 무엇일지 쓰시오.

_____

_____

19 만화 영화를 감상하고 역할극으로 나타내 보면 좋은 점은 무엇입니까? (   )

① 만화 영화를 더 빨리 볼 수 있다.
② 더 멋진 만화 영화로 바꿀 수 있다.
③ 등장인물의 마음을 더 잘 느낄 수 있다.
④ 다 보지 않아도 내용을 이해할 수 있다.
⑤ 비슷한 내용의 다른 만화 영화를 찾을 수 있다.

20 「임금님 귀는 당나귀 귀」의 줄거리를 정리한 것입니다. 빈 곳에 들어갈 이어질 내용으로 알맞은 것은 무엇입니까? (   )

줄거리

임금님이 자고 일어났더니 귀가 커져 있었다. 그래서 임금님은 의관을 만드는 노인에게 귀를 감출 수 있는 큰 왕관을 만들게 했다.

노인은 임금님의 귀가 길어졌다는 것을 말하지 못하고 끙끙 앓다가 병이 들고, 마침내 죽기 전에 아무도 없는 대나무 숲에 가서 "임금님 귀는 당나귀 귀."라고 말했다.

대나무 숲에서 "임금님 귀는 당나귀 귀."라는 소리가 들리자 임금님은 대나무를 모두 베어 버렸다.

① 임금님은 큰 귀를 부끄럽게 생각하고 대나무 숲으로 숨어 버렸다.
② 임금님은 자신의 큰 귀가 너무나 창피해서 이불 속에서 끙끙 앓았다.
③ 임금님은 자신과 똑같은 커다란 왕관을 만들어 사람들에게 나눠 주었다.
④ 임금님은 귀가 당나귀 귀라는 사실을 알려질까 봐 사람들을 피해 다녔다.
⑤ 임금님은 큰 귀를 백성의 소리에 귀를 기울이는 어진 임금이 되라는 뜻으로 받아들였다.

국어 36~59쪽 국어 활동 6~11쪽

1~2

1 아버지와 딸이 본 만화 영화 제목은 무엇이며, 어떤 내용일지 쓰시오.

_____

_____

1 「니모를 찾아서」에는 아들을 과잉보호하며 키우는 아빠 물고기 '말린'과 호기심 가득한 아들 물고기 '니모'가 나옵니다. 니모가 인간에게 납치되자 말린은 아들을 구하기 위한 모험을 떠납니다.

2 아버지와 딸은 만화 영화에 나오는 아빠 물고기를 각각 어떻게 생각하는지 쓰시오.

(1) 딸	
(2) 아빠	

2 같은 등장인물에 대해 아버지와 딸은 각자의 입장에서 서로 다르게 생각하고 있습니다.

3~5

❶ 오늘이, 야아, 여의주가 원천강에서 행복하게 산다.	❷ 수상한 뱃사람들이 야아 몰래 오늘이를 데려가다가 화살로 야아를 쏜 뒤에 원천강이 얼어붙는다.	❸ 오늘이는 원천강으로 돌아가는 길에 행복을 찾겠다며 책만 읽는 매일이를 만난다.
❹ 꽃봉오리를 많이 가졌지만 꽃이 한 송이밖에 피지 않는 연꽃나무를 만난다.	❺ 오늘이는 사막에서 비와 구름을 벗어나고 싶어 하는 구름이를 만난다.	❻ 여의주를 많이 가지고도 용이 되지 못한 이무기를 만난다.
❼ 이무기는 갈라진 얼음 사이로 떨어지는 오늘이를 구해 마침내 용이 되고, 용이 불을 뿜어 원천강이 빛을 되찾는다.	❽ 구름이는 연꽃을 꺾어서 매일이에게 주고, 둘은 행복한 시간을 보낸다.	❾ 야아와 다시 만난 오늘이는 행복하게 산다.

💬 오늘이가 원천강에 가는 길에 만난 인물들과 그 장소에 따라 새로운 일이 일어나는 내용의 만화 영화입니다.

3 오늘이가 원천강으로 가려고 한 까닭은 무엇일지 쓰시오.

_____

3 오늘이, 야아, 여의주가 원천강에서 행복하게 살고 있었습니다.

4 오늘이에게 원천강으로 가는 길을 알려 주는 매일이의 성격은 어떠할지 쓰시오.

_____

4 만화 영화를 볼 때, 등장인물의 성격을 생각하면서 보면 훨씬 재미있게 볼 수 있습니다.

5 이어질 이야기를 상상해 쓰려고 합니다. 자신이 쓸 이야기를 계획해 쓰시오.

(1) 중심인물을 누구로 하고 싶나요?	
(2) 중심인물에게 어떤 일이 생기나요?	

5 이어질 이야기에 새로운 인물이 등장해서 사건을 전개할 수도 있습니다.

단원 요점 정리 2. 마음을 전하는 글을 써요

학습목표

마음을 전하는 글을 써 봅시다.

핵심 1 마음을 드러내는 표현 찾기

• 마음을 나타내는 낱말을 찾아봅니다.
• 마음이 드러난 표현을 찾아봅니다.
• 마음이 드러나게 표현해 봅니다.

> **마음을 전하는 글의 특징**
> • 표현하고 싶은 마음이 드러납니다.
> • 어떤 일이 일어났는지 씁니다.
> • 일어난 일에 대한 생각이나 느낌을 씁니다.

핵심 2 글쓴이가 전하려는 마음 알기

• 글쓴이의 마음을 생각하며 글을 읽어 봅니다.
• 글쓴이의 마음을 파악하는 방법을 알아봅니다. ┐누가 누구에게 쓴 글일까? 무슨 일에 대해 썼을까?
다. ┘글쓴이가 전하려는 마음은 무엇일까?

⑩ 지우가 쓴 편지

전하려는 마음	고마운 마음
마음을 전하려고 사용한 표현	고맙습니다.
마음을 전하고 싶었던 까닭	체험학습에서 ★도자기 만드는 것을 선생님께서 도와주셨기 때문이다.

> **글쓴이의 마음을 파악하는 방법**
> • 누가 누구에게 쓴 글인지, 무슨 일에 대해 썼는지 확인합니다.
> • 마음을 전하려고 어떤 말을 사용했는지, 글쓴이가 전하려는 마음은 무엇인지 확인합니다.

핵심 3 마음을 전하는 글을 쓰는 방법 알기

• 마음을 전하고 싶은 일을 떠올립니다.
• 글에서 전하려는 마음을 생각합니다.
• 마음을 잘 나타낼 수 있는 표현을 사용합니다.
• 읽는 사람의 마음이 어떠할지 짐작하며 씁니다.

핵심 4 마음을 전하는 글 쓰기

• 전해야 할 마음을 떠올려 봅니다.
• 마음을 전하고 싶은 일을 말해 봅니다.
• 마음을 전하는 글을 쓰는 데 필요한 내용을 정리해 봅니다.
• 마음을 전하는 글을 써 봅니다.

> **글에 쓸 표현 방법**
> • 전하고 싶은 마음이 드러나는 말: 고마워, 고맙습니다, 미안해, 죄송합니다 등
> • 자신의 마음을 드러내려고 쓰는 말: 가슴이 두근거려, 쑥스러워, 서글픈 날이었어, 숨고 싶었어 등

핵심 5 마음을 담아 붙임쪽지 쓰기 ┌언제, 어디에서, 누구와 무슨 일을 했는지 잘 드러나게 씁니다.

• 친구들에게 전할 소식을 떠올려 봅니다.
• 친구들에게 전할 소식을 글로 써 봅니다.

> **쪽지를 쓸 때 주의할 점**
> • 자신의 마음을 정직하게 표현합니다.
> • 쪽지를 읽을 친구의 마음을 생각하며 배려하는 글 쓰기를 합니다.
> • 교실 알림판에 붙임쪽지를 붙일 때에는 친구가 쓴 글을 가리지 않도록 합니다.

국어활동

핵심 6 글쓴이가 전하려는 마음, 마음을 전하는 글을 쓰는 방법을 아는지 확인해 보기

• 글쓴이의 마음을 느낄 수 있는 부분을 찾아봅니다. ┌⑩ 엄마에게 너희는 세상 무엇과도 바꿀 수 없는 소중한 보물이야.
• 받는 사람의 처지에서 편지를 읽어 봅니다.
• 글을 쓴 사람의 마음을 떠올려 봅니다.
  – 글을 쓸 때 고려한 점은 무엇인가?
  – 어떤 마음을 전했는가?
  – 무엇이라고 표현했나?
• 글에서 글쓴이의 마음이 드러난 부분을 찾아봅니다.

조금 더 알기

🔅 안창호 선생님이 아들에게 쓴 편지의 내용 파악하기

• 목적: 안부를 묻고 당부할 말을 전 하기 위해서입니다.
• 다친 일을 걱정하는 마음, 한 학년 올라간 일을 축하하는 마음, 좋은 사람이 되기 위해 힘쓰기를 당부 하는 마음이 나타나 있습니다.

🔅 전해야 할 마음

그리운 마음

위로하는 마음

🔅 학급 온라인 게시판 이용하기

• 댓글을 쓸 때에는 읽는 사람의 처 지를 생각하며 써야 합니다.
• 직접 보지 않고 대화하는 온라인 게 시판이라고 하여 거짓말을 하거나 남에게 나쁜 말을 하면 안 됩니다.

날말 사전

★ 도자기 도기, 자기, 사기, 질그릇 따위를 통틀어 이르 는 말.

개념을 확인해요

1 마음을 드러내는 표현을 찾을 때에는 ☐☐ 을 나타내는 낱말을 찾아봅니다.

2 마음을 전하는 글에는 표현하고 싶은 ☐☐ 이 드러납니다.

3 마음을 전하는 글을 쓸 때에는 일어난 일에 대한 ☐☐ 이 나 느낌을 씁니다.

4 글쓴이가 전하려는 마음을 알려면 글쓴이의 ☐☐ 을 생각 하며 글을 읽어 봅니다.

5 마음을 전하는 글을 쓸 때에는 글에서 전하려는 ☐☐ 을 생각합니다.

6 마음을 전하는 글을 쓸 때에는 ☐☐ 을 잘 나타낼 수 있는 표현을 사용합니다.

7 마음을 전하는 글은 ☐☐ 사람의 마음이 어떠할지 짐작해 씁니다.

8 '고맙습니다, 죄송합니다'는 전하고 싶은 ☐☐ 이 드러나 는 말입니다.

9 쪽지를 쓸 때에는 자신의 마음을 ☐☐ 하게 표현합니다.

10 쪽지를 읽을 친구의 마음을 생각하며 ☐☐ 하는 글 쓰기 를 합니다.

2 단원

국어 60~83쪽   국어 활동 12~17쪽

도움말

1. 그림의 내용은 전시 해설사 선생님의 설명을 들었던 일입니다. 이에 알맞은 마음을 전할 수 있도록 표를 완성해 봅니다.

핵심 1

1 다음 그림을 보고 쓸 내용을 정리하여 표를 완성하시오.

전시 해설사 선생님 덕분에 많은 것을 알게 되었어.

떠올린 일	전시 해설사 선생님의 설명을 들었던 일
마음을 전할 사람	(1)
전하고 싶은 마음	(2)

핵심 2

2. 누가 누구에게 쓴 글인지, 무슨 일에 대해 썼는지, 마음을 전하려고 어떤 말을 사용했는지, 글쓴이가 전하려는 마음은 무엇인지 확인하면 글쓴이의 마음을 파악할 수 있습니다.

2 글쓴이의 마음을 파악하는 방법을 알려고 합니다. 확인할 점이 <u>아닌</u> 것은 무엇입니까? (   )

① 무슨 일에 대해 썼을까?
② 누가 누구에게 쓴 글일까?
③ 누구와 언제 어디에서 읽을까?
④ 글쓴이가 전하려는 마음은 무엇일까?
⑤ 마음을 전하려고 사용한 표현은 무엇일까?

핵심 3

3. 마음을 전하는 글을 쓰는 방법은 마음을 잘 나타낼 수 있는 표현을 사용하고 글에서 전하려는 마음을 생각하는 것입니다.

3 마음을 전하는 글을 쓰는 방법으로 알맞지 <u>않은</u> 것은 무엇입니까?

(   )

① 읽는 사람의 마음을 짐작해 쓴다.
② 글에서 전하려는 마음을 생각한다.
③ 마음을 전하고 싶은 일을 떠올린다.
④ 최대한 마음을 드러내지 않아야 한다.
⑤ 마음을 잘 나타낼 수 있는 표현을 사용한다.

핵심 4

4 그림을 보고 전해야 할 마음을 쓰시오.

(1)

> 네가 싫어하는 별명을 부르며 놀려서 미안해.

(   ) 마음

(2)

> 네가 우리 학년 달리기 대회에서 상을 받았다고 들었어.

(   ) 마음

핵심 4

5 학급 친구들에게 전할 소식을 정하는 방법으로 알맞은 것에 모두 ○표를 하시오.

(1) 자신의 마음을 감추며 거짓으로 과장되게 표현한다.   (   )

(2) 친구들이 관심을 보일 만한 소식으로 정하는 게 좋다.   (   )

(3) 언제, 어디에서, 누구와 무슨 일을 했는지 잘 드러나게 쓴다.

(   )

핵심 6

6 편지를 읽고 마음을 전하는 글을 쓰는 방법을 확인해 보려고 합니다. 확인할 점에 모두 ○표를 하시오.

(1) 어떤 마음을 전했나?	
(2) 무엇이라고 표현했나?	
(3) 편지를 쓸 때 고려한 점은 무엇인가?	
(4) 여러 가지 낱말을 많이 사용해 글로 썼는가?	

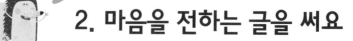
1 그림 (개)와 (나) 가운데 슬픈 마음을 전해야 하는 경우는 어느 것인지 기호를 쓰시오.

(개)

(나)

언니와 함께한 잠자리 잡기가 참 재미있었어.

그림 (   )

2 편지를 쓴 사람과 받는 사람은 누구인지 쓰시오.

(1) 쓴 사람 : (   )
(2) 받는 사람 : (   )

중요

3 편지를 쓴 까닭은 무엇입니까? (   )

① 마음을 전하기 위해서
② 친한 친구를 소개하기 위해서
③ 친구에게 도움을 요청하기 위해서
④ 겪은 일이나 생각을 기억하기 위해서
⑤ 글을 읽고 느낀 재미를 나누기 위해서

2~5 다음 글을 읽고 물음에 답하시오.

우리 반 친구들에게
친구들아, 안녕?
나 태웅이야. 오늘 운동회에서 있었던 일을 생각하면 아직도 가슴이 두근거려. 그때 그 고마운 마음을 직접 말로 전하고 싶었지만 쑥스러워서 이렇게 편지를 쓰게 되었어.
운동회 날이 되면 나는 기쁘면서도 두려웠어. 달리기 경기를 하는 게 늘 걱정이 되었거든. ㉠ 달리기를 할 때면 나는 어디론가 숨고 싶었어. 잔뜩 긴장해서 달리다가 오늘도 그만 넘어지고 말았지. 그런데 그때 너희가 달리다가 돌아와서 나를 일으켜 주었지. 내 손을 꼭 잡은 너희의 따뜻한 마음이 느껴져서 눈물이 날 것 같았어. ㉡ 힘껏 달리고 싶었을 텐데 나 때문에 참았을 것 같아서 미안한 마음이 들어.
고마워, 친구들아!
㉢ 같이 달려 주고 응원해 준 너희의 따뜻한 마음 잊지 않을게.

20○○년 9월 12일
태웅이가

4 파란색 낱말 가운데 마음을 나타내는 낱말을 모두 고르시오. (,   ,   )

① 아직도   ② 쑥스러워서
③ 미안한   ④ 고마워
⑤ 태웅이가

5 이 편지의 ㉠~㉢에 드러난 태웅이의 마음을 찾아 선으로 이으시오.

(1) ㉠ •   • ㉮ 미안한 마음

(2) ㉡ •   • ㉯ 고마운 마음

(3) ㉢ •   • ㉰ 부끄러운 마음

6~9 다음 글을 읽고 물음에 답하시오.

ⓐ존경하는 김하영 선생님께

선생님, 안녕하세요? 저는 전지우입니다. 그동안 잘 지내셨습니까? 선생님께 ⓒ 마음을 전하려고 이렇게 글을 쓰게 되었습니다.

지난 체험학습에서 도자기를 만들 때였습니다. 저는 진흙 반죽을 물레 위에 놓고 그릇 모양을 만들려고 했습니다. 그런데 생각처럼 잘되지 않았습니다. 만들고 나니 상상했던 모양과 너무 달라서 당황스러웠습니다.

제가 속상해서 어찌할 바를 모를 때 선생님께서 오셨습니다. 그리고 어떻게 모양을 내는지 시범을 보여 주셨습니다. 저는 선생님을 따라서 다시 해 보았습니다. 그랬더니 신기하게도 그릇 모양이 잘 만들어졌습니다.

그날 만든 그릇은 지금도 제 책상 위에 놓여 있습니다. 이 그릇을 보면 친절하게 가르쳐 주시던 선생님 모습이 생각납니다.

선생님, 제 마음에 드는 그릇을 만들도록 도와주셔서 고맙습니다. 안녕히 계세요.

20○○년 9월 24일
ⓒ제자 전지우 씀

6 ⓒ에 들어갈 알맞은 말은 무엇입니까? ( )

① 죄송한　　　　② 설레는
③ 고마운　　　　④ 축하하는
⑤ 부끄러운

7 지난 체험학습 때 지우가 당황했던 까닭을 두 가지 고르시오. (,)

① 길을 잃어버려서
② 선생님께 꾸중을 들어서
③ 물레 위에 놓아 둔 진흙 반죽이 없어져서
④ 도자기를 만들 때 생각처럼 잘되지 않아서
⑤ 만든 도자기가 상상했던 모양과 너무 달라서

8 지우가 책상 위에 그릇을 두는 까닭은 무엇일지 두 가지 고르시오. (,)

① 필통으로 쓰기 위해서
② 맛있는 간식을 담아 두기 위해서
③ 그릇 만드는 것을 연습하기 위해서
④ 선생님이 주신 도움을 기억하기 위해서
⑤ 자신이 직접 멋진 그릇을 만들었다는 사실에 뿌듯해서

주의

9 ⓐ과 ⓒ에서 잘못된 점은 무엇입니까? ( )

① 띄어쓰기를 잘못하였다.
② 맞춤법이 틀린 낱말을 썼다.
③ 내용을 너무 간단하게 썼다.
④ 다른 사람의 글을 베껴 썼다.
⑤ 높임 표현을 사용하지 않았다.

중요

10 마음을 전하는 글을 쓰는 방법을 생각하며 **보기**에서 알맞은 말을 골라 괄호 안에 써넣으시오.

보기

| 마음 | 짐작 | 표현 | 일 |

(1) 글에서 전하려는 ( )을 생각한다.
(2) 마음을 잘 나타낼 수 있는 ( )을 사용한다.
(3) 읽는 사람의 마음이 어떠할지 ( ) 하며 쓴다.
(4) 마음을 전하고 싶은 ( )을 떠올린다.

[11~15] 다음 글을 읽고 물음에 답하시오.

내 아들 필립아. 키가 크고 몸이 커지는 만큼 스스로 좋은 사람이 되려고 힘써야 한단다. 네가 어리고 몸이 작았을 때보다 더욱더 힘써야 하지. 스스로 좋은 사람이 되려고 노력하는 네 모습을 내 눈으로 직접 보고 싶구나. 너는 워낙 남을 속이지 않는 진실한 사람이라 좋은 사람이 되기도 쉬울 거란다.

좋은 사람이 되려면 진실하고 깨끗해야 해. 또 좋은 친구를 가려 사귀어야 한단다. 그게 좋은 사람이 되는 첫 번째 조건이지. 더욱 부지런해져라. 어려운 일도 열심히 견디거라. 책은 부지런히 보고 있니? 아무 책이나 읽지 말고, 좋은 책을 골라 꾸준히 읽어라. 좋은 책을 가려 보는 것이 좋은 사람이 되는 두 번째 조건이란다. 좋은 친구를 사귀고 좋은 책을 읽는 일을 멈추지 말아라. 책은 두 종류를 택하렴. 첫째는 좋은 사람들의 이야기가 담겨 있어 본받을 수 있는 책이고, 둘째는 너의 공부에 필요한 지식을 얻기 위한 책이다. 또 우리글과 책을 잘 익혀라. 즐거운 마음으로 내 말을 따라 주겠지? 너를 믿는다.

1920년 8월 3일 홍콩에서
아버지가

11 이 글은 안창호 선생이 쓴 편지입니다. 어디에 있을 때 누구에게 쓴 편지인지 쓰시오.

(1) 쓴 곳	
(2) 받는 사람	

12 밑줄 그은 말 가운데 마음을 전하려고 사용한 표현은 무엇입니까? (　　　)

① 내 아들　　② 좋은 사람
③ 진실한 사람　　④ 보고 있니?
⑤ 너를 믿는다.

13 좋은 사람이 되려면 어떻게 해야 한다고 했습니까? (　　　)

① 공부를 잘 해야 한다.
② 진실하고 깨끗해야 한다.
③ 아무 책이나 읽어야 한다.
④ 어려운 일은 시키지 않아야 한다.
⑤ 운동을 열심히 해서 건강을 지켜야 한다.

14 어떤 책을 읽으라고 했습니까? (　　　)

① 그림이 많아서 읽기 쉬운 책
② 친구들이 좋아하는 농담이 심한 책
③ 공부에 필요 없는 지식이 담겨 있는 책
④ 좋은 사람들의 이야기가 담겨 있는 책
⑤ 어려운 낱말이 많아서 읽기 힘든 책

서술형

15 마음을 전하는 글을 쓴 방법을 생각하며 알맞은 내용을 쓰시오.

(1) 편지를 쓴 목적	(　　　　　　　　　) 을/를 전하기 위해서이다.
(2) 전하려는 마음	

16~18 다음 글을 읽고 물음에 답하시오.

(가)

네가 싫어하는 별명을 부르며 놀려서 미안해.

(나)

괜찮아?

16 그림 (가)에서 남자아이가 여자아이에게 전하고 싶은 마음을 쓰시오.

(   )

응용

17 그림 (가)에서 남자아이가 문제 **16**의 답과 같은 마음을 전하려는 까닭은 무엇입니까? (   )

① 친구의 물건을 잃어버려서
② 친구와 한 약속을 지키지 않아서
③ 친구가 아끼는 학용품을 망가뜨려서
④ 친구가 싫어하는 별명을 부르며 놀려서
⑤ 힘들고 하기 싫은 일을 친구에게 떠넘겨서

주의

18 그림 (나)의 누워 있는 친구에게 전해야 할 마음은 무엇입니까? (   )

① 기쁜 마음   ② 고마운 마음
③ 부끄러운 마음   ④ 위로하는 마음
⑤ 축하하는 마음

19 다음은 마음을 담아 댓글을 쓰는 모습입니다. 온라인 게시판을 이용하는 방법으로 알맞지 않은 것은 무엇입니까? (   )

① 거짓말을 하지 않는다.
② 읽는 사람의 처지를 생각한다.
③ 남에게 나쁜 말을 하지 않는다.
④ 온라인이므로 낱말만 간단히 쓴다.
⑤ 읽는 사람을 배려하는 글쓰기를 한다.

국어활동

20 다음은 엄마가 딸들에게 보내는 편지의 한 부분입니다. 어떤 마음을 전하려 했습니까? (   )

우리 딸들의 깔깔대는 웃음소리를 들을 때마다 엄마는 힘이 솟고 행복감을 느낀단다. 엄마에게 너희는 세상 무엇과도 바꿀 수 없는 소중한 보물이야. 엄마는 너희가 건강하고 훌륭하게 자랄 수 있도록 도울게. 언제나 사랑한다.

① 미안한 마음
② 안타까운 마음
③ 사랑하는 마음
④ 충고하는 마음
⑤ 잘못을 타이르는 마음

국어 60~83쪽 국어 활동 12~17쪽

1~4 다음 글을 읽고 물음에 답하시오.

우리 반 친구들에게
친구들아, 안녕?
 나 태웅이야. 오늘 운동회에서 있었던 일을 생각하면 아직도 가슴이 두근거려. 그때 그 고마운 마음을 직접 말로 전하고 싶었지만 쑥스러워서 이렇게 편지를 쓰게 되었어.
 운동회 날이 되면 나는 기쁘면서도 두려웠어. 달리기 경기를 하는 게 늘 걱정이 되었거든. ㉠ 달리기를 할 때면 나는 어디론가 숨고 싶었어. 잔뜩 긴장해서 달리다가 오늘도 그만 넘어지고 말았지. 그런데 그때 너희가 달리다가 돌아와서 나를 일으켜 주었지. 내 손을 꼭 잡은 너희의 따뜻한 마음이 느껴져서 눈물이 날 것 같았어. 힘껏 달리고 싶었을 텐데 나 때문에 참았을 것 같아서 미안한 마음이 들어.
 [㉡], 친구들아!
 같이 달려 주고 응원해 준 너희의 따뜻한 마음 잊지 않을게.

　　　　　　　　　2○○○년 9월 12일
　　　　　　　　　　　　　　태웅이가

1 이 글에 대한 설명으로 알맞지 **않은** 것은 어느 것입니까? (　　　)

① 쓴 사람을 알 수 있다.
② 마음을 전하는 글이다.
③ 받는 사람은 반 친구들이다.
④ 편지글의 형식으로 쓰여 있다.
⑤ 편지를 쓴 까닭이 드러나 있지 않다.

2 ㉠은 어떤 마음을 나타낸 표현입니까? (　　　)

① 미안한 마음　　② 고마운 마음
③ 즐거운 마음　　④ 귀찮은 마음
⑤ 부끄러운 마음

3 ㉡에 들어갈 말로, 글쓴이가 전하려는 마음이 나타난 낱말은 무엇입니까? (　　　)

① 슬퍼　　　　　② 고마워
③ 속상해　　　　④ 부러워
⑤ 화가 나

서술형

4 태웅이가 쓴 편지를 받은 친구들이 태웅이에게 어떤 말로 마음을 전할지 빈 곳에 쓰시오.

 나도 함께 뛸 수 있어서 참 행복했어.

 힘차게 달리는 것보다 느리게 걷는 것도 보람 있었어.

5 다음 상황에 적절한 마음을 전하는 표현은 무엇인지 알맞은 것에 ○표를 하시오.

내 글의 좋은 점도 말해 주면 좋았을 텐데.

(1) 뭐, 어쩔 수 없지.　　　　　(　　　)
(2) 미안해. 그 생각을 못 했어.　(　　　)

6~8 다음 글을 읽고 물음에 답하시오.

존경하는 김하영 선생님께

선생님, 안녕하세요? 저는 전지우입니다. 그동안 잘 지내셨습니까? 선생님께 고마운 마음을 전하려고 이렇게 글을 쓰게 되었습니다.

지난 체험학습에서 도자기를 만들 때였습니다. 저는 진흙 반죽을 물레 위에 놓고 그릇 모양을 만들려고 했습니다. 그런데 생각처럼 잘되지 않았습니다. 만들고 나니 상상했던 모양과 너무 달라서 당황스러웠습니다.

제가 속상해서 어찌할 바를 모를 때 선생님께서 오셨습니다. 그리고 어떻게 모양을 내는지 시범을 보여 주셨습니다. 저는 선생님을 따라서 다시 해 보았습니다. 그랬더니 신기하게도 그릇 모양이 잘 만들어졌습니다.

그날 만든 그릇은 지금도 제 책상 위에 놓여 있습니다. 이 그릇을 보면 친절하게 가르쳐 주시던 선생님 모습이 생각납니다.

선생님, 제 마음에 드는 그릇을 만들도록 도와주셔서 고맙습니다. 안녕히 계세요.

20○○년 9월 24일
제자 전지우 올림

6 지우가 이 글을 쓴 까닭은 무엇인지 ( ) 안에 알맞은 말을 차례대로 써넣으시오.

• ( )께/에게 ( ) 마음을 전하려고 썼다.

7 속상해하는 지우를 보고 선생님께서는 어떻게 하셨습니까? ( )

① 그릇을 만들지 말라고 하셨다.
② 진흙 반죽을 다시 가져다주셨다.
③ 지우 대신 그릇을 만들어 주셨다.
④ 어떻게 모양을 내는지 시범을 보여 주셨다.
⑤ 선생님께서 직접 만든 그릇을 선물로 주셨다.

8 지우가 쓴 글을 읽고 글의 특징에 대하여 **잘못** 말한 친구의 번호를 쓰시오.

( )

9~10 다음 글을 읽고 물음에 답하시오.

사랑하는 아들 필립

어머니의 편지를 받아 보았다. 네가 넘어져 팔을 다쳤다는 소식이 들어 있어 매우 걱정되는구나. 팔이 낫거들랑 내게 바로 알려라. 한 학년 올라가게 된 것을 축하한다. 아버지는 무척 기쁘구나. 나는 이곳에 편안히 잘 있다.

9 누가 누구에게 쓴 글인지 찾아 쓰시오.

• ( )가 ( )에게 쓴 편지이다.

10 어떠어떠한 마음을 전하고 있습니까?

(,)

① 미안한 마음
② 외로운 마음
③ 화가 난 마음
④ 축하하는 마음
⑤ 걱정하는 마음

2
단원

11~13 다음 그림을 보고 물음에 답하시오.

11 그림 (개)에서 남자아이가 전해야 할 마음은 무엇입니까? (　　　)

① 두려운 마음
② 축하하는 마음
③ 위로하는 마음
④ 사과하는 마음
⑤ 부탁하는 마음

12 그림 (개)에서 남자아이가 여자아이에게 마음을 드러내기 위해 할 말은 무엇입니까? (　　　)

① 섭섭해.　　　② 축하해.
③ 미안해.　　　④ 속상했지?
⑤ 부끄러워.

13 그림 (내)의 여자아이는 친구와 즐거웠던 일을 떠올리고 있습니다. 친구에게 어떤 마음을 전하는 글을 써야 합니까? (　　　)

① 그리운 마음
② 떨리는 마음
③ 불안한 마음
④ 조마조마한 마음
⑤ 걱정스러운 마음

14 다음은 마음을 전하고 싶은 일을 말하는 모습입니다. 전하고 싶은 마음은 무엇인지 쓰시오.

（　　　　　　　　　　）

15 마음을 전하는 글을 쓰는 데 필요한 내용으로 알맞지 **않은** 것은 무엇입니까? (　　　)

① 있었던 일
② 글 읽는 시간
③ 전하려는 마음
④ 마음을 전할 사람
⑤ 마음을 나타내는 표현

16 친구에게 그리운 마음을 전하는 편지를 썼습니다. 자신의 마음을 잘 표현했는지 점검할 내용이 **아닌** 것은 무엇입니까? (　　　)

① 읽는 사람의 마음을 고려해 썼는가?
② 그때의 생각이나 느낌을 자세히 썼는가?
③ 마음을 전하고 싶은 일을 잘 나타냈는가?
④ 마음을 드러낼 수 있는 표현을 사용했는가?
⑤ 받는 사람이 잘못한 일을 자세하게 썼는가?

17~19 다음 글을 읽고 물음에 답하시오.

재환이는 새로운 동네로 이사를 왔습니다. 재환이는 이웃들에게 인사를 하기로 했습니다. 그래서 재환이가 사는 아파트 승강기 안에 편지를 붙였답니다.

> 안녕하세요? 저는 12층에 이사 온 열한 살 이재환입니다.
>
> 새로 만난 이웃들에게 인사를 드리고 싶어 편지를 씁니다. 저희 가족은 엄마, 아빠, 귀여운 동생 그리고 저, 이렇게 넷입니다. 저희는 아직 이사 온 지 얼마 되지 않아 다니는 길도, 사람들도 낯설기만 합니다. 그래도 저는 나무도 많고 놀이터가 있는 이곳이 마음에 듭니다. 앞으로 여러분과 좋은 이웃이 되고 싶습니다.
>
> 이재환 올림

하루, 이틀이 지날수록 재환이의 편지에는 신기한 일이 생겼어요.

> 이사 온 것을 축하합니다. 앞으로도 자주 소통하는 이웃이 됩시다.
>
> 환영해요.
>
> 안녕하세요? 저도 12층에 살아요! 좋은 친구가 되었으면 좋겠네요.
>
> 친하게 지내요. 전 7층에 살아요. 집 앞 공원에서 같이 운동해요.
>
> 반가워!
>
> 환영해요! 이렇게 먼저 인사해 줘서 고마워요. 참 예쁜 마음씨네요.
>
> 반가워요.
>
> 좋은 이웃!

승강기를 탄 이웃 사람들이 편지를 보고 마음을 담은 쪽지를 붙인 것이었어요. 재환이도, 쪽지를 써서 붙인 이웃도 모두 훈훈한 마음이 한가득했습니다.

17 재환이의 편지에는 어떠어떠한 마음이 드러나 있습니까? (,)

① 기쁜 마음
② 두근대는 마음
③ 안타까운 마음
④ 꺼림칙한 마음
⑤ 못마땅한 마음

18 재환이가 편지를 붙인 까닭을 두 가지 고르시오.
(,)

① 자신의 소식을 알리려고
② 이사 와서 이웃에게 인사하려고
③ 이사를 가게 되어 아쉬움을 전하려고
④ '이웃끼리 인사를 하자.'를 제안하려고
⑤ 놀이터의 놀이기구 수리를 요청하려고

19 재환이가 쓴 편지를 본 이웃 사람들은 어떻게 했습니까? ( )

① 편지를 쓰지 말라고 하였다.
② 잘못 쓴 부분을 수정해 주었다.
③ 마음을 담은 쪽지를 써서 붙였다.
④ 이웃 간의 주의할 점을 알려 주었다.
⑤ 이사 온 다른 사람들에게 편지를 쓰게 했다.

국어활동

20 다음은 아빠가 아들에게 쓴 편지입니다. 편지를 쓴 목적은 무엇인지 쓰시오.

> 상대에게 좋은 인상을 주려면 넓은 지식과 올바른 태도 못지않게 옷차림과 말투, 행동에도 신경 써야 한단다. 때로는 외모를 단정히 하는 것도 필요해.
>
> 그리고 친해지고 싶다면 혼자서 모든 이야기를 하려고 하지 마. 대화는 서로 주고받는 거야. 혼자만 말하는 것은 연설이란다. 네가 묻고 대답하는, 여러 사람의 몫을 한꺼번에 할 필요는 없어. 너 자신도 힘들고 상대도 유쾌하지 않단다.

_____

_____

국어 60~83쪽 국어 활동 12~17쪽

도움말

☆ 마음을 전하고 싶은 일을 떠올린 그림입니다.

1~3

1 그림 ㈎~㈐의 각 상황에서 전해야 하는 마음을 알맞게 선으로 이으시오.

(1) 그림 ㈎ •
(2) 그림 ㈏ •
(3) 그림 ㈐ •

• ㉠ 고마운 마음
• ㉡ 즐거운 마음
• ㉢ 슬픈 마음

1 각 그림과 마음을 나타내는 낱말을 알맞게 짝지어 봅니다.

2 그림 ㈏의 상황에서 친구에게 어떤 말을 해야 할지 마음을 드러내는 표현을 사용하여 쓰시오.

2 친구와 헤어질 때 어떤 마음이 들이 생각해 봅니다.

3 그림 ㈐의 상황에서 쓴 편지의 일부입니다. 마음을 나타내는 낱말을 사용하여 편지를 이어 쓰시오.

> 안녕? 지난 주말에 언니와 함께 잠자리를 잡았던 일이 생각나서 이렇게 편지를 쓰게 되었어.

3 편지의 의도와 흐름에 맞게 마음을 나타내는 낱말을 사용해 내용을 써 봅니다.

4 마음을 전하는 글을 쓰려고 합니다. 필요한 내용을 정리해 쓰시오.

(1) 마음을 전할 사람	
(2) 전하려는 마음	
(3) 있었던 일	
(4) 마음을 나타내는 표현	

4 어떤 목적을 가지고 어떤 형식으로 글을 작성하고 싶은지 생각하며 마음을 표현하는 글쓰기를 계획해 봅니다.

5 문제 **4**에서 정리한 내용을 바탕으로 하여 마음을 나타내는 말로 전하고 싶은 마음이 잘 드러나게 편지를 쓰시오.

5 자신의 주변에서 마음을 전하고 싶은 사람을 떠올려 보고, 마음을 전하고 싶은 상황과 그 마음이 잘 드러나게 편지를 써 봅니다.

단원 요점 정리　3. 바르고 공손하게

핵심 1 **대화 예절의 중요성 알기**

• *호칭에 따라 기분이 달라질 수 있습니다.
• 인사말에 따라 대답을 예상할 수 있습니다.
 – 똑같은 이야기라도 말하는 사람의 말투에 따라 듣는 사람의 태도가 달라질 수 있습니다.

핵심 2 **대화 예절을 지키며 대화하는 방법 알기**

• 인사할 때에는 눈을 마주치며 인사를 해야 합니다.

예) 웃어른께 "수고하셨어요."라고 말씀드리는 것은 예절에 어긋납니다.
아저씨, 고맙습니다.
아주머니, 수고하셨어요.

• 친구 앞에서는 귓속말을 하지 않아야 합니다.

> **예절을 지키며 대화를 주고받으면 좋은 점**
> 친구에게 배려받는 것 같아서 친구와 사이가 더 좋아집니다.

핵심 3 **예절을 지키며 회의하기**

• 다른 사람이 발표할 때 끼어들지 않습니다.
• 회의와 같은 공식적인 상황에서는 높임말을 사용합니다.
• 의견을 말할 때에는 손을 들어 말할 기회를 얻고 발표합니다.
• 다른 사람 의견을 *경청합니다.
 – 자신이 발표했거나 투표한 의견과 다른 의견이 결정되더라도 모두가 정한 것이니 잘 실천합니다.

> **회의 시간에 지키려고 노력해야 할 예절**
> • 다른 사람의 의견을 존중합니다.
> • 다른 사람의 말을 귀 기울여 듣습니다.
> • 의견을 말할 때에는 공손한 태도로 말합니다.

핵심 4 **온라인 대화를 할 때 지켜야 할 예절 알기**

• 바른 말을 사용해야 합니다.
• 상대가 보이지 않더라도 대화 전에 인사를 하고 끝날 때에도 인사합니다.
• 얼굴이 보이지 않는다고 해서 함부로 말하지 않습니다. → 오해할 수 있으므로 신중하게 생각하고 글을 입력합니다.
• 상대를 존중하고 예의를 지킵니다.
• 그림말을 지나치게 사용하지 않습니다.

> **온라인 대화에서 오해가 생기는 까닭**
> • 말을 심하게 줄이다 보니 뜻을 알 수 없고, 뜻을 몰라도 사람들이 사용하면 같이 사용하기 때문입니다.
> • 상대의 얼굴이 보이지 않으므로 자기 위주로만 말을 하게 되기 때문입니다.
>
> **줄임 말과 그림말을 사용할 때 주의할 점**
> 온라인 언어 예절을 생각해 꼭 필요한 경우에만 적절하게 사용합니다.

핵심 5 **대화 예절을 *표어로 만들기**

• 대화할 때 지켜야 할 예절을 여러 방법으로 알아봅니다. → 다른 사람이 쓴 자료를 활용할 때에는 출처를 정확하게 밝힙니다.
• 조사한 내용을 정리해 봅니다.
• 대화 예절과 관련된 표어를 만들어 봅니다.

국어활동

핵심 6 **대화 예절을 지키며 대화하는 방법을 아는지 확인해 보기**

다른 사람에게 말할 때	• 상대를 바라보며 말한다. • 고운 말, 바른 말을 사용해 말한다. • 시간, 장소에 맞게 말한다. • 듣는 사람의 기분을 고려하며 말한다.
다른 사람의 말을 들을 때	• 다른 사람이 말할 때 끼어들지 않는다. • 적절히 반응하며 듣는다. • 다른 사람이 하는 말을 끝까지 듣는다.

개념을 확인해요

1 호칭에 따라 ☐☐ 이 달라질 수 있습니다.

2 인사할 때에는 ☐ 을 마주치며 인사를 해야 합니다.

3 친구 앞에서는 ☐☐ 말을 하지 않아야 합니다.

4 예절을 지키며 대화를 주고받으면 친구에게 ☐☐ 받는 것 같아서 친구와 사이가 더 좋아집니다.

5 다른 사람이 ☐☐ 할 때 끼어들지 않습니다.

6 회의와 같은 공식적인 상황에서는 ☐☐ 말을 사용합니다.

7 의견을 말할 때에는 ☐ 을 들어 말할 기회를 얻고 발표합니다.

8 의견을 말할 때에는 ☐☐ 한 태도로 말합니다.

9 온라인 대화를 할 때에는 상대가 보이지 않더라도 ☐☐ 전에 인사를 하고 끝날 때에도 인사합니다.

10 온라인 대화를 할 때에는 ☐☐ 말을 지나치게 사용하지 않습니다.

국어 84~109쪽   국어 활동 18~23쪽

도움말

1. 박 노인이 느꼈을 기분을 헤아려 봅니다.

핵심 1

1 다음 (가), (나)를 읽고 박 노인은 어떤 양반에게 고기를 더 많이 주었을지 ○표를 하시오.

> (가) 윗마을 양반: 바우야, 쇠고기 한 근만 줘라.
> 박 노인: (건성으로 대답하며) 알겠습니다.
> (나) 아랫마을 양반: (깍듯이 부탁하는 말투로) 박 서방, 쇠고기 한 근만 주게.
> 박 노인: (웃으면서 대답하며) 아이고, 네, 조금만 기다리시지요.

• (윗마을 양반 , 아랫마을 양반)에게 더 많이 주었을 것이다.

2. 어른 앞에서는 '내가' 대신 '제가'라는 말을 써야 하며, 고마운 마음을 전할 때에는 "수고하셨어요."가 아니라 "고맙습니다."라고 해야 합니다.

핵심 2

2 일상생활에서 대화 예절을 지키며 대화하는 방법은 무엇입니까?
( )

① 친구 어머니께는 대충 인사한다.
② 어른 앞에서는 '내가'라고 표현한다.
③ 인사할 때에는 눈을 마주치지 않는다.
④ 친구 앞에서는 귓속말을 하지 않는다.
⑤ 웃어른께 "수고하셨어요."라고 인사한다.

3. 회의 하면서 지켜야 할 예절을 생각해 봅니다.

핵심 3

3 회의할 때 지켜야 할 예절로 알맞지 <u>않은</u> 것은 무엇입니까? ( )

① 다른 사람의 의견을 귀담아듣는다.
② 상대의 의견은 공격적으로 비난한다.
③ 다른 사람이 발표할 때 끼어들지 않는다.
④ 공식적인 상황이므로 높임말을 사용한다.
⑤ 의견을 말할 때에는 손을 들고 차례를 기다린다.

핵심 4

4 온라인 대화의 특성으로 알맞지 <u>않은</u> 것은 어느 것입니까? (   )

① 시간과 공간의 제약을 받지 않는다.

② 휴대 전화와 같은 기기를 이용한다.

③ 문자를 이용하여 상대방과 대화한다.

④ 말하는 이와 듣는 이가 직접 만나지 않는다.

⑤ 서로 얼굴을 보지 않으므로 예절과 상관없이 되도록 편하게 이야기한다.

4. 온라인 대화란 인터넷과 같은 통신 매체를 이용하여 문자로 대화하는 것을 말합니다.

핵심 5

5 다음은 대화 예절을 표어로 만드는 방법입니다. 알맞은 것에 모두 ○표를 하시오.

(1) 예절에 대한 느낀 점만 넣어 표어로 만든다. (   )

(2) 다른 사람이 쓴 자료를 활용할 때에는 출처를 정확하게 밝힌다.

(   )

(3) 대화 예절과 관련지어 떠오르는 생각을 정리하고 중요한 내용을 간추려서 표어를 만든다. (   )

5. 표어는 간결하게 나타낸 짧은 어구입니다.

핵심 6

6 다른 사람의 말을 들을 때 지켜야 할 예절을 모두 골라 ○표를 하시오.

(1) 적절히 반응하며 듣는다.	
(2) 항상 커다란 목소리로 말한다.	
(3) 다른 사람이 하는 말을 끝까지 듣는다.	
(4) 다른 사람이 말할 때에 끼어들지 않는다.	

6. 다른 사람에게 말할 때 지켜야 할 예절은 듣는 사람의 기분을 고려하며 말하고, 고운 말 바른 말을 사용해야 한다는 것입니다.

국어 84~109쪽   국어 활동 18~23쪽

1~5 다음 글을 읽고 물음에 답하시오.

해설: 옛날, 어느 마을에 고기 파는 일을 하던 '박바우'라는 노인이 있었다. 어느 날, 젊은 양반 두 사람이 거의 같은 시간에 고기를 사러 왔다. 윗마을 양반은 박 노인에게 이렇게 말했다.

윗마을 양반: 바우야, 쇠고기 한 근만 줘라.

박 노인: (건성으로 대답하며) ㉠알겠습니다.

해설: 이번에는 아랫마을 양반이 고기를 주문했다.

아랫마을 양반: (깍듯이 부탁하는 말투로) 박 서방, 쇠고기 한 근만 주게.

박 노인: (웃으면서 대답하며) 아이고, 네, 조금만 기다리시지요.

해설: 박 노인은 젊은 양반들에게 각각 고기를 주는데 둘의 크기가 한눈에 봐도 다르게 보였다. 윗마을 양반이 가만히 보니 자기가 받은 고기보다 아랫마을 양반이 받은 고기가 더 좋아 보이고 양도 훨씬 많아 보였다.

윗마을 양반: 야, 바우야! 똑같은 한 근인데, 어째서 이렇게 다르게 주느냐?

박 노인: (태연하게) 그러니까 손님 것은 바우 놈이 자른 것이고, 이분 것은 박 서방이 자른 것이기 때문이랍니다.

1 고기를 사러 온 젊은 양반들은 박 노인을 각각 무엇이라고 불렀는지 쓰시오.

(1) 윗마을 양반	
(2) 아랫마을 양반	

2 ㉠에서 박 노인이 지었을 표정으로 알맞은 것은 어느 것입니까? (　　　)

① 슬픈 표정
② 기쁜 표정
③ 미안한 표정
④ 설레는 표정
⑤ 짜증 난 표정

3 박 노인은 어떤 양반에게 고기를 더 많이 주었는지 쓰시오.

(　　　　　　　)

 4 박 노인이 문제 **3**번 답의 양반에게 고기를 더 많이 준 까닭은 무엇입니까? (　　　)

① 고기를 주문한 양이 달라서
② 건성으로 고기를 대충 잘라서
③ 자신과 친형제처럼 지낸 사이라서
④ 고기의 무게를 정확하게 재지 않아서
⑤ 자신을 더 존중해 주는 느낌이 들어서

주의 **5** 이 글의 내용에 어울리는 속담은 무엇입니까?
(　　　)

① 빈 수레가 더 요란하다
② 발 없는 말이 천 리 간다
③ 고래 싸움에 새우 등 터진다
④ 말 한마디에 천 냥 빚도 갚는다
⑤ 낮말은 새가 듣고 밤말은 쥐가 듣는다

말풍선: 아버지, ㉠내가 수저를 놓을게요.

말풍선: 아버지, 제가 물을 가져올게요.

6 대화 예절에 맞게 말한 사람에게 ○표를 하시오.

(1) ( )

(2) ( )

7 ㉠'내가'는 누구와 대화할 때 쓰는 표현입니까?

( )

① 친구　　　　② 할머니

③ 어머니　　　④ 선생님

⑤ 동네 아주머니

8 다음은 그림 속 대화 예절에 대한 내용입니다. 빈칸에 들어갈 말은 무엇입니까? ( )

> 어른 앞에서는 자신을 ☐ 표현해야 예절에 맞습니다.

① 높여　　② 올려　　③ 낮추어

④ 존중해　⑤ 받들어

> 신유 어머니: (밝은 목소리로) 안녕? 어서 와라. 신유 친구들이구나. 반갑다.
>
> ① 현관
> 지혜: (성급하게) 안녕하세요? 그런데 신유는 어디 갔나요? 어? 신유야, 생일 축하해!
> 원우: 야! 신유야, 생일 축하해! 하하하.
>
> (효과음) 삐리리링
>
> 원우, 지혜, 현영: 아주머니, ㉠

9 신유의 생일잔치에 온 친구들이 예절을 지키려면 어떻게 해야 합니까? ( )

① 신유 어머니께 귓속말을 한다.

② 신유 어머니를 쳐다보지 않는다.

③ 신유 어머니께 "안녕?"이라고 인사한다.

④ 방문 전에 신유에게 사과의 말을 전한다.

⑤ 신유 어머니의 얼굴을 바라보며 바른 자세로 인사한다.

10 대화 예절을 생각할 때 ㉠ 안에 들어갈 알맞은 말은 무엇입니까? ( )

① 안녕? 생일잔치에 와 줘서 고맙죠?

② 안녕? 생일잔치에 초대해 줘서 고마워.

③ 안녕하세요? 음식은 많이 준비하셨어요?

④ 안녕하세요? 나를 초대해 줘서 매우 고맙네.

⑤ 안녕하세요? 생일잔치에 초대해 주셔서 감사합니다.

11~13 다음 그림을 보고 물음에 답하시오.

11 그림 (가)에서 사슴이 잘못한 점은 무엇입니까?
( )

① 거친 말을 사용했다.
② 대화 도중에 끼어들었다.
③ 너무 작은 목소리로 말했다.
④ 친구의 말에 대답하지 않았다.
⑤ 친구를 바라보지 않고 말했다.

12 그림 (나)에서 사자가 한 말을 예의 바른 말로 고쳐 쓰시오.

내 마음이야. 저요! 저요!

↓

13 그림 속 동물들이 예절을 지키며 대화를 주고받으면 어떤 점이 좋겠습니까? ( )

① 대화를 빨리 끝낼 수 있다.
② 친한 친구끼리만 대화할 수 있다.
③ 친구의 기분을 헤아리지 않아도 된다.
④ 친구들 사이에서 유행하는 말을 알게 된다.
⑤ 배려받는 것 같아서 친구와 사이가 좋아진다.

14~15 다음 글을 읽고 물음에 답하시오.

박태영: 제 의견은 "듣기 싫은 별명으로 부르지 말자."입니다. 기분이 나빠지면 서로 사이좋게 지내기가 어려워지기 때문입니다.
사회자: 좋은 의견입니다. 다른 의견이 더 있습니까? 이희정 친구가 의견을 발표해 주십시오.
이희정: 저는 고운 말을…….
강찬우: (끼어들며) 잠깐만. "심한 장난을 하지 말자."가 좋겠습니다. 왜냐하면 장난이 심해져서 싸우는 경우가 많기 때문입니다.
사회자: 강찬우 친구, 좋은 의견 감사합니다. 하지만 ㉠

14 희정이가 의견을 발표하다가 멈춘 까닭은 무엇인지 쓰시오.

( )

15 ㉠에 들어갈 사회자가 할 말로 알맞은 것은 어느 것입니까? ( )

① 회의 시간을 지켜 주시기 바랍니다.
② 자신 있는 목소리로 말하기 바랍니다.
③ 실천 내용을 잘 지켜 주시기 바랍니다.
④ 친구와 장난하지 말고 말하기 바랍니다.
⑤ 손을 들어 말할 기회를 얻고 나서 발표해 주시기 바랍니다.

16~18 다음 그림을 보고 물음에 답하시오.

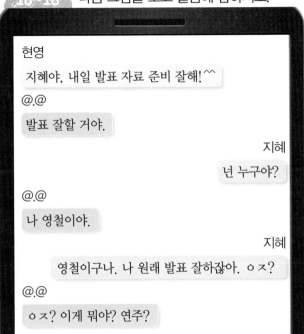

현영

지혜야, 내일 발표 자료 준비 잘해! ^^

@.@

발표 잘할 거야.

지혜

넌 누구야?

@.@

나 영철이야.

지혜

영철이구나. 나 원래 발표 잘하잖아. ㅇㅈ?

@.@

ㅇㅈ? 이게 뭐야? 연주?

16 이와 같이 온라인 대화를 했을 때 편리한 점은 무엇입니까? (   )

① 오해가 생길 일이 없다.
② 항상 새로운 말을 배울 수 있다.
③ 줄임 말을 자주 사용할 수 있다.
④ 듣는 사람의 반응을 알기 어렵다.
⑤ 직접 만나지 않고도 이야기할 수 있다.

 서술형

17 지혜가 영철이를 못 알아본 것과 관련하여 온라인 대화의 특성을 쓰시오.

_____

_____

주요

18 영철이가 'ㅇㅈ'를 이해하지 못한 까닭은 무엇인지 쓰시오.

(   )

19~20 다음 만화를 보고 물음에 답하시오.

19 ㉠~㉢ 가운데 대화 예절에 맞게 말한 것은 어느 것인지 기호를 쓰시오.

(   )

주의

20 장면 ④의 빈 곳에 들어갈 예절에 맞는 말은 무엇입니까? (   )

① 어머니가 이것을 가져다주래.
② 어머니께서 이것을 가져다주래요.
③ 엄마가 이것을 가져다드리라고 했어요.
④ 어머니가 이것을 가져다드리라고 하셨어.
⑤ 어머니께서 이것을 가져다드리라고 하셨어요.

국어 84~109쪽 국어 활동 18~23쪽

1~2 다음 글을 읽고 물음에 답하시오.

박 노인: (건성으로 대답하며) 알겠습니다.

해설: 이번에는 아랫마을 양반이 고기를 주문했다.

아랫마을 양반: (깍듯이 부탁하는 말투로) 박 서방, 쇠고기 한 근만 주게.

박 노인: (웃으면서 대답하며) 아이고, 네, 조금만 기다리시지요.

해설: 박 노인은 젊은 양반들에게 각각 고기를 주는데 둘의 크기가 한눈에 봐도 다르게 보였다. 윗마을 양반이 가만히 보니 자기가 받은 고기보다 아랫마을 양반이 받은 고기가 더 좋아 보이고 양도 훨씬 많아 보였다.

윗마을 양반: 야, 바우야! 똑같은 한 근인데, 어째서 이렇게 다르게 주느냐?

박 노인: (태연하게) ㉠그러니까 손님 것은 바우 놈이 자른 것이고, 이분 것은 박 서방이 자른 것이기 때문이랍니다.

1 윗마을 양반이 박 노인에게 했을 말로 알맞은 것은 어느 것입니까? (   )

① 바우야, 쇠고기 한 근만 줘라.
② 박 서방, 쇠고기 한 근만 주게.
③ 박 서방, 쇠고기 한 근만 주시오.
④ 박 노인, 쇠고기 한 근만 주시게.
⑤ 박 서방님, 쇠고기 한 근만 주십시오.

2 ㉠에 담겨 있는 뜻으로 알맞은 것은 어느 것입니까? (   )

① 고기를 자른 사람이 각각 다르다.
② 고기를 사 간 시간에 따라 다르다.
③ 내가 아니라 바우에게 화를 내야 한다.
④ 손님은 나를 존중해 주지 않았기 때문이다.
⑤ 친한 사람에게 좋은 고기를 많이 주는 것은 당연하다.

3~5 다음 글을 읽고 물음에 답하시오.

영철: (교실로 들어오는 민수를 보며) 어이, 키다리! 왔냐?

민수: 뭐야, 아침부터 듣기 싫은 별명을 부르고…….

채은: (밝은 목소리로) 민수야, 안녕?

민수: (밝은 목소리로) 안녕, 채은아? 어제 네가 빌려준 책 참 재미있더라. 고마워.

3 민수와 인사를 나눈 두 친구가 한 말에 알맞게 선으로 이으시오.

(1) 영철 ·   · ㉮ 이름을 불렀다.

(2) 채은 ·   · ㉯ 큰 소리로 별명을 불렀다.

4 영철이의 인사말에 민수의 기분은 어떠했습니까? (   )

① 즐거웠다.   ② 흥겨웠다.
③ 반가웠다.   ④ 신이 났다.
⑤ 기분이 나빴다.

서술형

5 영철이가 한 말에 민수가 다음과 같이 대답했다면 영철이는 어떻게 대답했을지 쓰시오.

나는 그 별명 싫은데, 내 이름으로 불러 줄래?

민수

영철

6 다음과 같은 높임말을 사용하는 경우로 알맞지 않은 때는 언제입니까? (   )

> 제가 할게요.

① 선생님과 대화할 때
② 할머니를 도와드릴 때
③ 고모와 전화 통화할 때
④ 친구의 부탁을 들어줄 때
⑤ 어머니의 질문에 대답을 할 때

3
단원

[7~8] 다음 그림을 보고 물음에 답하시오.

7 그림 ❶와 ❷ 가운데 더 예절을 지키며 말한 것의 기호를 쓰시오.

그림 (   )

8 문제 **7**번의 답과 같이 생각한 까닭은 무엇인지 알맞은 것에 ○표를 하시오.

(1) 웃어른께 "수고하셨어요."라고 말씀드리는 것은 예절에 어긋나기 때문이다. (   )

(2) 힘들다는 것을 강조하기 위해 "많이 수고하셨어요."라고 해야 하기 때문이다. (   )

[9~10] 다음 그림을 보고 물음에 답하시오.

9 그림 ㈎에서 사슴이 예절을 지키며 토끼와 대화를 주고받으려면 어떻게 해야 합니까? (   )

① 큰 소리로 말한다.
② 거친 말을 사용하지 않는다.
③ 토끼에게 질문을 하지 않는다.
④ 토끼에게 귓속말로 이야기한다.
⑤ 토끼의 말을 다 들어 주고 나서 말을 한다.

서술형

10 동물들이 예의 바르게 하지 않은 말들을 고쳐서 쓰시오.

예의 바르지 않은 말	예의 바른 말
(1) "내 말부터 들어 봐."	
(2) "뭐? 너, 혼나 볼래?"	

3. 바르고 공손하게 **49**

11~15 다음 글을 읽고 물음에 답하시오.

사회자: 친구들과 사이좋게 지내려면 실천해야 할 일이 무엇인지 발표해 주십시오. 박태영 친구가 의견을 발표해 주십시오.

박태영: 제 의견은 "듣기 싫은 별명으로 부르지 말자."입니다. 기분이 나빠지면 서로 사이좋게 지내기가 어려워지기 때문입니다.

사회자: 좋은 의견입니다. 다른 의견이 더 있습니까? 이희정 친구가 의견을 발표해 주십시오.

이희정: 저는 고운 말을…….

강찬우: (끼어들며) 잠깐만. "심한 장난을 하지 말자."가 좋겠습니다. 왜냐하면 장난이 심해져서 싸우는 경우가 많기 때문입니다.

사회자: 강찬우 친구, 좋은 의견 감사합니다. 하지만 다른 사람이 의견을 발표할 때 끼어드는 것은 잘못입니다. 다음부터는 꼭 손을 들어 말할 기회를 얻고 나서 발표해 주시기 바랍니다. 이희정 친구는 계속 발표해 주십시오.

이희정: 네, 제 의견은 "고운 말을 사용하자."입니다. 친구들이 나쁜 말을 주고받으면 사이가 안 좋아지는 것을 자주 봤기 때문입니다.

고경희: (비아냥거리며) 쳇, 친할 때 그런 말로 장난치는 것도 모르나?

이희정: (짜증 내며) 너는 그래서 날마다 친구들과 다투냐?

사회자: 모두 조용히 해 주십시오. 말할 기회도 얻지 않고 높임말도 사용하지 않은 고경희 친구 그리고 마찬가지로 말할 기회를 얻지 않고 거친 말을 사용한 이희정 친구에게 '주의'를 한 번씩 드립니다.

11 학급 회의 주제는 무엇이겠습니까? (   )

① 음식을 골고루 먹자.
② 깨끗한 학교를 만들자.
③ 교실을 깨끗이 사용하자.
④ 친구들과 사이좋게 지내자.
⑤ 학교생활을 안전하게 하자.

12 박태영의 의견은 무엇입니까? (   )

① 화목한 우리 반을 만들자.
② 친구의 장난을 이해해 주자.
③ 친구의 좋은 점을 칭찬해 주자.
④ 듣기 싫은 별명으로 부르지 말자.
⑤ 기분이 나쁠 때는 혼자 있어 보자.

13 회의를 할 때 강찬우가 예절에 어긋나게 행동한 점은 무엇입니까? (   )

① 혼자서 너무 길게 말했다.
② 공정하게 판정하지 않았다.
③ 다른 사람이 발표할 때 끼어들었다.
④ 근거를 제시하며 주장을 말하지 않았다.
⑤ 토론자의 평소 행동과 토론 내용을 연관 지어 말했다.

14 친구들의 주장에 알맞은 근거를 찾아 각각 선으로 이으시오.

(1) 강찬우 •

• ㉠ 나쁜 말을 주고받으면 사이가 안 좋아지는 것을 자주 봤다.

(2) 이희정 •

• ㉡ 장난이 심해져서 싸우는 경우가 많다.

서술형

15 고경희와 이희정의 행동으로 볼 때 어떻게 하면 예절을 지키며 회의할 수 있는지 쓰시오.

_____

16~18 다음 그림을 보고 물음에 답하시오.

> **현영**
> 지혜야, 내일 발표 자료 준비 잘해!^^
>
> **@.@**
> 발표 잘할 거야.
>
> **지혜**
> 넌 누구야?
>
> **@.@**
> 나 영철이야.
>
> **지혜**
> 영철이구나. 나 원래 발표 잘하잖아. ㅇㅈ?
>
> **@.@**
> ㅇㅈ? 이게 뭐야? 연주?
>
> **지혜**
> 그것도 모르니? ㅋㅋㅋ
>
> **@.@**
> 😮😮😮😮😮😮😮😮 ㅇㅈ?
>
> **현영**
> 어휴, 정신없네. 너희 지금 장난하니?
> 😠😠😠😠

16 영철이가 쓴 대화명이 무엇인지 찾아 쓰시오.

(   )

17 'ㅇㅈ'같은 줄임 말을 많이 쓸 때 일어날 일로 알맞지 않은 것은 어느 것입니까? (   )

① 대화가 잘 안될 것이다.
② 무슨 뜻인지 몰라서 오해가 생길 것이다.
③ 항상 새로운 말의 뜻을 배워야 할 것이다.
④ 자신의 생각을 정확하게 표현할 수 있게 될 것이다.
⑤ 대화 예절을 지키며 이야기하기가 어려워질 것이다.

18 이 대화에서 현영이가 화가 난 까닭은 무엇입니까? (   )

① 친구들이 대화에 참여하지 않아서
② 친구들이 쓴 줄임 말의 뜻을 몰라서
③ 친구들이 자신의 이름을 밝히지 않아서
④ 친구들이 할 말만 하고 대화방에서 나가서
⑤ 친구들이 그림말을 정신없이 너무 많이 사용해서

19 그림 (개)와 그림 (내)의 온라인 대화에서 나타난 문제는 무엇인지 쓰시오.

(1) 그림 (개): _____

(2) 그림 (내): _____

국어활동

20 온라인 대화에서 오해가 생기는 까닭은 무엇인지 쓰시오.

_____

_____

국어 84~109쪽 국어 활동 18~23쪽

1~3

해설: 옛날, 어느 마을에 고기 파는 일을 하던 '박바우'라는 노인이 있었다. 어느 날, 젊은 양반 두 사람이 거의 같은 시간에 고기를 사러 왔다. 윗마을 양반은 박 노인에게 이렇게 말했다.

윗마을 양반: 바우야, 쇠고기 한 근만 줘라.

박 노인: (건성으로 대답하며) 알겠습니다.

해설: 이번에는 아랫마을 양반이 고기를 주문했다.

아랫마을 양반: (깍듯이 부탁하는 말투로) 박 서방, 쇠고기 한 근만 주게.

박 노인: (웃으면서 대답하며) 아이고, 네, 조금만 기다리시지요.

해설: 박 노인은 젊은 양반들에게 각각 고기를 주는데 둘의 크기가 한눈에 봐도 다르게 보였다. 윗마을 양반이 가만히 보니 자기가 받은 고기보다 아랫마을 양반이 받은 고기가 좋아 보이고 양도 훨씬 많아 보였다.

윗마을 양반: 야, 바우야! 똑같은 한 근인데, 어째서 이렇게 다르게 주느냐?

박 노인: [㉠   ]

도움말

✿ 양반이라도 나이가 많은 상대방을 존중하는 높임말을 썼을 때와 그렇지 않았을 때의 차이를 재미있는 상황으로 표현한 글입니다.

1 나이로 보면, 누가 누구에게 높임말을 써야 하는지 쓰시오.

(   )

1 두 양반과 고기를 파는 박 노인 가운데 양반이 더 신분이 높은 사람입니다. 박 노인에게 높임말을 쓰지 않은 것은 양반의 신분이 높기 때문입니다.

2 ㉠에 들어갈 대답으로 알맞은 내용을 쓰시오.

2 고기를 많이 준 양반은 박 노인을 존중해 준 양반입니다.

3 이 글의 내용에 어울리는 속담을 쓰시오.

3 높임말을 써야 하는 까닭을 알 수 있는 글입니다.

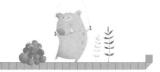

4~5

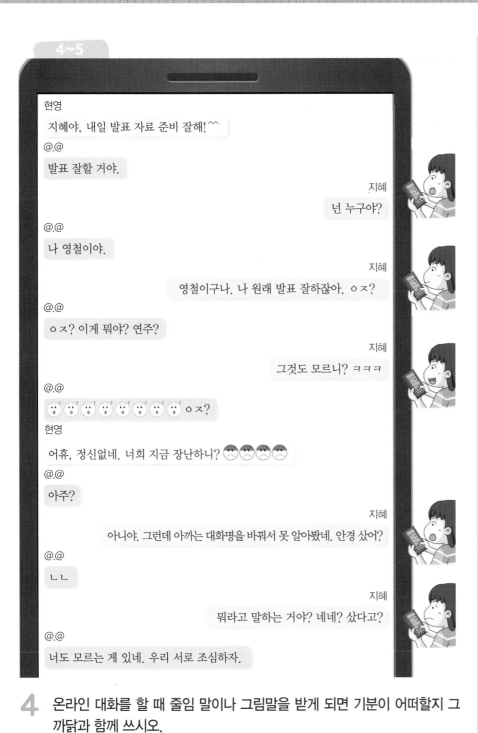

현영
지혜야, 내일 발표 자료 준비 잘해! ^^

@.@
발표 잘할 거야.

지혜
넌 누구야?

@.@
나 영철이야.

지혜
영철이구나. 나 원래 발표 잘하잖아. ㅇㅈ?

@.@
ㅇㅈ? 이게 뭐야? 연주?

지혜
그것도 모르니? ㅋㅋㅋ

@.@
😮😮😮😮😮😮😮 ㅇㅈ?

현영
어휴, 정신없네. 너희 지금 장난하니? 😠😠😠😠

@.@
아주?

지혜
아니야. 그런데 아까는 대화명을 바꿔서 못 알아봤네. 안경 샀어?

@.@
ㄴㄴ

지혜
뭐라고 말하는 거야? 네네? 샀다고?

@.@
너도 모르는 게 있네. 우리 서로 조심하자.

4 온라인 대화를 할 때 줄임 말이나 그림말을 받게 되면 기분이 어떠할지 그 까닭과 함께 쓰시오.

_____

5 온라인 대화에서 줄임 말이나 그림말과 같은 새로운 표현을 어떻게 사용하면 좋을지 쓰시오.

_____

3
단원

4 그림말은 기분을 더 잘 표현할 수 있다는 장점도 있지만 성의가 없는 것처럼 느껴진다는 단점도 있습니다.

5 온라인 대화는 상대의 얼굴이 보이지 않으므로 자기 위주로만 말을 하기 쉬워 특히 주의해야 합니다.

핵심 1 **이야기를 읽어 본 경험 말하기**

• 기억에 남는 이야기를 떠올려 봅니다.
• 인상 깊은 장면을 떠올리며 이야기의 내용을 정리해 봅니다.

핵심 2 **인물, 사건, 배경을 생각하며 이야기 읽기**

• 인물, 사건, 배경을 생각하며 이야기를 읽어 봅니다.
• 이동 장소에 따른 사건의 흐름을 정리해 봅니다.→각각의 장소에서 일어난 일을 차례대로 정리합니다.

예 「사라, 버스를 타다」에서 일어난 일

> 사라가 버스 앞자리에 앉았다. ➡ 사라가 경찰서에 잡혀갔다. 기자가 사라의 사진을 찍어 가고 많은 사람이 사라를 보러 왔다. ➡ 사라의 어머니께서 법은 언젠가는 바뀐다며 사라를 위로하셨다. ➡ 사라는 버스를 타지 않기로 하고, 사람들도 사라와 함께 버스를 타지 않았다. ➡ 사람들이 마침내 법을 바꾸고 사라는 버스에 올라 앞자리에 앉을 수 있게 되었다.

• 이야기의 구성 요소를 알아봅니다.

인물	이야기에서 어떤 일을 겪는 사람이나 사물
사건	이야기에서 일어나는 일
배경	이야기가 펼쳐지는 시간과 장소

└'언제'에 해당하는 것을 시간적 배경이라고 하고 '어디에서'에 해당하는 것을 공간적 배경이라고 합니다.

핵심 3 **인물의 성격을 짐작하며 이야기 읽기**

• 인물이 한 말, 생각, 행동을 살펴보며 이야기를 읽어 봅니다.
• 인물이 지닌 성격을 알 수 있는 말이나 행동을 찾아 성격을 짐작해 봅니다.
예 「우진이는 정말 멋져!」에서 인물이 한 말과 행동으로 성격 짐작하기

우진이가 창훈이한테 승연이와 윤아에게 사과하라고 말한 것을 보면 우진이 성격은 의로운 것 같아.

핵심 4 **사건의 흐름을 생각하며 이야기 읽기**

• 사건이 일어난 차례를 살펴봅니다.
예 「젓가락 달인」에서 일어난 일

> 우봉이가 전학 온 주은이와 짝이 되었다. ➡ 우봉이가 할아버지의 도움을 받아 젓가락질 연습을 열심히 했다. ➡ 우봉이가 시장에서 주은이 어머니께서 손으로 음식 드시는 것을 우연히 보게 되었다. ➡ 우봉이네 가족이 손으로 음식 먹는 것에 대해 이야기했다. ➡ 우봉이와 주은이가 젓가락 달인 결승전에서 겨루게 되었다.

• 인물의 성격에 따라 인물의 행동이 어떻게 달라지는지 살펴봅니다.
• 인물의 행동에 따라 이어질 이야기가 어떻게 달라질지 예측하며 읽습니다.

핵심 5 **이야기를 꾸며 책 만들기**

• 새로 꾸미고 싶은 이야기를 정해 봅니다.
• 새로 꾸밀 이야기의 구성 요소를 생각그물로 정리해 봅니다.→인물, 사건, 배경이 서로 어울리게 바꿉니다.
• 꾸며 쓸 이야기의 내용을 정리해 책으로 만듭니다.→이야기책의 제목, 분량, 표지를 계획합니다.

> **꾸민 이야기를 책으로 만들기**
> • 실제로 있는 일같이 생각하도록 이야기를 자연스럽게 꾸며 씁니다.
> • 자신이 꾸며 만든 이야기책 제목을 원래 책 제목과 다르게 정할 수도 있습니다.
> • 친구들 관심을 끌 수 있게 표지를 꾸밉니다.

국어활동

핵심 6 **인물, 사건, 배경과 사건의 흐름을 생각하며 이야기를 읽을 수 있는지 확인하기**

• 이야기를 읽고 누가, 언제, 어디에서, 어떤 일을 했는지 확인해 봅니다.
• 인물의 말이나 행동에 담긴 마음을 생각해 봅니다.→인물의 성격을 알 수 있습니다.
• 이야기 속 인물이 한 일을 떠올려 봅니다.
• 인물이 한 일의 차례를 생각해 봅니다.

4
단원

조금 더 알기

⚙ 이야기 속 인물 알아맞히기 놀이 하기

❶ 이야기를 정해 인물을 떠올린다.
❷ 인물이 한 중요한 일, 인물의 생김새와 특징, 인물이 나온 이야기의 한 장면을 인물 설명 카드에 쓴다.
❸ 짝과 인물 설명 카드를 바꾸어 읽고 인물을 알아맞힌다.

⚙ 이야기의 구성 요소 알기

• 이야기의 재료가 되는 인물, 사건, 배경을 이야기의 구성 요소라고 합니다.
• 인물, 사건, 배경은 이야기를 구성하는 데 꼭 필요한 요소입니다.
• 이 세 가지가 어울려야 한 편의 이야기가 만들어집니다.

⚙ 이야기의 구성 요소를 이해하며 글 읽기

• 인물, 사건, 배경을 생각하며 읽습니다.
• 인물의 성격을 짐작하며 읽습니다.
• 사건의 흐름을 생각하며 읽습니다.

⚙ 이야기책 만들기

이야기책 형태 만들기 ➡ 이야기책 내용 옮겨 쓰기 ➡ 어울리는 그림 그리기

★ 의로운 정의를 위한 의기가 있는.

개념을 확인해요

1 ☐☐ 깊은 장면을 떠올리며 이야기의 내용을 정리해 봅니다.

2 이야기에서 어떤 일을 겪는 사람이나 사물을 ☐☐ 이라고 합니다.

3 이야기에서 일어나는 일을 ☐☐ 이라고 합니다.

4 이야기가 펼쳐지는 시간과 장소를 ☐☐ 이라고 합니다.

5 '언제'에 해당하는 것을 ☐☐☐ 배경이라고 합니다.

6 인물이 지닌 성격을 알 수 있는 ☐ 이나 행동을 찾아 성격을 짐작해 봅니다.

7 인물의 성격에 따라 인물의 ☐☐ 이 어떻게 달라지는지 살펴봅니다.

8 꾸민 이야기를 책으로 만들 때에는 친구들 ☐☐ 을 끌 수 있게 표지를 꾸며 봅니다.

9 사건의 흐름을 생각하며 이야기를 읽을 때에는 이야기 속 인물이 한 ☐ 을 떠올려 봅니다.

10 사건의 흐름을 생각하며 이야기를 읽을 때에는 인물이 한 일의 ☐☐ 를 생각해 봅니다.

국어 110~151쪽   국어 활동 24~41쪽

도움말

1. 이야기를 읽고 제목, 인상 깊은 장면, 장면에 대한 생각이나 느낌 등을 정리할 수 있습니다.

핵심 1

1 이야기에서 인상 깊은 장면을 정리할 때에 생각할 점이 <u>아닌</u> 것은 무엇입니까? (   )

① 이야기 제목은 무엇인가?
② 나오는 인물은 누구누구인가?
③ 언제 어디에서 일어난 일인가?
④ 글쓴이에게 일어난 일은 무엇인가?
⑤ 장면에 대한 생각이나 느낌은 어떠한가?

2. 이야기에서 배경은 일이 일어나는 시간과 장소를 말합니다.

핵심 2

2 이야기의 구성 요소를 생각하며 다음 글을 읽고, 빈칸에 알맞은 말을 찾아 쓰시오.

> 어느 날 아침, 사라는 버스의 앞쪽 자리가 얼마나 좋은 곳인지 알아보기로 마음먹었습니다. 사라는 자리에서 일어나 좁은 통로로 걸어 나갔습니다. 별다른 것도 없어 보였습니다. 창문은 똑같이 지저분했고, 버스의 시끄러운 소리도 똑같았습니다. 앞쪽 자리가 뭐가 그리 대단하다는 것일까요?
>
> 「사라, 버스를 타다」, 윌리엄 밀러

• 인물: 사라
• 사건: 버스 앞쪽 자리로 갔다.
• 배경: (   )

3. 이야기를 읽고 인물이 지닌 성격을 알 수 있는 말이나 행동을 찾아 성격을 짐작할 수 있습니다.

핵심 3

3 이야기에서 인물의 성격을 짐작하는 방법입니다. **예문**을 살펴볼 때 빈칸에 들어갈 말은 무엇입니까? (   )

> **예문**
>
> 창훈이는 미안하다는 소리 대신 혀만 쏙 내밀고는 휙 도망가 버렸다.

> 인물이 한 [   ](으)로 인물의 성격을 짐작할 수 있다.

① 말   ② 인사   ③ 행동
④ 웃음   ⑤ 목소리

핵심 4

4 사건의 흐름을 생각하며 읽는 방법으로 알맞은 것에 모두 ○표를 하시오.

(1) 사건이 일어난 차례를 살펴본다. ( )

(2) 인물의 성격에 따라 인물의 행동이 어떻게 달라지는지 살펴본다.
( )

(3) 인물의 행동에 따라 이어질 이야기가 어떻게 달라질지 예측하며 읽는다. ( )

핵심 5

5 다음은 이야기책을 만들 계획을 세운 것 가운데 무엇을 생각한 것입니까? ( )

> 친구들의 관심을 끌 수 있도록 앞표지에는 등장인물을 크게 그린 뒤 책의 제목과 지은이, 출판사를 쓰고, 뒤표지에는 책을 추천하는 글을 쓰고 책의 가격을 표시한 뒤에 막대 표시[바코드]를 그리겠습니다.

① 표지는 어떻게 꾸밀까?
② 책 쪽수는 어떻게 할까?
③ 등장인물을 어떻게 바꿀까?
④ 책 제목은 무엇으로 정할까?
⑤ 이야기책 각 쪽에 어떤 내용을 넣을까?

핵심 6

6 이야기를 읽을 때 사건의 흐름을 정리하는 방법으로 알맞지 않은 것은 어느 것입니까? ( )

① 일어난 사건을 차례대로 정리한다.
② 인물이 한 일의 차례를 생각해 본다.
③ 이야기 속 인물이 한 일을 떠올려 본다.
④ 인물의 성격에 따른 사건의 흐름을 살펴본다.
⑤ 등장한 인물의 수가 많은 사건을 중심으로 정리한다.

4
단원

국어 110~151쪽   국어 활동 24~41쪽

1~5 다음 글을 읽고 물음에 답하시오.

(가) 아침마다 사라는 어머니와 함께 버스를 탔습니다. 언제나 백인들이 앉는 자리와 구분된 뒷자리에 앉았습니다. 고개를 돌려 자기를 쳐다보는 백인 아이들에게 사라는 얼굴을 찡그렸습니다. 백인 아이들도 얼굴을 찡그리며 웃어 댔습니다. 그러다가 어머니들에게 잔소리를 들은 뒤에야 바로 앉았습니다.

　"지금까지 언제나 이래 왔단다. 자리에 앉을 수 있는 것만으로도 만족해야지."

　어머니께서는 두 손을 깍지 낀 채 이렇게 말씀하시고는 했습니다.

　어머니께서는 사라보다 먼저 버스에서 내리셨습니다. 사라는 혼자서 학교로 가고, 어머니께서는 백인 가정의 부엌에서 일을 하셨습니다.

(나) 한 백인 아주머니께서 물으셨습니다.

　"왜 그리 두리번거리니, 꼬마야?"

　"뭐 특별한 게 있는지 알아보고 싶어서요."

　아주머니께서 말씀하셨습니다.

　"네 자리로 돌아가는 게 좋겠구나."

　모두가 사라를 쳐다보았습니다.

　사라는 계속 나아갔습니다. 앞쪽 끝까지 가서 운전사 옆자리에 앉았습니다. 사라는 운전사가 기어를 바꾸고 두 손으로 커다란 핸들을 돌리는 것을 지켜보았습니다. 운전사가 성난 얼굴로 사라를 쏘아보았습니다.

　"꼬마 아가씨, 뒤로 가서 앉아라. 너도 알다시피 늘 그래 왔잖니?"

　사라는 그대로 앉은 채 마음속으로 말했습니다.

　'뒷자리로 돌아갈 아무런 이유가 없어!'

1 이 글에서 사라가 앉아 있었던 장소를 나타내는 표현을 찾아 쓰시오.

　• 버스 뒷자리 ➡ 운전사 (　　　　　)

2 이 글의 내용으로 알맞지 <u>않은</u> 것을 두 가지 고르시오. (　 , 　)

① 사라의 어머니는 백인이다.
② 사라는 백인들에게 차별을 받고 있다.
③ 버스 운전사는 사라의 행동을 눈감아 주었다.
④ 사라는 매일 아침 어머니와 함께 버스를 타고 학교에 간다.
⑤ 사라의 어머니는 자리에 앉을 수 있는 것만으로도 만족해야 한다고 하셨다.

 중요

3 사라가 버스의 앞자리로 간 까닭은 무엇입니까?

(　　　　)

① 뒷자리에 앉을 곳이 없어서
② 뒷자리에 앉으면 멀미가 나서
③ 친한 친구가 앞자리에 앉아 있어서
④ 한 아주머니가 앞자리에 앉으라고 하셔서
⑤ 버스의 앞쪽 자리에 특별한 게 있는지 알아보고 싶어서

4 사라가 버스의 앞자리에 앉자 사람들은 어떻게 하였습니까? (　　　　)

① 사라의 행동을 응원해 주었다.
② 사라를 경찰서에 데리고 갔다.
③ 사라의 어머니에게 전화를 하였다.
④ 사라를 안고 가서 억지로 뒷자리에 앉혔다.
⑤ 사라에게 버스 뒷자리로 돌아가라고 하였다.

서술형

5 사라가 뒷자리로 돌아가지 않은 까닭은 무엇인지 쓰시오.

_____

_____

그날 밤, 어머니께서는 사라의 방으로 들어와 사라를 안아 주셨습니다.

"사라야, 엄마는 너한테 화나지 않았어. 너는 세상의 어떤 백인 아이 못지않게 착한 아이란다. 너는 특별한 아이야."

사라는 몹시 혼란스러웠습니다.

"그런데 왜 저는 버스 앞자리에 타면 안 되나요?"

"㉠법이 그렇기 때문이야. 법이라고 다 좋은 것은 아니지만 말이다."

사라가 어머니의 피곤한 눈을 올려다보며 물었습니다.

"법은 절대 바뀌지 않나요?"

어머니께서 부드럽게 대답하셨습니다.

"언젠가는 바뀌겠지."

이튿날 아침, 어머니께서 사라에게 버스를 타는 대신 걸어가는 것이 어떻겠느냐고 물으셨습니다. 어머니께서는 웃으려고 애를 쓰셨지만, 사라는 어머니의 눈에 고인 눈물을 보았습니다.

"어쨌든 날씨가 그리 춥지 않구나. 하나님은 우리에게 낡은 버스가 아니라 두 다리를 주셨어. 그렇지?"

"그럼요, 어머니. 저는 걷는 것이 좋아요. 얼마든지요."

6 이 글에서 시간을 나타내는 말은 무엇무엇입니까? (,)

① 그날 밤
② 사라의 방
③ 낡은 버스
④ 이튿날 아침
⑤ 버스 앞자리

 주의

7 이 글에 나타난 사라의 성격은 어떠합니까?
( )

① 당당하다.
② 겁이 많다.
③ 이기적이다.
④ 욕심이 많다.
⑤ 소극적이다.

 응용

8 ㉠의 내용으로 알맞은 것에 ○표를 하시오.

⑴ 흑인은 버스를 탈 수 없다. ( )
⑵ 흑인은 낡은 버스를 타야 한다. ( )
⑶ 흑인은 버스에서 뒷자리에 앉아야 한다.
( )

'떨어져라, 떨어져라, 떨어져라……'

나도 모르게 마음속으로 빌고 있는데 갑자기 윤아가 앞으로 폭 고꾸라지지 뭐예요. 장난꾸러기 창훈이가 다른 아이들이랑 장난치며 뛰다가 윤아와 부딪친 거죠. 그 바람에 윤아 손등에 있던 공기 알이 와르르 떨어져 두 개는 책상 밑으로, 한 개는 우진이 다리 밑으로, 나머지 한 개는 사물함 밑으로 굴러 들어갔어요.

"김창훈! 너 때문에 죽었잖아!"

"김창훈! 너 때문에 내 공기 알이 사물함 밑으로 들어갔잖아!"

윤아는 공기 알을 못 잡은 게 억울해서, 나는 사물함 밑으로 굴러 들어간 내 공기 알이 걱정돼서 소리쳤어요. 우리 목소리에 놀랐는지 창훈이는 온몸을 움찔하더라고요. 그것도 잠시뿐, ㉠창훈이는 미안하다는 소리 대신 혀만 쏙 내밀고는 휙 도망가 버리는 거 있죠.

「우진이는 정말 멋져」, 강정연

9 공기 알이 사물함 밑으로 굴러 들어간 까닭은 무엇인지 쓰시오.

_____

_____

중요

10 ㉠과 같은 창훈이의 행동으로 알 수 있는 성격을 두 가지 고르시오. (,)

① 깔끔하다.
② 얌전하다.
③ 소심하다.
④ 장난스럽다.
⑤ 배려심이 없다.

11~14 다음 글을 읽고 물음에 답하시오.

(가) 그런데 그때, 창훈이가 다시 나타나 윤아와 나를 또 밀치고 지나가는 거예요. 윤아와 나는 하마터면 넘어질 뻔했지요. 그런데 우진이가 갑자기 창훈이 팔을 팍 잡아채더니 윤아와 내 앞으로 창훈이를 돌려세웠어요.

"너 왜 자꾸 여자애들 괴롭혀? 아까 일도, 지금 일도 얼른 사과해."

우진이는 작정한 듯이 굳은 얼굴로 창훈이를 다그쳤고, 창훈이는 싱글싱글 웃으며 우진이 손을 억지로 떼어 내려 했어요.

(나) 결국 우진이도 웃는 바람에 손에 힘이 풀려 창훈이를 놓아주었어요. 창훈이는 기다렸다는 듯이 엉덩춤을 실룩실룩 추더니 휭 하고 자리를 떴어요. 그러고는 또다시 친구들이랑 어울려 장난치며 놀기 시작했지요.

(다) 우진이는 생각하면 할수록 참 멋진 아이예요. 이런 우진이를 어떻게 안 좋아할 수 있겠어요? 이런 우진이와 어떻게 짝이 되고 싶지 않을 수 있겠어요?

11 이야기 속 등장인물 가운데 적극적이고 의로운 성격을 지닌 인물은 누구인지 쓰시오.

( )

12 장난스러운 창훈이의 성격을 알 수 있게 해 주는 말이나 행동을 찾아 쓰시오.

13 '나'는 우진이에게 어떤 마음을 가지고 있습니까?

( )

① 좋아하는 마음
② 미워하는 마음
③ 질투하는 마음
④ 부러워하는 마음
⑤ 귀찮아하는 마음

14 다음 태호의 성격으로 보아, 태호가 글 (가)의 우진이와 같은 상황이었다면 어떻게 행동했겠습니까?

( )

태호의 성격	옳고 그름을 따지는 것보다 남자아이들과의 관계가 더 중요하다.

① 창훈이의 머리를 한 대 쥐어박았을 것이다.
② 많은 사람 앞에서 창훈이를 혼내 줄 것이다.
③ 창훈이에게 사과하라고 하지 않았을 것이다.
④ 여자애들에게 무릎을 꿇으라고 했을 것이다.
⑤ 친구의 잘못을 그 자리에서 바로잡을 것이다.

서술형

15 다음 이야기에 나오는 한 장면을 보고 어떤 내용의 이야기일지 욱이가 할 말을 쓰시오.

젓가락 대회

'젓가락 대회'가 열리는 것을 보니 젓가락질을 잘 하는 인물이 나올 것 같아.

이야기를 읽을 때 그림을 먼저 보고 내용을 짐작해 볼 수 있어.

욱이

16~18 다음을 보고 물음에 답하시오.

❶ 우봉이가 전학 온 주은이와 짝이 되었다.

↓

❷ 우봉이가 젓가락 달인이 되려고 할아버지의 도움을 받아 젓가락질 연습을 열심히 했다.

↓

❸ 우봉이가 시장에서 주은이 어머니께서 손으로 음식 드시는 것을 우연히 보게 되었다.

↓

❹ 우봉이네 가족이 손으로 음식 먹는 것에 대해 이야기했다.

↓

❺ 우봉이와 주은이가 젓가락 달인 결승전에서 겨루게 되었다.

16 장면 **❷**에 나타난 우봉이의 행동으로 보아, 우봉이의 성격은 어떠하겠습니까? ( )

① 소심하다.
② 냉정하다.
③ 부끄러움이 많다.
④ 승부욕이 강하다.
⑤ 인내심이 약하다.

17 젓가락왕을 가리는 결승 대회에서 우봉이와 겨루게 된 사람은 누구인지 쓰시오.

( )

18 장면 **❶**~**❸**의 공간적 배경은 어떻게 변했습니까? ( )

① 집 ➡ 마트 ➡ 집
② 집 ➡ 시장 ➡ 가게
③ 교실 ➡ 집 ➡ 시장
④ 교실 ➡ 집 ➡ 운동장
⑤ 시장 ➡ 주은이네 ➡ 마트

중요

19 '가게', '채소'와 뜻이 비슷한 낱말을 **보기**에서 찾아 쓰시오.

보기

상점, 점포, 야채, 점방

(1) 가게: ( )
(2) 채소: ( )

국어활동

20 다음 이야기의 배경을 **보기**에서 찾아 쓰고, 사건을 정리하시오.

그제야 나는 할아버지의 마음을 알 것 같았습니다. 나를 태워서라도 어머니가 가시는 저승길에 손수 마련한 옷 한 벌 입혀 드리려는 아들의 안타까운 마음을.

나는 바람에 살짝 몸을 실었습니다. 그리고 일백 하고도 일곱 살 되는 할머니의 몸 위에 사뿐히 내려앉았습니다. 그제야 나는 바람의 말처럼 세상에서 가장 값진 옷이 될 수 있었습니다.

「주인 잃은 옷」, 원유순

보기

옷감 파는 집   할아버지 집   할머니의 몸 위

(1) 배경	(2) 사건

4 단원

국어 110~151쪽 국어 활동 24~41쪽

1~5 다음 글을 읽고 물음에 답하시오.

(가) 경찰관이 살짝 웃으며 말했습니다.

"아무렴. 법에는 말이다, ㉠너희 같은 사람은 버스 뒷자리에 앉아야 한다고 나와 있단다. 그래서 말인데, 법을 어기고 싶지 않다면 네 자리로 돌아가거라."

밖에 사람들이 모여들기 시작했습니다. 사람들이 흥분하여 사라에게 큰 소리를 질렀지만, 몇몇은 사라를 응원했습니다.

한 아저씨께서 소리치셨습니다.

"일어나지 마라. 그 자리는 네 피부색과 아무 상관이 없어."

(나) 사라는 몹시 혼란스러웠습니다.

"그런데 왜 저는 버스 앞자리에 타면 안 되나요?"

"㉡법이 그렇기 때문이야. 법이라고 다 좋은 것은 아니지만 말이다."

사라가 어머니의 피곤한 눈을 올려다보며 물었습니다.

"법은 절대 바뀌지 않나요?"

어머니께서 부드럽게 대답하셨습니다.

"언젠가는 바뀌겠지."

(다) 그날은 어떤 흑인도 버스를 타지 않았습니다. 그다음 날도 마찬가지였습니다. 버스 회사는 당황했습니다. 시장도 어쩔 줄 몰라 했습니다. 그리하여 사람들은 마침내 법을 바꾸었습니다.

1 ㉠은 어떤 사람을 말합니까? (   )

① 백인   ② 흑인   ③ 아이
④ 남자   ⑤ 여자

2 글 (나)에서 사라의 마음은 어떠하였는지 쓰시오.

(   )

3 ㉡은 어떤 법이겠습니까? (   )

① 흑인은 버스에 타면 안 된다.
② 흑인은 버스 앞자리에 앉으면 안 된다.
③ 흑인은 부모와 함께 버스에 타야 한다.
④ 아이는 버스 앞자리에 앉으면 안 된다.
⑤ 아이는 부모와 함께 버스에 타야 한다.

4 글 (다)에서 흑인들이 버스를 타지 <u>않은</u> 까닭은 무엇이겠습니까? (   )

① 좋은 법이 폐지된다고 들어서
② 시장이 버스를 타지 말라고 해서
③ 법을 곧 바꾼다는 소문을 들어서
④ 잘못된 법을 따르고 싶지 않아서
⑤ 법 때문에 버스 안이 소란스러워서

서술형

5 다음 사진을 참고하여 글 (다)에서 사람들은 법을 어떤 내용으로 바꾸었을지 쓰시오.

 →

_____

_____

6~7 다음 정리를 보고 물음에 답하시오.

버스 안	사라가 버스 앞자리에 앉았다.

↓

경찰서	사라가 경찰서에 잡혀갔다. 기자가 사라의 사진을 찍어 가고 많은 사람이 사라를 보러 왔다.

↓

사라의 방 안	사라의 어머니께서 법은 언젠가는 바뀐다며 사라를 위로하셨다.

↓

버스 정류장 앞	사라는 버스를 타지 않기로 하고, 사람들도 사라와 함께 버스를 타지 않았다.

↓

버스	사람들이 마침내 법을 바꾸고 사라는 버스에 올라 앞자리에 앉을 수 있게 되었다.

6 무엇에 따라 정리한 내용입니까? (　　　)

① 인물의 말
② 장소의 변화
③ 등장인물의 수
④ 인상적인 표현
⑤ 새로운 인물의 등장

서술형

7 다음 일어난 일로 인해 사라는 어떻게 되었는지 쓰시오.

> 사라와 어머니가 버스를 타지 않고 걷기로 하는데, 많은 사람이 사라와 함께 버스를 타지 않았습니다.

↓

8~10 다음 글을 읽고 물음에 답하시오.

"우아, 윤아 공기 되게 잘한다!"

아이참, 정말 이상해요. 조금 전까지만 해도 윤아보다 내가 훨씬 더 잘했는데, 우진이가 나타나자마자 자꾸만 실수하는 거예요. ㉠우진이 칭찬을 듣고 헤벌쭉 웃는 윤아가 참 얄미웠어요.

"나 공기놀이 그만할래."

나는 공기 알들을 주섬주섬 챙기며 일어섰어요. 공기 알 주인도 나고, 공기놀이도 내가 훨씬 더 잘하는데 윤아만 기분이 좋은 것 같아 심통이 난 거죠, 뭐.

8 아이들은 무엇을 하고 있는지 쓰시오.

(　　　　　　　　　)

9 ㉠을 통해 알 수 있는 '나'의 성격은 어떠합니까?

(　　　)

① 샘이 많다.
② 잘난 체한다.
③ 조심성이 없다.
④ 동정심이 많다.
⑤ 힘이 약한 친구를 배려한다.

10 이와 같은 이야기에서 인물의 성격은 무엇을 통해 파악할 수 있는지 두 가지를 고르시오.

(　　　,　　　)

① 인물의 말
② 인물의 외모
③ 인물의 행동
④ 이야기의 배경
⑤ 이야기의 주제

11~12 다음 글을 읽고 물음에 답하시오.

윤아와 나는 교실 바닥에 엎드려 사물함 밑을 들여다봤지만, 사물함 밑은 너무 깜깜해서 아무것도 보이지 않았어요.

"손을 넣어 볼까?"

"싫어. 그러다가 벌레라도 손에 닿으면 어떡해?"

나는 윤아 입에서 '벌레'라는 말이 나오자마자 사물함 밑으로 반쯤 넣었던 손을 얼른 뺐어요.

윤아와 나는 서로 울상이 되어 마주 보았어요.

"이걸로 꺼내 보자."

우진이는 어디서 가져왔는지 기다란 자를 들고 나타났어요. 그러고는 바닥에 납작 엎드려 자로 사물함 밑을 더듬거렸어요. 사물함 밑에서 자가 빠져나올 때마다 먼지 뭉치가 잔뜩 붙은 10원짜리 동전, 연필, 지우개 들이 따라 나왔어요. 자가 다섯 번째쯤 사물함 밑을 더듬거리다가 나왔을 때에야 윤아와 내가 손뼉 치며 소리쳤어요.

"어! 나왔다!"

자 끝에는 분홍색 꽃 모양의 작은 공기 알이 살짝 걸려 있었어요.

11 '나'는 공기 알을 어떻게 찾을 수 있었습니까?

( )

① 윤아가 찾아주었다.
② 쓰레기통에서 꺼냈다.
③ 친구의 나비 핀과 바꾸었다.
④ 선생님께서 연필, 지우개 대신 주셨다.
⑤ 우진이가 자로 사물함 밑에서 빼 주었다.

12 우진이의 성격을 알 수 있게 해 주는 말이나 행동을 찾아 쓰시오.

_____

_____

13~15 다음 글을 읽고 물음에 답하시오.

㈎ 우진이는 공기 알과 나비 핀을 손에 들고 먼지를 툴툴 털어 냈어요. 그러고는 우리에게 공기 알과 나비 핀을 쑥 내밀었어요.

㉠"여기 공기 알. 그리고 이 핀 가질래?"

나는 선뜻 손을 내밀지 못했어요. 어떻게 하면 좋을지 몰랐거든요.

그때 윤아가 얼굴을 찡그리며 말했어요.

"아유, 더러워! 그 핀을 어떻게 쓰냐?"

그러자 우진이는 공기 알만 나에게 건네주고 나비 핀은 쓰레기통에 넣어 버렸어요.

"그래, 더러울 거야."

우진이의 목소리에는 부끄러운 마음이 묻어 있었어요. 마음 같아서는 ㉡윤아를 한 대 콩 쥐어박고 싶었지만 참았어요.

㈏ 나는 아까 우진이가 주려고 했던 머리핀이 자꾸만 생각났어요.

'우진이는 나한테 주고 싶었을까, 윤아한테 주고 싶었을까? 윤아만 아니면 내가 그냥 가졌을 텐데…….'

13 ㉠에서 짐작할 수 있는 성격을 쓰시오.

( )

14 '내'가 ㉡처럼 하고 싶었던 까닭은 무엇입니까?

( )

① 우진이가 윤아만 좋아해서
② 우진이를 좋아하는 것 같아서
③ 우진이가 윤아에게만 핀을 줘서
④ 우진이가 준 핀을 쓰레기통에 버려서
⑤ 우진이가 건넨 핀을 더럽다며 면박을 줘서

15 윤아에 대한 '나'의 마음은 무엇입니까? ( )

① 반갑다. ② 그립다.
③ 얄밉다. ④ 창피하다.
⑤ 애틋하다.

16 이야기를 꾸며 쓰는 방법으로 알맞은 것을 두 가지 고르시오. (　　,　　)

① 이야기를 어색하게 꾸며 쓴다.
② 하나의 사건과 배경만 갖도록 한다.
③ 인물, 사건, 배경이 어울리게 바꾼다.
④ 모든 등장인물은 같은 성격으로 바꾼다.
⑤ 실제처럼 생각하도록 자연스럽게 꾸며 쓴다.

17 이어질 내용을 이야기책으로 만드는 방법으로 알맞지 <u>않은</u> 것은 무엇입니까? (　　)

① 앞뒤 표지를 내용에 어울리게 꾸민다.
② 이어질 내용에 어울리게 제목을 붙인다.
③ 이어 쓴 이야기에 어울리는 그림을 떠올린다.
④ 이어질 내용과 그림을 넣어 이야기책을 꾸민다.
⑤ 앞의 내용과 어울리지 않게 전혀 다른 새로운 내용을 상상한다.

국어활동

18 다음 이야기 뒤에 이어질 내용은 무엇일지 알맞은 것의 기호를 쓰시오.

　　멀리서도 비에 젖은 채 서 있는 아버지 모습이 여느 부모들과 비교할 수 없을 만큼 늙어 보였다. 영란이는 현관문 뒤에 매미처럼 착 달라붙어 한동안 꼼짝하지 않았다. 오늘같이 아이들이 많은 곳에서 아버지와 함께 고물 자전거를 타고 집으로 가긴 정말 싫었다. 영란이는 아버지가 서 있는 정문이 아닌 뒷문으로 얼른 발길을 옮겼다. 가슴이 콩콩거렸다. 뒤꼭지가 뜨끔했다.

　　　　　　　　　　　　　　「비 오는 날」, 김자연

㉮ 영란이가 아버지 몰래 혼자 집으로 돌아왔다.
㉯ 아버지께서 비를 맞으며 영란이를 데리러 학교에 오셨다.
㉰ 아침에 아버지께서 자전거로 영란이를 학교에 데려다주셨다.

（　　　　　　　　）

19~20 다음 글을 읽고 물음에 답하시오.

㈎ "원 시상에! 이 양반이 이걸 아직까지 호주머니에 넣고 다녔디야."
　　영란이 엄마가 눈을 동그랗게 뜨고 아버지 바지 호주머니 사이로 삐죽 삐져나온 초코파이를 끄집어냈다.
　　"이걸 여태 먹지 않고 호주머니에 넣어 가지고 다니다니! 에그, 징한 양반. 모정에서 노인들 간식으로 나누어 준 것이 한참 되었는디. 니 아버지가 초코파이를 얼마나 좋아하냐. 그런데 그걸 널 준다고 먹지 않고 가지고 다녀 쌓더니만."
　　"날 준다고?"
　　"그려. 시상에 그걸 여태껏 먹지 않고 아껴 두었는갑다. 이걸 가지고 다닌 지가 솔찬히 되었을 건디."
㈏ ㉠영란이는 으깨진 초코파이를 손가락으로 가만가만 떼어 입에 넣었다.
　　"별일이네. 으깨진 초코파이를 다 먹고."
　　"까 보니까 많이 으깨지지도 않았고만!"
　　초코파이를 삼키는 영란이 목이 꽉 메어 왔다.
　　"엄마, 내일 아버지에게 내가 초코파이 다 먹었다고 말해. 알았지?"

19 어머니께서 아버지 바지 호주머니에서 발견하신 것은 무엇인지 찾아 쓰시오.

（　　　　　　　　）

20 영란이가 ㉠처럼 행동한 까닭은 무엇이겠습니까? （　　）

① 아버지의 사랑이 느껴졌기 때문에
② 아버지께 혼이 날 것 같았기 때문에
③ 어머니께 죄송한 마음이 들었기 때문에
④ 으깨진 초코파이가 맛있어 보였기 때문에
⑤ 노력하는 어머니의 마음이 느껴졌기 때문에

국어 110~151쪽 국어 활동 24~41쪽

도움말

⭐ 백인과 흑인의 차별이 있었던 시기에 어린 소녀 사라의 당당한 행동으로 인해 불합리한 법이 바뀌게 된 사건을 다룬 이야기입니다.

1~3

㉮ 아침마다 사라는 어머니와 함께 버스를 탔습니다. 언제나 백인들이 앉는 자리와 구분된 뒷자리에 앉았습니다.

㉯ "지금까지 언제나 이래 왔단다. 자리에 앉을 수 있는 것만으로도 만족해야지."

어머니께서는 두 손을 깍지 낀 채 이렇게 말씀하시고는 했습니다.

어머니께서는 사라보다 먼저 버스에서 내리셨습니다. 사라는 혼자서 학교로 가고, 어머니께서는 백인 가정의 부엌에서 일을 하셨습니다.

㉰ "아무렴. 법에는 말이다, 너희 같은 사람은 버스 뒷자리에 앉아야 한다고 나와 있단다. 그래서 말인데, 법을 어기고 싶지 않다면 네 자리로 돌아가거라."

밖에 사람들이 모여들기 시작했습니다. 사람들이 흥분하여 사라에게 큰 소리를 질렀지만, 몇몇은 사라를 응원했습니다.

한 아저씨께서 소리치셨습니다.

"일어나지 마라. 그 자리는 네 피부색과 아무 상관이 없어."

㉱ 이튿날 아침, 어머니께서 사라에게 버스를 타는 대신 걸어가는 것이 어떻겠냐고 물으셨습니다. 어머니께서는 웃으려고 애를 쓰셨지만, 사라는 어머니의 눈에 고인 눈물을 보았습니다.

1 어머니가 자리에 앉을 수 있는 것만으로도 만족해야 한다고 말씀하신 까닭은 무엇일지 쓰시오.

1 백인과 흑인을 버스에 앉는 자리까지도 구분하던 시대였습니다.

2 이 글에서 알 수 있는 사회적 분위기는 어떠한지 쓰시오.

2 「사라, 버스를 타다」의 시간적 배경은 1950년대입니다.

3 사라와 어머니가 버스를 타지 않고 걸어가게 된 까닭은 무엇일지 쓰시오.

3 사라는 피부색 때문에 차별을 받았습니다.

장면 ❶   우봉이네 교실에 주은이가 전학을 오게 되어 우봉이는 전학 온 주은이와 짝이 되었습니다.

⬇

장면 ❷   우봉이는 젓가락 달인(왕)이 되려고 할아버지의 도움을 받아 젓가락질 연습을 열심히 했습니다.

⬇

장면 ❸   우봉이는 어머니의 심부름을 하러 시장에 가게 되었는데 거기에서 젓가락질 연습을 하는 주은이와 생김새가 다른 주은이 어머니를 보았습니다. 주은이 어머니가 손으로 음식을 드시는 것을 보고 우봉이는 주은이와 눈이 마주칠까 봐 다른 사람 뒤로 숨었습니다.

⬇

장면 ❹   저녁때 우봉이는 손으로 음식을 먹는 것에 대해 가족과 이야기 했습니다.

4 다음 장면에 나타난 우봉이의 행동에 대한 자신의 생각을 쓰시오.

(1) 장면 ❷	
(2) 장면 ❸	

5 다음 우봉이의 성격을 참고하여, 우봉이가 다른 문화에 대한 편견이 없는 개방적인 성격이었다면 어떤 일이 일어났을지 쓰시오.

우봉이의 성격	우봉이는 시장에서 손으로 음식(카오리아오)을 드시는 주은이 어머니의 행동이 좋지 못하다고 생각한다.

_____

_____

도움말

⭐ 이야기에서 일어난 사건을 생각하며 「젓가락 달인」을 읽어 봅니다.

4
단원

▲ 카오리아오: 라오스 전통 음식으로 찹쌀 찐 것을 손으로 뭉쳐 먹습니다.

4 각 장면에 대한 우봉이의 행동을 정리해 봅니다.

5 인물의 성격이 달라지면 사건의 전개도 달라집니다.

단원 요점 정리　5. 의견이 드러나게 글을 써요

국어 160~183쪽　국어 활동 42~47쪽

핵심 1　문장의 짜임에 맞게 말하기

- '누가/무엇이 + 어찌하다'에서 '어찌하다'는 '달리다, 먹는다'와 같이 움직임을 나타냅니다.
- '누가/무엇이 + 어떠하다'에서 '어떠하다'는 '누가/무엇이'의 성질이나 상태를 나타내는데 '빨갛다, 둥글다' 따위가 이에 해당합니다.

> **문장의 짜임을 알면 좋은 점**
> - 문장을 두 부분으로 끊어 읽을 수 있어 이해하기 쉽습니다.
> - 문장을 두 부분으로 나누어서 앞뒤 연결이 자연스러운지 생각하며 글을 쓸 수 있습니다.
> - 문장의 뒷부분을 살피면서 앞부분을 보면 어색한 문장을 자연스럽게 고칠 수 있습니다.

핵심 2　문장의 짜임을 생각하며 의견 표현하기

- 이야기의 흐름을 생각하며 내용을 한 문장으로 요약해 봅니다. →'누가 / 무엇이' 부분과 뒷부분이 자연스럽게 연결되는지 생각하며 글을 써야 합니다.
- 이야기의 흐름을 생각하며 문장을 '누가 + 어찌한다/어떠하다'로 나누어 봅니다.

예 「목홧값을 누가 물어야 하나?」의 흐름과 짜임

<u>★목화 장수들이</u> + <u>고양이를 샀다.</u>
　　누가　　　　　　어찌하다

⬇

<u>목화 장수들은</u> + 고양이 때문에 큰 손해를 입어
　　누가　　　　　　투덜거렸다. 어찌하다

⬇

<u>목화 장수들은</u> + <u>사또에게 판결을 부탁했다.</u>
　　누가　　　　　　어찌하다

핵심 3　자신의 의견을 제시하는 글 쓰기

- 문제 상황이 잘 드러나게 씁니다.
- 자신의 의견과 그렇게 생각한 까닭을 써야 합니다. →의견을 제시한 뒤에 뒷받침 내용이 드러나도록 씁니다.
- 글을 읽는 상대가 기분 상하지 않고 자신의 의견을 이해할 수 있도록 예의를 지켜 글을 써야 합니다. 그리고 문장에서 '누가/무엇이'와 '무엇이다/어찌하다/어떠하다'의 구분이 잘 드러나게 글을 써야 합니다.

핵심 4　의견을 제시한 글을 쓰고 친구들과 의견 나누기

- 학급 신문에 의견을 제시하는 글을 써 봅니다.
  - 학급 신문의 주제, 주제를 정한 까닭도 신문에 넣어 봅니다.
- 의견을 제시하는 글을 쓸 때 주의할 점을 생각해 봅니다.
  - 문제 상황을 제시해야 합니다.
  - 자신의 의견을 분명히 밝힙니다.
  - 알맞은 까닭을 듭니다.
  - 읽는 사람을 생각해 예의를 갖춥니다.
  - 읽는 사람이 들어줄 수 있는 의견을 제시합니다. →윗사람이나 여러 사람인 경우 높임말을 잘 사용했는지 생각합니다.
  - 제목을 씁니다.
- 의견을 제시하는 글을 평가해 봅니다.
  - 친구의 글에 칭찬 댓글을 달아봅니다.

> **친구의 글에 칭찬 댓글 달기 예**
>
> | 문제 상황이 잘 드러나게 썼어요. | 의견과 그렇게 생각한 까닭이 잘 드러나게 썼어요. |

국어활동

핵심 5　문장의 짜임을 생각하며 의견을 표현할 수 있는지 확인하기

- 문장의 뜻을 생각해 봅니다.
- '누가/무엇이'에 해당하는 부분과 '무엇이다/어찌하다/어떠하다'에 해당하는 부분으로 나누어 봅니다.

예

무엇이	무엇이다/어찌하다/어떠하다
바늘 도둑이	소도둑 된다

핵심 6　자신의 의견을 제시하는 글을 쓸 수 있는지 확인하기 →문제 상황, 의견, 알맞은 까닭을 씁니다.

- 우리가 해야 할 일을 의견으로 정해 봅니다.
- 의견에 대한 까닭을 여러 가지 떠올려 봅니다.

조금 더 알기

⚙ 의견을 제시하는 글의 기준

• 문제 상황을 자세히 썼나요?
• 자신의 의견을 제시했나요?
• 의견을 뒷받침하는 까닭을 썼나요?

⚙ 학급 신문 만들기 과정

자신의 의견을 뒷받침할 자료 찾기

⚙ 학급 신문에 의견을 제시하는 글 쓰기

❶ 학급 신문의 주제를 정한다.
❷ 학급 신문의 이름을 정한다.
❸ 자신의 의견을 뒷받침할 자료를 찾는다.
❹ 자신의 의견과 의견을 뒷받침하는 까닭을 종이에 적는다.
❺ 각자가 적은 종이를 모둠별로 학급 신문에 붙인다.
❻ 학급 신문을 완성한다.

 낱말 사전

★ 목화 원줄기는 높이가 60cm 정도이고 잔털이 있고 곧게 자란다. 열매의 솜털을 모아서 솜을 만들고 씨는 기름을 짠다.

개념을 확인해요

1 '누가/무엇이 + 어찌하다'에서 '□□□□'는 '달리다, 먹는다'와 같이 움직임을 나타냅니다.

2 '누가/무엇이 + 어떠하다'에서 '□□□□'는 '누가/무엇이'의 성질이나 상태를 나타냅니다.

3 문장의 짜임을 알면 문장을 □ 부분으로 끊어 읽을 수 있어 이해하기 쉽습니다.

4 이야기의 흐름을 생각하며 내용을 □ 문장으로 요약해 봅니다.

5 의견을 제시하는 글은 문제 □□ 이 잘 드러나게 씁니다.

6 자신의 의견을 제시하는 글을 쓸 때에는 자신의 의견과 그렇게 생각한 □□ 을 써야 합니다.

7 글을 읽는 상대가 기분 상하지 않고 자신의 의견을 이해할 수 있도록 □□ 를 지켜 글을 써야 합니다.

8 의견을 제시하는 글을 쓸 때에는 □□ 상황을 제시해야 합니다.

9 의견을 제시하는 글을 쓸 때에는 자신의 □□ 을 분명히 밝힙니다.

10 의견을 제시하는 글을 쓸 때에는 □□ 사람이 들어줄 수 있는 의견을 제시합니다.

5. 의견이 드러나게 글을 써요

국어 160~183쪽   국어 활동 42~47쪽

1. 문장 성분 중에서 서술어는 주어의 상태, 움직임 등을 나타내는 말로, '~(이)다'가 붙습니다.

핵심 1

1 '어찌하다'와 '어떠하다' 가운데 ㉠, ㉡에 들어갈 알맞은 말은 무엇인지 각각 쓰시오.

> ' ㉠ '는 '달리다, 먹는다'와 같이 움직임을 나타냅니다. ' ㉡ '는 '누가/무엇이'의 성질이나 상태를 나타내는데 '빨갛다, 둥글다' 따위가 이에 해당합니다.

(1) ㉠: (   )
(2) ㉡: (   )

2. 문장은 주어부와 서술부로 나뉘는데, 주어부는 '누가/무엇이', 서술부는 '무엇이다/어찌하다/어떠하다'입니다.

핵심 2

2 다음 문장을 '누가 + 무엇이다/어찌하다/어떠하다' 두 부분으로 알맞게 나누지 <u>않은</u> 것은 무엇입니까? (   )

① 김예지는 + 내 친구입니다.
② 내 친구 예지는 + 친절합니다.
③ 친절한 예지는 + 친구들을 잘 도와줍니다.
④ 내 친구 + 현서는 부지런합니다.
⑤ 부지런한 현서는 + 열심히 공부를 합니다.

3. 문장을 두 부분으로 나누는 활동은 문장의 길이에 관계없이 적용할 수 있고, 긴 글을 읽어도 내용을 쉽게 파악하는 데 도움을 주기 때문에 필요한 활동입니다.

핵심 2

3 다음 문장을 '누가 + 어찌하다'로 나누어 쓰시오.

> 목화 장수들은 고양이 때문에 큰 손해를 입어 투덜거렸다.

(1) 누가	(2) 어찌하다

핵심 3

4 다음 글에 나타난 글쓴이의 의견은 무엇인지 해당하는 문장에 밑줄을 그으시오.

> 집과 길이 부서지고 심지어 사람이 목숨까지 잃을 만큼 위험합니다. 하지만 댐을 건설하면 홍수로 인한 이런 피해를 막을 수 있습니다.
> 상수리에 댐을 건설해야 합니다. 우리는 상수리 마을 주민들에게 피해가 가지 않도록 주민들이 이사하는 데 모든 지원을 아끼지 않을 것입니다.

핵심 3

5 의견을 제시하는 글의 검토 기준으로 알맞은 것에 모두 ○표를 하시오.

(1) 문제 상황을 자세히 썼나요?   (   )

(2) 자신의 의견을 제시했나요?   (   )

(3) 새로운 낱말을 사용하여 썼나요?   (   )

(4) 의견을 뒷받침하는 까닭을 썼나요?   (   )

핵심 4

6 학급 신문에 의견을 제시하는 글을 쓸 때 생각하지 <u>않아도</u> 되는 것은 무엇입니까? (   )

① 학급 신문의 주제

② 학급 신문의 이름

③ 가격 표시를 넣을 자리

④ 신문에 실을 의견과 까닭

⑤ 자신의 의견을 뒷받침할 자료

5단원

응용

국어 160~183쪽 국어 활동 42~47쪽

1~3 다음을 보고 물음에 답하시오.

늙은 농부의 세 아들은 게을렀습니다.

늙은 농부의 세 아들은	∧	게을렀습니다.
누가		㉠

↓

늙은 농부는 세 아들에게 밭에 보물이 있다고 말해 주었습니다.

늙은 농부는	∧	㉡세 아들에게 밭에 보물이 있다고 말해 주었습니다.
누가		어찌하다

↓

㉢세 아들은 밭으로 달려갔습니다.

1 ㉠에 들어갈 알맞은 말은 무엇입니까? (   )

① 누가   ② 무엇을   ③ 어떠하다
④ 어찌하다   ⑤ 무엇이다

2 ㉡과 다음 내용을 보아, '어찌하다'에 해당하는 것은 무엇입니까? (   )

'어찌하다'는 '달리다, 먹는다'와 같이 움직임을 나타냅니다.

① 초등학생입니다.   ② 매우 친절합니다.
③ 포도송이였습니다.   ④ 바로 제 친구입니다.
⑤ 열심히 공부를 합니다.

3 ㉢의 짜임으로 알맞은 것에 ○표를 하시오.

(1) 누가+어떠하다   (   )
(2) 누가+무엇이다   (   )
(3) 누가+어찌하다   (   )

4 다음 문장의 짜임 놀이 방법을 보고 ❷~❹ 가운데 놀이를 제대로 하지 못한 친구의 번호를 쓰시오.

〈놀이 방법〉
❶ 각자 문장 카드를 준비한다.
❷ 모둠에서 가위바위보로 놀이 차례를 정한다.
❸ 첫 번째 사람이 '누가/무엇이'에 해당하는 말을 카드에 적어 제시한다.
❹ 나머지 사람들은 첫 번째 사람의 문장 카드에 '누가/무엇이'에 어울리는 말을 차례로 적는다.
❺ 만든 문장들이 모두 자연스러운지 검토한다.

	누가 / 무엇이	무엇이 / 어찌하다 / 어떠하다	
친구 ❶	가을 하늘이	호수처럼 푸르다.	친구 ❷
		초등학교 4학년이다.	친구 ❸
		아주 맑다.	친구 ❹

친구 (   )

서술형

5 문장의 짜임을 생각하며 그림에 맞게 각각에 해당하는 문장을 만들어 쓰시오.

(1)

누가 + 어떠하다

(2)

누가 + 어찌하다

어느 날, 고양이가 다리 하나를 다쳤다. 그 다리를 맡은 목화 장수는 고양이 다리에 산초기름을 발라 주었다. 그런데 마침 추운 겨울철이라, 아궁이 곁에서 불을 쬐던 고양이의 다리에 불이 붙고 말았다. 고양이는 얼른 시원한 광 속으로 도망을 쳐서 목화 더미 위에서 굴렀다. 순식간에 목화 더미에 불이 번져 광 속의 목화가 몽땅 타 버리고 말았다.

목화 장수 네 명은 뜻하지 않게 ㉠큰 손해를 보게 되었다. 그러자 고양이의 성한 다리를 맡았던 목화 장수 세 명이 투덜투덜 불평을 늘어놓았다.

"이번 불은 순전히 고양이의 아픈 다리를 맡았던 저 사람 때문이야. 하필이면 불이 잘 붙는 산초기름을 발라 줄 게 뭐야?"

"맞아, 그러니 목홧값을 ㉡그 사람에게 물어 달라고 하자."

세 사람은 고양이의 아픈 다리를 맡았던 사람에게 목홧값을 물어내라고 했다. 억울한 그 목화 장수는 절대 목홧값을 물어 줄 수 없다며 큰 싸움을 벌였다.

"불이 붙은 고양이가 광으로 도망칠 때는 성한 세 다리로 도망쳤잖아? 그러니까 광에 불이 난 것은 순전히 너희가 맡은 세 다리 때문이야."

아무리 싸워도 해결이 나지 않자, 네 사람은 고을 사또를 찾아가 판결을 해 달라고 부탁했다.

6 가장 먼저 일어난 일은 무엇입니까? (   )

① 고양이가 다리 하나를 다쳤다.
② 고양이의 다리에 불이 옮겨 붙었다.
③ 고양이가 목화 더미 위에서 굴렀다.
④ 불에 목화가 몽땅 타 버리고 말았다.
⑤ 목화 장수가 고양이 다리에 산초기름을 발라 주었다.

7 ㉠이 뜻하는 것은 무엇입니까? (   )

① 목홧값이 내린 것
② 목홧값이 오른 것
③ 고양이가 다친 것
④ 목화가 몽땅 탄 것
⑤ 목화를 도둑맞은 것

8 ㉡은 누구인지 쓰시오.

(   )

9 고양이의 성한 다리를 맡았던 목화 장수 세 사람의 의견은 무엇입니까? (   )

① 다 같이 불이 난 책임을 져야 한다.
② 다리를 다친 동물에게 불이 난 책임이 있다.
③ 산초기름을 판 상인에게 불이 난 책임이 있다.
④ 불이 난 책임은 아픈 다리를 맡았던 사람에게 있다.
⑤ 뛰어가는 고양이를 잡지 않은 구경꾼에게 불이 난 책임이 있다.

10 네 사람이 고을 사또를 찾아간 까닭은 무엇입니까? (   )

① 광에 불이 난 것에 대한 보상을 요구하려고
② 목홧값을 사또가 대신 물어 달라고 말하려고
③ 고양이의 다리를 낫게 해 달라고 부탁하려고
④ 누가 목홧값을 물어 주어야 하는지 판결을 부탁하려고
⑤ 산초기름을 만든 사람을 찾아 책임을 물어 달라고 부탁하려고

11~13 다음 글을 읽고 물음에 답하시오.

어제 만강에 댐을 건설할 수 있는지 알아보려고 담당자들께서 우리 마을을 방문하셨습니다. 담당자들께서는 작년에 비가 많이 와서 만강 하류에 있는 도시에 물난리가 났다고 말씀하셨습니다. 그래서 홍수를 막으려면 우리 마을에 댐을 건설해야 한다고 하셨습니다.

하지만 저는 댐을 건설하는 것에 반대합니다. 우리 상수리에 댐을 건설하면 숲에 사는 동물들이 살 곳을 잃고, 우리는 만강의 물고기들을 다시는 볼 수 없게 될 것입니다. 그리고 마을 어른들께서는 평생 살아온 고향을 떠나야 한다고 말씀하십니다. 우리 마을에 댐을 건설하기로 한 계획을 취소해 주시기를 부탁합니다.

11 어제 담당자들께서 글쓴이의 마을을 방문한 까닭은 무엇입니까? (   )

① 마을 어른들께 인사를 드리려고
② 보호 야생 동물에 대하여 조사하려고
③ 홍수를 막기 위한 방법을 알려 주려고
④ 만강에 댐을 건설할 수 있는지 알아보려고
⑤ 우리나라 토종 물고기의 종류를 알아보려고

12 이 글에 나타난 글쓴이의 의견은 무엇인지 쓰시오.

_____

_____

13 글쓴이의 의견에 대한 까닭으로 알맞지 <u>않은</u> 것을 두 가지 고르시오. (,   )

① 숲에 사는 동물들이 살 곳을 잃어서
② 홍수로 인한 피해를 막을 수 있어서
③ 비가 많이 오면 물난리가 날 수 있어서
④ 마을 어른들께서 고향을 떠나셔야 해서
⑤ 강의 물고기들을 다시는 볼 수 없게 되어서

14~15 다음 글을 읽고 물음에 답하시오.

김효은 학생의 편지를 잘 읽었습니다.

아름다운 상수리가 댐 건설로 겪게 될 어려움을 잘 압니다. 하지만 상수리 주변에 사는 주민들이 홍수로 겪은 정신적·물질적 피해는 해마다 늘어나고 있습니다.

만강에 댐을 건설하면 여름철에 폭우로 생기는 문제를 막을 수 있습니다. 비가 내리는 대로 내버려 두면, 강 하류에서는 강물이 넘쳐 논밭이 빗물에 잠기기도 합니다.

그리고 집과 길이 부서지고 심지어 사람이 목숨까지 잃을 만큼 위험합니다. 하지만 댐을 건설하면 홍수로 인한 이런 피해를 막을 수 있습니다.

상수리에 댐을 건설해야 합니다. 우리는 상수리 마을 주민들에게 피해가 가지 않도록 주민들이 이사하는 데 모든 지원을 아끼지 않을 것입니다. 댐 건설에는 상수리 마을 주민들의 협조가 필요합니다. 김효은 학생도 이러한 점을 잘 이해해 주시기를 바랍니다.

20○○년 10월 ○○일
댐 건설 기관 담당자 드림

14 댐 건설 기관 담당자는 상수리 주변의 어떤 문제점을 말하고 있습니까? (   )

① 숲 속 동물들의 보호 문제
② 여름철에 폭우로 생기는 문제
③ 만강의 자연이 파괴되는 문제
④ 댐을 건설하였을 때 생기는 문제
⑤ 논밭을 개발하였을 때 생기는 문제

15 댐 건설 기관 담당자가 말하고자 하는 의견은 무엇입니까? (   )

① 만강을 없애야 한다.
② 상수리에 댐을 건설해야 한다.
③ 마을 어른들을 존경해야 한다.
④ 강 하류에 논밭을 넓혀야 한다.
⑤ 상수리 마을 주민들은 이사하면 안 된다.

16~17 다음 그림을 보고 물음에 답하시오.

(가)  (나)

16 그림 (가)에 나타난 문제는 무엇입니까? (   )

① 화단에 물을 주지 않는다.
② 화단에 꽃을 심지 않는다.
③ 화단에 쓰레기를 함부로 버린다.
④ 화단에 잔디를 깔지 말아야 한다.
⑤ 여기저기 화단을 많이 만들고 있다.

17 그림 (나)를 보고 제시할 수 있는 의견은 무엇입니까? (   )

① 친구와 손잡고 다녀야 한다.
② 무단횡단을 하지 말아야 한다.
③ 휴대 전화의 전원을 꺼 두어야 한다.
④ 휴대 전화를 가지고 다니지 말아야 한다.
⑤ 휴대 전화를 보며 찻길을 건너지 말아야 한다.

18 의견을 제시하는 글을 쓴 뒤에 살펴보아야 할 내용으로 알맞지 않은 것은 무엇입니까? (   )

① 문제 상황을 제시했는지 확인한다.
② 문장의 연결이 자연스러운지 살펴본다.
③ 의견과 그 까닭이 잘 드러났는지 살펴본다.
④ 꾸며 주는 말을 넣어 자세히 썼는지 살펴본다.
⑤ 읽는 사람을 생각하며 예의 바르게 썼는지 확인한다.

국어활동

19 해당하는 속담을 보기에서 찾아 문장의 짜임에 맞게 쓰시오.

보기
• 바늘 도둑이 소도둑 된다
• 발 없는 말이 천 리 간다
• 빈 수레가 요란하다

(1) 실속 없는 사람이 겉으로 더 떠들어 댐을 비유적으로 이르는 말이다.

누가/무엇이	무엇이다/어찌하다/어떠하다

(2) 말은 비록 발이 없지만 천 리 밖까지도 순식간에 퍼진다는 뜻으로, 말을 삼가야 함을 비유적으로 이르는 말이다.

누가/무엇이	무엇이다/어찌하다/어떠하다

20 보기처럼 문장의 짜임에 맞게 ◯와 ▢로 표시하시오.

5
단원

국어 160~183쪽   국어 활동 42~47쪽

1 다음 문장의 짜임으로 알맞은 것은 무엇입니까?
( )

> 늙은 농부는 + 세 아들에게 밭에 보물이 있다고 말해 주었습니다.

① 누가 + 어찌하다
② 누가 + 어떠하다
③ 누가 + 무엇이다
④ 무엇이 + 무엇이다
⑤ 무엇이 + 어떠하다

2 다음 문장을 짜임에 알맞게 두 부분으로 나누어 쓰시오.

> 아버지께서 밭에 묻어 두신 보물은 주렁주렁 열린 포도송이였습니다.

(1) 무엇이	(2) 무엇이다

3 '누가 / 무엇이 + 어찌하다'에서 '어찌하다'에 해당하는 말로 알맞지 <u>않은</u> 것은 무엇입니까?
( )

① 웃다   ② 푸르다
③ 주저앉다   ④ 달려가다
⑤ 청소하다

4 문장의 짜임을 생각하며 다음을 살펴보고 짧은 글을 쓰시오.

김예지는	→	내 친구입니다.
누가		무엇이다

내 친구 예지는	→	
누가		(1) 어떠하다

친절한 예지는	→	
누가		(2) 어찌하다

5 다음에서 친구들은 무엇의 좋은 점을 말하고 있습니까? ( )

문장을 두 부분으로 끊어 읽으면 이해하기 쉬워.

문장을 두 부분으로 나눠서 앞뒤 연결이 자연스러운지 생각하며 글을 쓸 수 있어.

문장의 뒷부분을 살피면서 앞부분을 보면 어색한 문장을 자연스럽게 고칠 수 있어.

① 문장의 짜임을 알면 좋은 점
② 책을 많이 읽을 때의 좋은 점
③ 뒷이야기를 상상하면 좋은 점
④ 글쓰기를 많이 했을 때의 좋은 점
⑤ 낱말을 국어사전에서 찾을 때의 좋은 점

다음 글을 읽고 물음에 답하시오.

(가) 옛날 어느 마을에 목화 장수 네 사람이 살았다. 그들은 싼 목화가 있으면 함께 사서 큰 광 속에 보관해 두었다가 값이 오르면 팔았다. 그런데 그 광에는 쥐가 많아 목화를 어지럽히기도 하고 오줌을 싸기도 했다. 목화 장수들은 궁리 끝에 광에 고양이를 기르기로 하고 똑같이 돈을 내어 고양이를 샀다. 그러고는 공동 책임을 지려고 고양이의 다리 하나씩을 각자 몫으로 정하고 고양이를 보살피기로 했다.

(나) "이번 불은 순전히 고양이의 아픈 다리를 맡았던 저 사람 때문이야. 하필이면 불이 잘 붙는 산초기름을 발라 줄 게 뭐야?"

"맞아, 그러니 목홧값을 그 사람에게 물어 달라고 하자."

세 사람은 고양이의 아픈 다리를 맡았던 사람에게 목홧값을 물어내라고 했다. 억울한 그 목화 장수는 절대 목홧값을 물어 줄 수 없다며 큰 싸움을 벌였다.

"불이 붙은 고양이가 광으로 도망칠 때는 성한 세 다리로 도망쳤잖아? 그러니까 광에 불이 난 것은 순전히 너희가 맡은 세 다리 때문이야."

아무리 싸워도 해결이 나지 않자, 네 사람은 고을 사또를 찾아가 판결을 해 달라고 부탁했다.

6 이야기의 흐름을 생각하며 글의 내용을 쓰시오.

> 고양이 때문에 목화가 다 타서 손해를 입자 세
> 명의 목화 장수가ㅤㅤㅤㅤㅤㅤㅤ
> ㅤㅤㅤㅤㅤㅤㅤㅤㅤㅤㅤㅤ
> ㅤㅤㅤㅤㅤㅤㅤㅤㅤㅤㅤㅤ

↓

서로 다투다가 사또를 찾아갔다.

7 목화 장수들은 목화를 광 속에 안전하게 보관하기 위해 어떻게 하기로 하였습니까? (ㅤㅤ)

① 쥐를 직접 잡아 보기로 했다.
② 고을 사또에게 부탁하기로 했다.
③ 고양이 한 마리를 기르기로 했다.
④ 광 속에 산초기름을 뿌려 놓기로 했다.
⑤ 목화 장수들이 돌아가며 지키기로 했다.

8 목화 장수들은 어떤 문제 때문에 다투게 되었습니까? (ㅤㅤ)

① 고양이의 다리가 왜 다쳤는가?
② 고양이를 누가 돌봐야 하는가?
③ 목화 광에 누가 불을 내었는가?
④ 누가 목홧값을 물어 주어야 하는가?
⑤ 목홧값으로 얼마를 물어 주어야 하는가?

9 고양이의 아픈 다리를 맡았던 목화 장수의 의견은 무엇입니까? (ㅤㅤ)

① 목홧값의 반만 물어 주겠다.
② 목홧값을 모두 물어 주겠다.
③ 사또가 목홧값을 물어야 한다.
④ 고양이를 판 사람이 목홧값을 물어야 한다.
⑤ 목홧값은 성한 다리를 맡았던 목화 장수 세 명이 물어야 한다.

서술형

10 목화 장수들의 의견을 비교하며 자신이 사또가 되어 판결을 내리시오.

11~12 다음 편지를 읽고 물음에 답하시오.

(가) 댐 건설 기관 담당자께

안녕하세요?

저는 산 깊고 물 맑은 상수리에 사는 김효은입니다. 우리 마을은 앞으로 만강이 흐르고, 뒤로는 우뚝 솟은 산봉우리들이 병풍처럼 둘러싸여 한 폭의 그림처럼 아름답습니다.

(나) 담당자들께서는 작년에 비가 많이 와서 만강 하류에 있는 도시에 물난리가 났다고 말씀하셨습니다. 그래서 홍수를 막으려면 우리 마을에 댐을 건설해야 한다고 하셨습니다.

하지만 저는 댐을 건설하는 것에 반대합니다. 우리 상수리에 댐을 건설하면 숲에 사는 동물들이 살 곳을 잃고, 우리는 만강의 물고기들을 다시는 볼 수 없게 될 것입니다. 그리고 마을 어른들께서는 평생 살아온 고향을 떠나야 한다고 말씀하십니다. 우리 마을에 댐을 건설하기로 한 계획을 취소해 주시기를 부탁합니다.

11 효은이가 편지를 쓴 목적은 무엇입니까?

( )

① 그림처럼 아름다운 상수리를 자랑하려고
② 고향을 떠나야 하는 어른들을 위로하려고
③ 만강에 있는 댐을 없애 달라는 부탁을 하려고
④ 만강에 있는 물고기 잡는 것을 허락해 달라는 부탁을 하려고
⑤ 마을에 댐을 건설하기로 한 계획을 취소해 달라는 부탁을 하려고

12 효은이의 편지에 공감이 가는 것은 무엇 때문이겠습니까? ( )

① 문제 상황을 쓰지 않아서
② 여러 개의 의견을 제시하여서
③ 친한 사람에게 편지를 쓴 것이어서
④ 의견을 뒷받침하는 까닭을 잘 들어서
⑤ 믿을 수 있는 통계 자료를 예로 들어서

13~15 다음 편지를 읽고 물음에 답하시오.

아름다운 상수리가 댐 건설로 겪게 될 어려움을 잘 압니다. 하지만 상수리 주변에 사는 주민들이 홍수로 겪은 정신적·물질적 피해는 해마다 늘어나고 있습니다.

만강에 댐을 건설하면 여름철에 폭우로 생기는 문제를 막을 수 있습니다. 비가 내리는 대로 내버려 두면, 강 하류에서는 강물이 넘쳐서 논밭이 빗물에 잠기기도 합니다.

그리고 집과 길이 부서지고 심지어 사람이 목숨까지 잃을 만큼 위험합니다. 하지만 댐을 건설하면 홍수로 인한 이런 피해를 막을 수 있습니다.

상수리에 댐을 건설해야 합니다. 우리는 상수리 마을 주민들에게 피해가 가지 않도록 주민들이 이사하는 데 모든 지원을 아끼지 않을 것입니다. 댐 건설에는 상수리 마을 주민들의 협조가 필요합니다.

13 폭우로 생기는 문제와 홍수로 인한 피해의 예로 들지 않은 것은 무엇입니까? ( )

① 집과 길이 부서진다.
② 논밭이 빗물에 잠긴다.
③ 강 하류의 강물이 넘친다.
④ 동물들이 살 곳이 잃어버린다.
⑤ 사람이 목숨까지 잃을 수 있다.

14 글쓴이는 댐 건설을 하기 위해 필요한 것이 무엇이라고 하였는지 찾아 쓰시오.

( )

🖊서술형

15 글쓴이의 의견을 생각하며 댐 건설에 대한 자신의 의견을 까닭과 함께 쓰시오.

_____

_____

_____

16~17 다음 그림을 보고 물음에 답하시오.

(가)

(나)

(다)

(라)

?

16 그림 (가)~(다)에서 의견을 제시할 수 있는 내용을 알맞게 선으로 이으시오.

(1) (가) •

(2) (나) •

(3) (다) •

• ㉠ 휴대 전화를 보며 찻길을 건너지 말자.

• ㉡ 화단에 쓰레기를 함부로 버리지 말자.

• ㉢ 다른 사람의 저작물을 함부로 사용하지 말자.

17 그림 (가)~(다)는 주변에서 의견 제시가 필요한 상황을 나타낸 것입니다. (라)에 들어갈 수 있는 상황으로 알맞지 않은 것은 무엇입니까? (   )

① 일찍 잠을 자는 상황
② 음식을 골고루 먹지 않는 상황
③ 밤늦게까지 컴퓨터 게임을 하는 상황
④ 수업 시간에 휴대 전화가 울리는 상황
⑤ 아이들이 도서관에서 만화책만 읽는 상황

18~20 다음 글을 읽고 물음에 답하시오.

우리는 지금부터 다문화 사회를 준비하는 마음가짐을 가져야 해요. 노르웨이가 그랬듯이 관용의 자세로 다른 문화와 민족을 받아들이고 화합하는 법을 배워야겠지요. 그렇다면 어떻게 관용의 마음을 보여 줄 수 있을까요?

다문화를 받아들이는 방법은 나와 다른 사람을 특별 대우 하는 것이 아니에요. 그들을 관심, 교육, 온정의 대상이 아니라 길거리에서 만나도 신기하지 않은 평범한 이웃이나 친구로 대하는 것이지요. 지하철 옆자리에 앉아도, 식당에서 마주쳐도 아무도 흘긋흘긋 훔쳐보지 않는 편안한 세상, '그들'이 아닌 '우리 중 하나'가 되게 하는 것이죠. 그리고 시간이 얼마쯤 더 지나면, 우리 동네에서 나와 피부색이 다른 경찰관, 소방관, 주민 센터 직원을 만날 수 있게 될지 모릅니다.

「함께 사는 다문화, 왜 중요할까요?」, 홍명진

18 글쓴이는 무엇에 대해 말하고 있습니까? (   )

① 노인을 대하는 방법
② 무역국이 되는 방법
③ 선진 국가가 되는 방법
④ 다문화를 받아들이는 방법
⑤ 한 공동체의 구성원이 되는 방법

19 지금부터 우리는 무엇을 준비하는 마음가짐을 가져야 한다고 하였는지 찾아 쓰시오.

• (   ) 사회를 준비하는 마음가짐

20 글쓴이가 제시한 의견을 바르게 실천한 것은 무엇입니까? (   )

① 온정의 대상으로 생각한다.
② 식당에서 마주치면 훔쳐본다.
③ 평범한 이웃이나 친구처럼 대한다.
④ 길거리에서 만나면 신기하게 여긴다.
⑤ 나와 다른 사람이므로 특별 대우를 해 준다.

5 단원

5. 의견이 드러나게 글을 써요

국어 160~183쪽 국어 활동 42~47쪽

1~3

어느 날, 고양이가 다리 하나를 다쳤다. 그 다리를 맡은 목화 장수는 고양이 다리에 산초기름을 발라 주었다. 그런데 마침 추운 겨울철이라, 아궁이 곁에서 불을 쬐던 고양이의 다리에 불이 붙고 말았다. 고양이는 얼른 시원한 광 속으로 도망을 쳐서 목화 더미 위에서 굴렀다. 순식간에 목화 더미에 불이 번져 광 속의 목화가 몽땅 타 버리고 말았다.

목화 장수 네 명은 뜻하지 않게 큰 손해를 보게 되었다. 그러자 고양이의 성한 다리를 맡았던 목화 장수 세 명이 투덜투덜 불평을 늘어놓았다.

"이번 불은 순전히 고양이의 아픈 다리를 맡았던 저 사람 때문이야. 하필이면 불이 잘 붙는 산초기름을 발라 줄 게 뭐야?"

"맞아, 그러니 ㉠목홧값을 그 사람에게 물어 달라고 하자."

세 사람은 고양이의 아픈 다리를 맡았던 사람에게 목홧값을 물어내라고 했다. 억울한 그 목화 장수는 절대 목홧값을 물어 줄 수 없다며 큰 싸움을 벌였다.

도움말

⭐ 판단하기 어려운 상황에서 서로의 처지에 따라 내세우는 등장인물의 의견을 비교하여 어떤 의견이 적절한지 판단해 볼 수 있는 이야기입니다. 네 명의 목화 장수가 공동 책임을 지고 기르던 고양이 때문에 목화가 타 버리자, 누구의 책임인지 따지기 위해 싸움이 벌어졌습니다.

1 광 속의 목화가 몽땅 타 버린 까닭은 무엇인지 쓰시오.

_____

1

▲ 목화

2 다음 등장인물들의 공통된 의견을 쓰시오.

_____
_____
_____

2 등장인물의 의견을 생각하며 다시 한번 읽어 봅니다.

3 ㉠의 말을 들은 고양이의 다친 다리를 맡았던 목화 장수는 어떤 말을 했을지 쓰시오.

_____
_____

3 목홧값을 물어줄 수 없다는 내용의 대답을 해야 합니다.

효은

저는 댐을 건설하는 것에 반대합니다. 우리 상수리에 댐을 건설하면 숲에 사는 동물들이 살 곳을 잃고, 우리는 만강의 물고기들을 다시는 볼 수 없게 될 것입니다. 그리고 마을 어른들께서는 평생 살아온 고향을 떠나야 한다고 말씀하십니다.

댐 건설 기관 담당자

만강에 댐을 건설하면 여름철에 폭우로 생기는 문제를 막을 수 있습니다. 비가 내리는 대로 내버려 두면, 강 하류에서는 강물이 넘쳐서 논밭이 빗물에 잠기기도 합니다.

그리고 집과 길이 부서지고 심지어 사람의 목숨까지 잃을 만큼 위험합니다. 하지만 댐을 건설하면 홍수로 인한 이런 피해를 막을 수 있습니다.

상수리에 댐을 건설해야 합니다.

도움말

☆ 댐 건설에 대한 효은이의 의견과 까닭이 제시되어 있는 글과 효은이의 편지를 읽고 댐 건설 기관 담당자가 의견을 제시한 글입니다.

4 글쓴이가 댐 건설을 어떻게 생각하는지 두 의견을 비교해 쓰시오.

(1) 효은이의 의견	
(2) 그렇게 생각한 까닭	
(3) 댐 건설 기관 담당자의 의견	
(4) 그렇게 생각한 까닭	

4 효은이와 댐 건설 기관 담당자는 댐 건설에 대해 각기 다른 의견을 제시하였습니다.

5 문제 4번과 같이 의견을 비교하는 까닭은 무엇일지 쓰시오.

5 사람마다 생각이 달라서 의견이 다양하게 나올 수 있습니다.

5
단원

단원 요점 정리 6. 본받고 싶은 인물을 찾아봐요

핵심 1 본받고 싶은 인물 소개하기

- 전기문을 읽은 경험을 떠올려 봅니다.
- 전기문을 읽고 본받고 싶은 인물을 소개하는 방법을 알아봅니다.
  - 본받고 싶은 인물을 소개할 때에는 인물이 살았던 시대 상황, 인물이 한 일을 중심으로 말하면 좋습니다.

예 세종 대왕은 한자가 너무 어려워 많은 백성이 글로 자신의 생각을 표현하지 못하는 것을 안타깝게 여겨 여러 학자와 함께 훈민정음을 만들었다.

> **전기문**
> - 인물의 삶을 사실대로 기록한 글을 말합니다.
> - 인물이 살았던 시대 상황, 인물이 한 일 따위가 사실에 근거해 기록되어 있습니다.
> - 언제, 어떤 일을 했는지 파악하며 읽으면 좋습니다.

핵심 2 전기문의 특성 알기

- 전기문은 인물의 삶을 사실에 근거해 쓴 글입니다. 인물이 살아온 과정을 역사적인 사실에 근거해 쓴 글입니다.
- 전기문에는 인물이 살았던 시대 상황이 나타납니다.
- 전기문에는 인물이 한 일과 인물의 ★가치관이 나타납니다. 사람이 어떤 행동이나 일을 선택하고 실천하는 데 바탕이 되는 생각

예 「김만덕」에 나타나 있는 전기문의 특성

인물이 살았던 시대 상황	조선 시대에는 양반과 ★양민에 대한 신분 차별이 있었다.
인물이 한 일	제주도에 흉년이 들어 사람들이 굶어 죽을 위기에 처했을 때 전 재산을 들여 곡식을 사 오게 했고 그것을 제주도 사람들에게 나누어 주었다.
인물의 가치관	자신이 가진 것을 나누고 베푸는 삶을 중요하게 생각한다.

핵심 3 전기문의 특성을 생각하며 읽기 ┌인물이 살았던 때의 흐름을 파악합니다.

- 인물이 살았던 시대 상황을 생각하며 읽습니다.
- 인물이 한 일을 생각하며 읽습니다.
- 인물의 가치관을 짐작하며 읽습니다.

예 전기문의 특성을 살려 「정약용」 요약하기

인물이 살았던 시대 상황	정약용이 살았던 시대의 백성은 이른 아침부터 해가 떨어질 때까지 한시도 쉬지 않고 일했지만 늘 배불리 먹지 못했다.
인물이 한 일	• 거중기를 발명했다. • 암행어사가 되었다. • 『목민심서』를 펴냈다.
짐작할 수 있는 인물의 가치관	백성의 어려운 삶을 지켜보면서 백성에게 도움이 되려고 맡은 일을 열심히 했다.

└ 전기문을 요약할 때에는 인물의 생각, 인물이 한 일에서 인물의 가치관을 짐작하면 좋습니다.

핵심 4 본받을 점을 생각하며 전기문 읽기

- 인물이 한 일을 생각하며 읽습니다.
- 인물의 생각이나 행동을 짐작해 봅니다.
└ 인물의 말이나 행동에서 본받을 점을 찾을 수 있습니다.

핵심 5 자신의 미래 모습 발표하기

- 어려움 극복의 과정을 생각해 봅니다.
- 자신의 미래 모습을 상상하고 발표해 봅니다.

> 대체 에너지 개발에 성공한 과학자로 세상에 알려지고 싶습니다.

국어활동

핵심 6 전기문의 특성을 아는지 확인해 보기

- 전기문을 읽고 인물이 한 일을 정리해 봅니다.
  - 인물이 살았던 시대 상황과 인물이 한 일을 중심으로 내용을 간추려 봅니다.
- 전기문을 다시 읽고 인물에게 어떤 일이 일어날 것 같은지 생각해 봅니다.

⚙ 전기문을 읽는 방법

• 전기문이 다른 이야기 글과 구별되는 점은 실제 인물의 삶을 사실에 근거해 기록한 글이라는 것입니다.
• 내가 본받고 싶은 인물을 소개할 때에는 인물이 살아온 과정을 생각하며 전기문을 요약하면 좋습니다.
• 인물의 가치관을 파악하면 인물에게서 본받고 싶은 점을 잘 찾을 수 있습니다.

⚙ 「헬렌 켈러」를 읽고 본받을 점 찾아보기

헬렌은 아침에 일찍 일어나자마자 글자를 쓰기 시작해 하루 종일 글을 쓰고는 했습니다.

말하기를 배우는 것이 너무 힘들었지만 헬렌은 포기하지 않았습니다.

↓

다른 사람에게 자기 생각을 전달할 수 있게 되었습니다.

낱말 사전

★ 가치관 가치에 대한 관점. 인간이 자기를 포함한 세계나 그 속의 사상에 대하여 가지는 평가의 근본적 태도이다.
★ 양민 조선 시대에, 양반과 천민의 중간 신분인 백성.

개념을 확인해요

1 전기문을 읽고 본받고 싶은 ☐☐ 을 소개하는 방법을 알아봅니다.

2 본받고 싶은 인물을 소개할 때에는 인물이 살았던 ☐☐ 상황, 인물이 한 일을 중심으로 말하면 좋습니다.

3 전기문은 인물의 삶을 사실대로 ☐☐ 한 글을 말합니다.

4 전기문은 인물의 삶을 ☐☐ 에 근거해 쓴 글입니다.

5 전기문에는 인물이 살았던 ☐☐ 상황이 나타납니다.

6 전기문에는 인물의 ☐☐☐ 이 나타납니다.

7 전기문을 읽을 때에는 인물이 살았던 ☐☐ 상황을 생각하며 읽습니다.

8 전기문을 읽을 때에는 인물의 ☐☐☐ 을 짐작하며 읽습니다.

9 인물의 한 ☐ 을 생각하며 전기문을 읽습니다.

10 자신의 미래 모습을 발표할 때에는 어려움 ☐☐ 의 과정을 생각해 봅니다.

도움말

1. 장애에 대한 편견을 없애고자 "장애는 ~않다"라는 말을 하고 평생을 배움과 헌신의 삶을 살았던 위인을 생각해 봅니다.

2. 전기문을 통해 인물이 살았던 시대 상황, 인물이 한 일, 인물의 가치관을 알 수 있습니다.

3. 인물이 한 일을 차례대로 정리하려면 일이 일어난 시간과 장소 따라 인물이 한 일을 정리합니다.

핵심 1

1 다음은 어떤 인물에 대한 설명입니까? (   )

> "장애는 불편하다. 하지만 불행하지는 않다."라는 말을 남긴 [   ]은/는 장애에 대한 편견을 없애는 데 큰 역할을 했다.

① 유관순   ② 주시경
③ 헬렌 켈러   ④ 마리 퀴리
⑤ 세종 대왕

핵심 2

2 전기문의 특성에 알맞게 선으로 이으시오.

(1) 인물이 살았던 시대 상황 ·   · ㉠ 조선 시대에는 양반과 양민에 대한 신분 차별이 있었다.

(2) 인물이 한 일 ·   · ㉡ 자신이 가진 것을 나누고 베푸는 삶

(3) 인물의 가치관 ·   · ㉢ 제주도에 흉년이 들어 사람들이 굶어 죽을 위기에 처했을 때 평생 번 재산을 들여 곡식을 사 오게 했고 그것을 제주도 사람들에게 나누어 주었다.

핵심 3

3 다음을 읽고 인물이 살아온 과정에 알맞게 차례대로 기호를 쓰시오.

> ㉠ 1762년에 태어났으며, 열다섯 살에는 아버지를 따라 한양으로 가서 학문을 익힘.
> ㉡ 쉰일곱 살 때, 『목민심서』라는 책을 펴냈음.
> ㉢ 서른세 살 때, 정조의 비밀 명령을 받고 암행어사가 되었음.
> ㉣ 서른한 살 때, 임금의 명으로 거중기를 만들었음.

(   ) → (   ) → (   ) → (   )

핵심 3

4 전기문의 특성을 생각하며 글을 읽는 방법으로 알맞은 것에 모두 ○표를 하시오.

(1) 인물이 한 일을 생각하며 읽는다. ( )

(2) 인물의 가치관을 짐작하며 읽는다. ( )

(3) 인물이 살았던 시대 상황을 생각하며 읽는다. ( )

핵심 4

5 본받을 점을 생각하며 전기문을 읽는 방법으로 알맞지 <u>않은</u> 것은 무엇입니까? ( )

① 인물의 가치관을 짐작한다.

② 글쓴이의 주장을 파악한다.

③ 인물의 생각을 짐작해 본다.

④ 인물이 한 말에서 본받을 점을 찾는다.

⑤ 인물이 한 행동에서 본받을 점을 찾는다.

6

단원

핵심 5

6 보기 처럼 20년 뒤에 자신이 어떤 시대 상황에 있을지 상상해 쓰시오.

보기

• 교통수단이 발달해 자동차가 하늘을 난다.

• 환경 오염이 심해져서 공기를 사 마셔야 한다.

국어 184~215쪽 국어 활동 48~57쪽

1~2 다음 그림을 보고 물음에 답하시오.

1 전기문은 도서관의 어느 책꽂이에서 찾을 수 있는지 쓰시오.

( )

2 친구들이 찾고 있는 전기문에 대한 설명으로 알맞은 것은 무엇입니까? ( )

① 대상을 설명하는 글
② 자신의 주장을 펼치는 글
③ 상대방에게 소식을 전하는 글
④ 인물이 한 일을 상상하여 쓴 글
⑤ 인물의 삶을 사실대로 기록한 글

3 다음은 어떤 인물에 대한 설명입니까? ( )

 한자가 너무 어려워 많은 백성이 글로 자신의 생각을 표현하지 못하는 것을 안타깝게 여겨 여러 학자와 함께 훈민정음을 만들었다.

① 안중근   ② 안창호
③ 이순신   ④ 세종 대왕
⑤ 마리 퀴리

4~5 다음 그림을 보고 물음에 답하시오.

4 어떤 인물에 대해 말하고 있습니까? ( )

① 김구   ② 김유신
③ 주시경   ④ 헬렌 켈러
⑤ 광개토 대왕

5 문제 4번 답의 인물이 한 일은 무엇인지 쓰시오.

_____

_____

6 자신이 본받고 싶은 인물을 소개할 내용으로 알맞은 것을 모두 고르시오. (, ,)

① 인물이 한 일
② 본받고 싶은 까닭
③ 자신의 미래 모습
④ 자신이 하고 싶은 일
⑤ 인물이 살았던 시대 상황

7~8 다음 글을 읽고 물음에 답하시오.

　김만덕은 육지의 물건을 제주도 사람들에게 팔아 이익을 남길 수 있었다. 또 김만덕은 녹용, 약초, 귤, 미역, 전복 같은 제주도의 특산물에 눈길을 돌렸다. 이러한 물건들을 제주도 사람들에게 사들여 육지 상인들에게 팔았다. 육지 상인들은 제주도의 특산물을 적당한 가격에 사들일 수 있어 김만덕의 객줏집으로 몰려들었다.

　김만덕은 장사를 하면서 세 가지 원칙을 지켰다. 첫째는 이익을 적게 남기고 많이 판다. 둘째는 적당한 가격에 물건을 사고판다. 그리고 셋째는 반드시 신용을 지키고 정직한 거래를 한다. 이러한 세 가지 원칙을 철저히 지켰기 때문에 김만덕의 사업은 나날이 번창하였다.

　몇십 년이 흘렀다. 김만덕은 제주에서 손꼽히는 큰 상인이 되었다. 많은 돈을 벌어들여 '제주도 부자 김만덕' 하면 모르는 사람이 없을 정도였다. 그러나 김만덕은 돈이 많다고 하여 함부로 돈을 낭비하지 않았다. 오히려 더 절약하고 검소한 생활을 하였다.

「김만덕」, 신현배

7 김만덕이 정한 자신의 장사 원칙은 무엇입니까?
(　　)

① 이익을 적게 남기고 많이 팔 것
② 싼 가격에 사고 비싼 가격에 팔 것
③ 손해를 보더라도 이익을 남기지 말 것
④ 남보다 이익을 많이 남기고 적게 팔 것
⑤ 신용을 못 지키더라도 합리적인 거래를 할 것

 주의

8 김만덕이 지닌 생각으로 가장 알맞은 것은 무엇입니까? (　　)

① 정직하면 손해를 입는다.
② 사업은 이익이 꼭 나야 한다.
③ 돈을 낭비하지 말고 절약해야 한다.
④ 성공하려면 방법을 가려서는 안 된다.
⑤ 더 많은 돈을 벌기 위해서 소비가 필요하다.

9~10 다음 글을 읽고 물음에 답하시오.

　임금의 명으로 신하들은 곡식을 여러 배에 나누어 실어 제주도로 보냈다. 하지만 그 배들은 제주도에 닿지 못하였다. 갑자기 태풍이 불어닥쳐 배가 모두 바닷속으로 가라앉아 버린 것이다. 배가 침몰하였다는 소식을 들은 제주도 사람들은 이제는 굶어 죽을 수밖에 없다며 절망에 빠졌다. 이것을 보고 김만덕은 생각하였다.

　'제주도 사람들을 굶어 죽게 내버려 둘 수는 없다. 내가 나서서 그들을 살려야겠다.'

　김만덕은 전 재산을 들여 육지에서 곡식을 사 오게 하였다. 그 곡식은 총 오백여 석이었다.

　"제가 전 재산을 들여 육지에서 사들인 곡식입니다. 굶주린 사람들에게 나누어 주십시오."

　제주 목사는 김만덕의 말을 듣고 깜짝 놀랐다.

　'양반도 아닌 상인이 피땀 흘려 모은 재산을 제주도 사람들을 구하겠다고 모두 내놓다니 정말 어진 사람이구나.'

9 제주도 백성이 굶어 죽을 위기에 처했을 때 김만덕이 한 일은 무엇입니까? (　　)

① 직접 육지에 나가 장사를 하였다.
② 관청 마당에 곡식을 심어 가꾸었다.
③ 자신이 가진 곡식 모두를 내놓았다.
④ 침몰한 배에 실린 곡식을 찾아 나섰다.
⑤ 자신의 전 재산을 들여 제주도 백성을 먹일 식량을 샀다.

중요

10 이와 같은 글에서 인물의 가치관을 파악하는 방법으로 알맞지 않은 것은 무엇입니까? (　　)

① 인물의 업적을 정리한다.
② 인물이 한 행동을 정리한다.
③ 인물의 말과 행동에 주의한다.
④ 인물의 생김새를 나타낸 말을 찾는다.
⑤ 인물이 그렇게 행동한 까닭을 찾는다.

6 단원

11~15 다음 글을 읽고 물음에 답하시오.

(가) 백성은 이른 아침부터 해가 떨어질 때까지 한시도 쉬지 않고 일했지요. 그런데도 백성은 늘 배불리 먹지 못했어요. 세금을 내지 못해 남의 집 머슴살이를 하는 사람도 많았어요. 어린 정약용의 눈에 그것은 참 이상한 일이었어요.

(나) 열다섯 살 때, 아버지를 따라 한양으로 간 정약용은 많은 사람을 만나 학문을 배우고 익혔어요. 훗날 정약용에게 큰 영향을 준 이익의 책을 처음 본 것도 이즈음이었지요. 그때까지 정약용은 사람이 바르게 사는 도리를 따지는 성리학을 주로 공부했어요. 그런데 이익이 사물에 폭넓게 관심을 두고 해박한 지식을 쌓은 것을 보면서 정약용의 생각도 조금씩 달라졌어요. 백성이 잘 사는 데 도움이 되는 실학에 관심을 갖게 된 거예요.

(다) 정약용은 정조가 보내 준 책들을 꼼꼼히 읽으며 고민에 빠졌어요. 정약용이 생각하기에 성을 쌓을 때 가장 큰 문제는 돌을 옮기는 일이었어요. 힘을 덜 들이고 크고 무거운 돌을 옮길 방법을 찾던 정약용은 서른한 살 되던 해, 마침내 거중기를 만들었어요. 도르래의 원리를 이용해 작은 힘으로도 무거운 물건을 들수 있도록 만든 기계였지요.

거중기 덕분에 백성은 성을 짓는 일에 자주 나오지 않아도 되어 마음 편히 농사를 지을 수 있었어요. 나라에서도 성을 짓는 데 드는 비용을 크게 줄일 수 있었어요. 정약용 덕분에 나라 살림도 아끼고 백성의 수고도 덜게 된 거예요.

(라) 정약용은 암행어사로 일하는 동안 지방 관리가 어떤 마음을 가져야 하는지에 대해 깊이 생각했어요. 임금이 아무리 나라를 잘 다스려도 지방 관리가 나쁜 짓을 일삼으면 백성은 어렵게 살 수밖에 없다는 것을 알게 되었거든요.

「정약용」, 김은미

11 정약용은 암행어사로 일하는 동안 어떤 생각을 했는지 쓰시오.

• ( )가 어떤 마음을 가져야 하는지 깊은 생각을 했다.

12 다음 내용은 글 (가)~(라) 가운데 어느 부분 뒤에 나와야 하는지 기호를 쓰시오.

서른세 살 때, 정약용은 정조의 비밀 명령을 받고 암행어사가 되었어요. 암행어사는 임금을 대신해 지방 관리들이 백성을 잘 다스리는지 알아보는 중요한 벼슬이었어요.

글 ( ) 뒤

13 정약용이 거중기를 만든 것은 백성에게 어떤 도움을 주었습니까? ( )

① 마음 편히 농사만 짓게 해 주었다.
② 돈을 받고 일할 수 있게 해 주었다.
③ 나쁜 지방 관리로부터 벗어나게 해 주었다.
④ 양반처럼 학문을 배우고 익히게 해 주었다.
⑤ 성을 짓는 일에 자주 나오지 않게 해 주었다.

중요

14 이 글에서 정약용이 한 일로 알맞지 않은 것은 무엇입니까? ( )

① 거중기를 발명했다.
② 암행어사가 되었다.
③ 실학에 관심을 가졌다.
④ 남의 집 머슴살이를 했다.
⑤ 지방 관리의 마음가짐을 생각했다.

15 정약용이 한 일에서 짐작할 수 있는 가치관은 무엇입니까? ( )

① 지방 관리가 되어 백성을 도와주었다.
② 백성의 수고를 덜기 위해 직접 농사를 지었다.
③ 고통을 알기 위해 머슴살이도 마다하지 않았다.
④ 백성에게 도움이 되려고 맡은 일을 열심히 했다.
⑤ 이른 아침부터 해가 떨어질 때까지 한시도 쉬지 않고 일했다.

16~18 다음 글을 읽고 물음에 답하시오.

1887년 3월 3일은 헬렌 켈러의 생애에서 가장 중요한 날입니다. 헬렌의 운명을 바꾸어 놓은 앤 설리번 선생님을 만난 날이기 때문입니다. 헬렌은 여덟 살 때 설리번 선생님을 만난 것입니다. 앤은 마차에서 내려서 헬렌의 아버지와 인사를 나누자마자 물었습니다.

"헬렌은요?"

현관문 앞에 헬렌이 서 있었습니다. 앤은 작은 소녀를 안았습니다. 그러나 헬렌은 안기려 하지 않고 몸을 빼려고 했습니다. 헬렌의 엄마는 헬렌이 볼 수도 들을 수도 없게 된 뒤부터 엄마한테만 안길 뿐 다른 사람이 안는 것을 싫어한다고 말해 주었습니다. 그러나 잠시 후 헬렌이 앤에게 다가왔습니다. 그러더니 손으로 이 낯선 사람을 만지기 시작했습니다. 얼굴을 만지고 코와 입과 먼지 묻은 옷을 차례로 만지는 것이었습니다. 앤은 헬렌의 손이 곧 눈이라는 것을 바로 알아차렸습니다. 이 손을 통해 헬렌에게 새로운 세계를 열어 주어야 할 일이 앤에게 맡겨진 것입니다. 이 손이 어둠 속에 갇힌 헬렌을 빛의 세계로 끌어내 줄 것입니다.

「헬렌 켈러」, 신여명

16 1887년 3월 3일이 헬렌 켈러의 생애에서 가장 중요한 날인 까닭은 무엇인지 쓰시오.

( )

17 앤 설리번 선생님은 헬렌의 손이 곧 무엇이라는 것을 알아차렸습니까? ( )

① 눈　　　② 코　　　③ 입
④ 다리　　⑤ 머리

📝서술형

18 앤 설리번 선생님과 만난 뒤 헬렌은 어떻게 바뀌었을지 쓰시오.

_____

_____

19~20 다음 글을 읽고 물음에 답하시오.

선조는 왕이 되자마자 유희춘을 한양으로 불러들이고 관직을 내주었습니다.

"그래, 유배지에서 고초가 심하지 않았는가?"

걱정 어린 선조의 물음에 유희춘은 머리를 긁적이며 답했습니다.

"소신, 제주에서 미뤄 두었던 책을 읽느라 세월이 가는 줄도 몰랐사옵니다."

그 말에 선조는 껄껄 웃으며 무릎을 쳤습니다.

"유배를 가 고생을 하고 있을 줄 알았더니 맘 편히 휴가를 즐기고 왔구려!"

선조는 유희춘에게 하고 싶은 일이 있는지 물었습니다. 긴 유배 생활로 퀭한 유희춘의 얼굴에 한 줄기 빛이 들었습니다.

"그동안 많은 책 속에서 여러 오류를 발견하였습니다. 소신에게 시간을 주신다면 그 책을 바로잡아 새로 편찬하고 싶습니다."

이후 유희춘은 선조의 전폭적인 지원 아래 이미 편찬된 책들의 오류를 바로잡고 새로이 찍어 냈습니다.

「임금님을 공부시킨 책벌레」, 마술연필

19 유희춘이 겪은 일로 알맞지 않은 것은 무엇입니까? ( )

① 긴 유배 생활을 했다.
② 선조가 내린 관직을 받았다.
③ 책을 읽고 여러 오류를 발견했다.
④ 유배 생활을 담은 책을 편찬했다.
⑤ 제주에서 미뤄 두었던 책을 읽었다.

20 유희춘의 업적은 무엇입니까? ( )

① 많은 책을 읽고 쓴 것
② 유배지에서 고초를 겪은 것
③ 선조의 전폭적인 지원을 받은 것
④ 편찬된 책들의 오류를 바로잡은 것
⑤ 휴가를 즐기며 책을 새롭게 찍은 것

6
단원

서술형

국어 184~215쪽 국어 활동 48~57쪽

1 다음 친구들의 대화에서 빈칸에 공통으로 들어갈 알맞은 글의 종류는 무엇입니까? (   )

> 나리: 정원아, 여기서 뭐 해?
> 정원: 책에서 본 인물이 남달리 한 일을 알고 싶어 서 그 인물의 [   ]을 찾고 있어.
> 나리: 마침 나도 [   ]에 나오는 인물이 살 았던 시대는 지금과 어떻게 달랐는지 궁금했는 데, 같이 [   ]이 있는 '역사' 책꽂이로 가 보자.

① 일기글   ② 편지글   ③ 전기문
④ 연설문   ⑤ 설명문

2 다음은 어떤 인물에 대한 설명입니까? (   )

> 우리나라 최초로 국어 문법의 틀을 세운 [   ]이 살던 시대는 우리글이 있었지만 글을 읽지 못하는 사람들이 대부분이었다.

① 안중근   ② 안창호   ③ 이순신
④ 주시경   ⑤ 세종 대왕

3 다음에서 본받고 싶은 인물을 소개할 내용을 바르게 말하지 못한 친구의 번호를 쓰시오.

① 인물이 한 일을 중심으로 소개 하면 좋아.

② 본받고 싶은 까닭도 소개해야 해.

③ 인물이 살았던 시대의 유행이나 옷도 소개해야 해.

(   )

4 자신이 본받고 싶은 인물은 누구이며, 그 인물이 한 일은 무엇인지 쓰시오.

(1) 본받고 싶은 인물	
(2) 인물이 한 일	

5 김만덕이 겪은 일을 차례대로 나타낸 것으로 알맞지 <u>않은</u> 것은 무엇입니까? (   )

> 김만덕은 1739년에 제주도의 가난한 선비 집안에서 태어났다. 비록 가난하였으나 사랑과 정이 깊은 부모님 밑에서 자랐다. 그러나 열두 살이 되던 해에 심한 흉년과 전염병 때문에 부모님을 차례로 여의고 말았다. 친척 집을 이리저리 옮겨 다니며 살던 김만덕은 기생의 수양딸이 되었다가 스물세 살이 되던 해에 드디어 기생의 신분에서 벗어났다.
> 자유의 몸이 된 김만덕은 제주도의 포구에 객줏집을 열었다.

① 1739년에 제주도에서 태어났다.

② 열두 살이 되던 해에 부모님을 여의었다.

③ 기생의 수양딸이 되었다.

④ 제주도의 포구에 객줏집을 열었다.

⑤ 스물세 살이 되던 해에 기생의 신분에서 벗어났다.

6~9 다음 글을 읽고 물음에 답하시오.

(가) '제주도 사람들을 굶어 죽게 내버려 둘 수는 없다. 내가 나서서 그들을 살려야겠다.'

김만덕은 전 재산을 들여 육지에서 곡식을 사 오게 하였다. 그 곡식은 총 오백여 석이었다.

"제가 전 재산을 들여 육지에서 사들인 곡식입니다. 굶주린 사람들에게 나누어 주십시오."

제주 목사는 김만덕의 말을 듣고 깜짝 놀랐다.

'양반도 아닌 상인이 피땀 흘려 모은 재산을 제주도 사람들을 구하겠다고 모두 내놓다니 정말 어진 사람이구나.'

(나) 제주 목사가 김만덕에게 소원을 묻자, 김만덕은 임금의 용안을 뵙는 것과 금강산 구경을 말하였다. 임금은 김만덕에게 벼슬을 내려 임금을 만날 수 있게 해 주었다. 양민의 신분으로는 임금을 만날 수 없었기 때문이다. 그리고 제주도 여자는 제주도를 떠날 수 없었던 그 당시의 규범을 깨고 김만덕에게 금강산을 구경하도록 해 주었다.

6 김만덕이 자신의 전 재산을 들여 육지에서 곡식을 사 오게 한 까닭은 무엇입니까? (　　　)

① 임금의 명령을 수행하려고
② 친척들에게 빚을 갚으려고
③ 제주도 사람들을 먹여 살리려고
④ 곡식을 팔아 큰 이익을 남기려고
⑤ 제주도 사람들에게 비싸게 팔려고

7 이 글을 통해 알 수 있는 당시 시대 상황으로 알맞은 것은 무엇입니까? (　　　)

① 신분 차별이 있었다.
② 남녀가 매우 평등했다.
③ 누구나 양반이 될 수 있었다.
④ 여자만 제주도를 떠날 수 있었다.
⑤ 제주도 사람들은 늘 풍족하게 살았다.

8 이 글을 읽고 김만덕의 가치관을 알맞게 말한 것은 무엇입니까? (　　　)

① 장사보다 벼슬을 하고 싶어 해.
② 돈보다 사람을 중요하게 생각해.
③ 장사를 해서 부자가 되고 싶어 해.
④ 사람보다 물건을 소중하게 생각해.
⑤ 금강산에 가서 큰 부자가 되고 싶어 해.

서술형

9 김만덕의 행동을 통해 느낄 수 있는 점을 간단하게 쓰시오.

_____

_____

10 다음 글을 통해 알 수 있는 전기문의 특성은 무엇입니까? (　　　)

　백성은 이른 아침부터 해가 떨어질 때까지 한시도 쉬지 않고 일했지요. 그런데도 백성은 늘 배불리 먹지 못했어요. 세금을 내지 못해 남의 집 머슴살이를 하는 사람도 많았어요. 어린 정약용의 눈에 그것은 참 이상한 일이었어요.

① 인물의 가치관을 알 수 있다.
② 인물이 태어난 곳을 알 수 있다.
③ 인물이 한 중요한 일을 알 수 있다.
④ 인물이 살았던 시대 상황을 알 수 있다.
⑤ 인물이 살아온 과정을 자세히 알 수 있다.

6단원

11~12 다음 글을 읽고 물음에 답하시오.

(가) 정약용은 정조가 보내 준 책들을 꼼꼼히 읽으며 고민에 빠졌어요. 정약용이 생각하기에 성을 쌓을 때 가장 큰 문제는 돌을 옮기는 일이었어요. 힘을 덜 들이고 크고 무거운 돌을 옮길 방법을 찾던 정약용은 서른한 살 되던 해, 마침내 거중기를 만들었어요.

(나) 서른세 살 때, 정약용은 정조의 비밀 명령을 받고 암행어사가 되었어요. 암행어사는 임금을 대신해 지방 관리들이 백성을 잘 다스리는지 알아보는 중요한 벼슬이었어요.

(다) 정약용은 암행어사로 일하는 동안 지방 관리가 어떤 마음을 가져야 하는지에 대해 깊이 생각했어요. 임금이 아무리 나라를 잘 다스려도 지방 관리가 나쁜 짓을 일삼으면 백성은 어렵게 살 수밖에 없다는 것을 알게 되었거든요. 어릴 때 아버지 옆에서 보았던 백성의 어려운 삶도 머릿속을 떠나지 않았어요. 정약용은 쉰일곱 살이 되던 1818년, 이런 생각들을 자세히 담은 『목민심서』라는 책을 펴냈어요.

11 인물이 살아온 과정을 차례대로 정리하시오.

> 서른한 살 때, 임금의 명으로 ((1)   )
> 을/를 만들었음. ➡ 서른세 살 때, ((2)
>   )이/가 되었음. ➡ 쉰일곱 살 때,
> ((3)   )(이)라는 책을 펴냈음.

12 정약용은 암행어사로 일하는 동안 어떤 생각을 했습니까? (   )

① 수원에 쌓을 성은 어떤 모습일까?
② 임금이 백성을 잘 다스릴 수 있을까?
③ 지방 관리가 어떤 마음을 가져야 할까?
④ 성을 쌓을 때 가장 큰 문제는 무엇일까?
⑤ 작은 힘으로 무거운 물건을 들 수 없을까?

13~14 다음 글을 읽고 물음에 답하시오.

열 살이 된 헬렌은 퍼킨스학교에 있는 동안 자신처럼 장애를 지닌 어린이를 돕는 일에 나섰습니다. 펜실베이니아주에 살고 있는 토미를 퍼킨스학교에 데려와 교육받을 수 있도록 모금을 하기로 한 것입니다. 다섯 살의 토미는 헬렌처럼 보지도 듣지도 말하지도 못하는 아이였습니다. 토미는 부모님도 안 계시고 가난한 아이여서 학교에 갈 수 없었습니다. 헬렌은 토미가 퍼킨스학교에 다닐 수 있도록 도와 달라는 글을 여러 사람과 신문사에 보냈습니다. 헬렌도 이 모금에 참여하기 위해 사치스러운 물건을 사지 않고 돈을 보냈습니다. 다행히 많은 성금이 모여 토미는 아무 걱정 없이 학교에 다닐 수 있게 되었습니다. 헬렌은 매우 기뻤습니다. 남을 도우면 이렇게 큰 기쁨을 누릴 수 있다는 깨달음을 얻었습니다.

13 토미가 퍼킨스학교에 다닐 수 있도록 도와주려고 헬렌은 어떻게 했습니까? (   )

① 토미의 부모님을 열심히 설득했다.
② 펜실베이니아주에 모금을 요청했다.
③ 사치스러운 물건을 팔아 돈을 보냈다.
④ 퍼킨스학교 안에서 직접 모금을 했다.
⑤ 토미가 퍼킨스학교에 다닐 수 있도록 도와 달라는 글을 여러 사람과 신문사에 보냈다.

14 헬렌에게서 본받을 점은 무엇인지 알맞은 것의 기호를 쓰시오.

> ㉮ 물건을 사지 않고 돈을 모은 점
> ㉯ 누구나 쉽게 학교에 갈 수 있도록 장학금 제도를 만든 점
> ㉰ 자신도 장애 때문에 배우는 것이 힘든데도, 남을 돕는 일에 최선을 다한 점

(   )

15~17 다음을 보고 물음에 답하시오.

시대 상황: 1919년 3월 1일. 유관순은 일본의 침략에서 벗어나고자 사람들과 함께 독립 만세 운동을 함.

어려움: 1919년 3월 10일. 일본은 만세 운동을 하는 사람들에게 총칼을 휘두르고, 강제로 학교 문을 닫게 함.

어려움을 이겨 내려는 노력: 고향에 돌아와서 태극기를 만들고, 아우내 장터에 모인 사람들과 독립 만세를 외침.

본받고 싶은 것: 백여 년이 지난 지금까지도 우리에게 나라를 사랑하는 마음을 일깨워 줌.

15 유관순이 딛고 나아가야 했던 어려움은 어떠어떠한 것이었습니까? (,)

① 고향에 돌아갈 수 없었다.
② 강제로 학교 문을 닫게 했다.
③ 새로운 학문을 쉽게 배울 수 없었다.
④ 사람들과 만세 운동 할 곳을 찾을 수 없었다.
⑤ 일본이 만세 운동을 하는 사람들에게 총칼을 휘둘렀다.

16 유관순은 어려움을 이겨 내려고 어떤 노력을 했는지 찾아 쓰시오.

• 고향에 돌아와서 ((1))를 만들고, 아우내 장터에 모인 사람들과 ((2))를 외쳤다.

서술형

17 유관순이 한 일을 보며 본받고 싶은 점은 무엇인지 쓰시오.

_____

18~20 다음 글을 읽고 물음에 답하시오.

"이제 우리는 글방 동무가 되는 거다."
"글방 동무요?"
"함께 책을 읽고 글도 지으며 학문의 깊이를 더해 가는 동무 말이다."
스승님과 오라버니와 동무가 되다니, 그것도 마음껏 책을 읽고 시를 짓는 동무가 되다니, 초희는 꿈인지 생시인지 분간이 되지 않았다. 그때 방문이 벌컥 열렸다.
"저도 글방 동무 할 거예요."
균이가 씩씩거리며 방문 앞에서 떼를 썼다.
"당연히 너도 글방 동무니라. 허허."
균이는 헤벌쭉 웃으며 초희 옆에 앉았다.
"어머니께서 누이는 여자라 글공부하면 안 된다 하였습니다."
균이의 말에 초희가 얼굴을 찌푸렸다. 균이는 초희에게 혀를 쏙 내밀었다.
"초희는 여자이기 이전에 사람이다. 사람은 누구나 글공부를 하여 사람다운 사람이 되어야 한다."
초희는 허리를 곧게 펴고 숨을 깊게 내쉬었다.

『시인 허난설헌』, 장성자

18 스승님을 만나고 공부를 배울 수 있게 된 초희의 마음은 어떠했습니까? ( )

① 두려웠다.   ② 낯설었다.
③ 어색했다.   ④ 무척 기뻤다.
⑤ 부담스러웠다.

19 스승님과 오라버니가 초희에게 글방 동무가 되자고 말한 까닭은 무엇인지 쓰시오.

( )

20 이 글을 통해 알 수 있는 시대 상황을 알맞게 말한 것은 무엇인지 ○표를 하시오.

(1) 아이는 글공부를 하지 못했어. ( )
(2) 글공부는 남자만 할 수 있다고 여겼어.
( )

b
단원

국어 184~215쪽 국어 활동 48~57쪽

1~3

(가) "풍년에는 흉년을 생각하여 더욱 절약해야 돼. 그리고 편안히 사는 사람은 어렵게 사는 사람을 생각하여 하늘의 은혜에 감사하며 검소하게 살아야 하고……."

　　김만덕은 주위 사람들에게 늘 이렇게 말하였다.

　　1790년부터 4년 동안 제주도에는 흉년이 계속되었다. 그 바람에 양식이 없어 굶주리는 사람들이 늘어났다. 제주도 사람들은 모두 굶어 죽게 되었다며 근심에 잠겼다. 그러나 다행스럽게도 이듬해에는 농사가 잘되었다. 때맞추어 비가 내려 들판에는 곡식이 익어 갔다. 이대로라면 그해 농사는 대풍년이었다. 그런데 수확을 앞두고 제주도에 태풍이 몰려왔다. 그동안 애써 가꾸어 놓은 농산물이 모두 심한 피해를 입어 제주도 사람들은 이제 꼼짝없이 굶어 죽을 지경에 이르렀다.

(나) '제주도 사람들을 굶어 죽게 내버려 둘 수는 없다. 내가 나서서 그들을 살려야겠다.'

　　김만덕은 전 재산을 들여 육지에서 곡식을 사 오게 하였다. 그 곡식은 총 오백여 석이었다.

　　"제가 전 재산을 들여 육지에서 사들인 곡식입니다. 굶주린 사람들에게 나누어 주십시오."

도움말

☆ 김만덕이 흉년과 태풍으로 굶어 죽을 위기에 놓인 제주도 사람들을 위해 전 재산을 내놓은 행동을 통해서 김만덕의 가치관을 엿볼 수 있는 전기문입니다.

1 김만덕이 살았던 시대 상황은 어떠했는지 쓰시오.

　　1790년부터 제주도에 4년 동안 흉년이 들었고, _____

1 1790년부터 제주도에 4년 동안 흉년이 들었고, 이듬해 수확을 앞두고 태풍이 몰려왔습니다.

2 다음 상황에서 김만덕이 한 일은 무엇인지 쓰시오.

　　제주도에 흉년이 들어 사람들이 굶어 죽을 위기에 처했을 때

2 인물이 한 일 가운데 업적을 묻는 것입니다. 업적은 인물이 한 말이나 행동 중에서 사회의 많은 사람에게 도움을 주거나 긍정적인 영향을 끼친 것을 말합니다.

3 김만덕의 가치관은 무엇인지 쓰시오.

3 가치관은 사람이 어떤 행동이나 일을 선택하고 실천하는 데 바탕이 되는 생각을 말합니다.

1887년 4월 5일, 마침내 기적 같은 일이 일어났습니다. 아름다운 봄날 아침이었습니다. 앤 선생님에게 새로운 생각이 번쩍 떠올랐습니다. 헬렌은 펌프 주변의 마당에서 노는 것을 좋아했는데, 펌프를 이용해 '물'이라는 낱말의 관계를 실감 나게 알게 해 줄 수 있지 않을까 하는 생각이 들었습니다. 선생님은 헬렌의 손을 잡고 펌프가로 데리고 갔습니다. 펌프로 물을 퍼 올리자 헬렌의 손바닥으로 시원한 물이 쏟아져 내렸습니다. 선생님은 헬렌의 손바닥에 처음에는 천천히, 나중에는 빨리 'w-a-t-e-r'라고 거듭 써 주었습니다. 그러자 헬렌의 얼굴이 환히 빛났습니다. 그러더니 선생님에게 'w-a-t-e-r'라고 여러 번 써 보여 주는 것이었습니다. 그 순간 헬렌은 자기 손에 쏟아지는 물을 나타내는 낱말이 'water'이고, 세상의 모든 것은 각각 이름을 가지고 있다는 것을 비로소 깨닫게 된 것입니다. 마침내 헬렌의 앞에 빛의 세계가 열렸습니다. 헬렌은 배우고 싶다는 뜨거운 마음이 생겼습니다. 헬렌은 아침에 일찍 일어나자마자 글자를 쓰기 시작해 하루 종일 글을 쓰고는 했습니다. 결국 헬렌은 글자를 통해 다른 사람에게 자기 생각을 전할 수 있게 되었습니다.

▲ 헬렌 켈러와 앤 설리번

도움말

✿ 보지도, 듣지도, 말하지도 못하는 장애를 겪은 헬렌 켈러가 참고 견디며 남보다 몇 배나 노력해 장애를 극복한 이야기입니다.

• 헬렌 켈러: 태어난 지 19개월 되었을 때 심한 병에 걸려 청각과 시각을 잃었습니다. 가정교사 앤 설리번의 도움으로 래드클리프 대학 졸업이라는 과업을 성취했습니다. 헬렌은 자신의 일생을 장애인들을 위해 바쳤습니다.

6
단원

4 헬렌 켈러가 낱말과 사물의 관계를 알게 된 과정을 차례대로 쓰시오.

(   ) ➡ 앤 선생님이 헬렌의 손바닥에 'w-a-t-e-r'라고 거듭 써 주었다. ➡ (   ) ➡ 헬렌은 세상의 모든 것은 각각 이름을 가지고 있다는 것을 깨닫게 되었다.

4 앤 선생님은 펌프를 이용해 '물'이라는 낱말의 관계를 실감 나게 알게 해 주었습니다.

▲ 펌프

5 헬렌 켈러가 처음으로 세상의 모든 것은 각각 이름을 가지고 있다는 것을 깨달았을 때의 느낌은 어떠했을지 쓰시오.

5 헬렌 켈러의 마음을 상상하여 써 봅니다.

핵심 1 읽은 책에 대한 생각이나 느낌 말하기

• 자신이 재미있게 읽은 책을 떠올려 봅니다.
• 읽은 책에 대한 생각이나 느낌을 나눕니다.
⑩『백두산 이야기』는 배경 그림과 내용이 조화를 이루어 인상 깊었어.

핵심 2 독서 감상문을 쓰는 방법 알기

독서 감상문을 쓸 책을 정할 때	• 읽으면서 여러 가지 생각을 한 책을 고른다. • 새롭게 안 내용이 많은 책을 고른다.
책 내용을 정리할 때	• 인상 깊은 부분을 떠올린다. • 생각이나 느낌을 나타낼 수 있는 부분을 간략하게 쓴다.
생각이나 느낌을 쓸 때	• 새롭게 알거나 생각한 점, 책을 읽고 느낀 점을 쓴다. • 생각이나 느낌에 대한 까닭을 함께 쓴다.
독서 감상문을 고쳐 쓸 때	• 제목이 잘 어울리는지 확인한다. • 생각이나 느낌이 책 내용과 잘 어울리는지 확인한다.

┕독서 감상문의 제목은 책 제목이나 책을 읽고 생각한 점이 잘 드러나게 붙이거나 독서 감상문의 형식이 돋보이는 제목을 쓸 수도 있습니다.

핵심 3 글을 읽고 감동적인 부분에 대한 생각이나 느낌 쓰기

• 감동받은 부분을 찾아봅니다.
– 일어난 일, 인물의 행동, 인물의 마음 따위에서 자신이 인상 깊게 느끼는 부분이 있는지 생각해 봅니다. →교훈을 얻을 수 있는 부분, 감정을 느낀 부분
• 감동받은 부분에 대한 생각이나 느낌이 잘 드러나게 글을 써 봅니다. →감동받은 까닭을 여러 가지 씁니다.

> **글을 읽고 감동받은 부분에 대한 생각이나 느낌을 쓸 때 주의할 점**
> • 생각이나 느낌을 좀 더 자세히 써 줍니다.
> • 자신의 경험과 연관 지어 씁니다.
> • 다양한 표현을 사용합니다.

핵심 4 글을 읽고 독서 감상문 쓰기

• 독서 감상문을 쓸 책을 정하는 방법을 알아봅니다. →쓸 책이 같더라도 책을 고른 까닭은 다를 수 있습니다.
– 독서 감상문을 쓸 책으로는 기억에 남는 내용이 있거나 남에게 알리고 싶은 생각이 들었던 책을 고를 수 있습니다.
• 독서 감상문을 쓸 책에 대하여 말해 봅니다.
– 책 종류, 책을 읽은 까닭, 독서 감상문을 쓰고 싶은 까닭, 책을 읽고 생각하거나 느낀 점 등 →이미 읽은 책이라도 독서 감상문을 쓰려면 내용을 자세히 알아보는 것이 좋습니다.
• 독서 감상문에 쓸 내용을 떠올려 써 봅니다.

> **독서 감상문을 쓰는 차례**
> 독서 감상문을 쓸 책 정하기 ➡ 독서 감상문을 쓸 책의 내용 알아보기 ➡ 독서 감상문에 쓰고 싶은 내용 정리·선택·조직하기 ➡ 독서 감상문을 쓸 준비 하기 ➡ 독서 감상문 쓰기 ➡ 쓴 독서 감상문을 자기 평가나 ★상호 평가 하기

핵심 5 글에 대한 생각이나 느낌을 여러 가지 형식으로 표현하기 →표현할 생각이나 느낌을 떠올려 형식을 정합니다.

주인공에게 편지 쓰기, 일기로 주인공의 생각과 느낌 표현하기, 생각이나 느낌이 잘 드러나게 시로 표현하기 등이 있습니다.

> **여러 가지 형식으로 표현한 글의 좋은 점**
> • 읽는 사람이 재미있게 읽을 수 있습니다.
> • 자신의 생각이나 느낌을 제대로 표현할 수 있습니다.

국어활동

핵심 6 독서 감상문을 쓰는 방법을 아는지 확인해 보기

• 책을 읽은 ★동기를 잘 드러냅니다.
• 글쓴이가 관심 있었던 내용을 중심으로 책 내용을 정리합니다.
• 책 내용과 관련해 자신을 되돌아보는 내용을 씁니다.
• 책을 읽고 생각한 앞으로의 다짐을 씁니다.

조금 더 알기

독서 감상문을 쓰면 좋은 점

- 감명 깊게 읽은 부분이나 인상 깊은 장면을 기억할 수 있습니다.
- 책을 읽은 동기와 책 내용, 읽고 난 뒤의 생각이나 느낌 따위를 정리할 수 있습니다.
- 글을 읽고 느낀 재미나 감동을 다른 사람과 함께 나눌 수 있습니다.

독서 감상문을 쓰는 과정

❶ 독서 감상문을 쓸 책을 고른다.
❷ 책 내용을 떠올린다.
❸ 인상 깊은 장면이나 내용을 정한다.
❹ 인상 깊은 까닭을 생각해 본다.
❺ 책에 대한 생각이나 느낌을 정리한다.
❻ 독서 감상문에 알맞은 제목을 붙인다.

「투발루에게 수영을 가르칠 걸 그랬어!」를 읽고 생각이나 느낌을 표현하는 여러 가지 형식

투발루섬을 떠나는 로자의 슬픈 마음이 안타깝게 느껴졌어. 그래서 로자를 위로하는 편지를 써서 내 생각을 전하고 싶어.

로자가 투발루섬에서 지내며 행복해하는 모습이 인상 깊었어. 그 장면을 만화로 표현하면 오래 기억할 것 같아.

★ 상호　상대가 되는 이쪽과 저쪽 모두.
★ 동기　어떤 일이나 행동을 일으키게 하는 계기.

1 독서 감상문을 쓸 책을 정할 때에는 읽으면서 여러 가지 생각을 한 책이나 새롭게 안 □□ 이 많은 책을 고릅니다.

2 생각이나 느낌을 쓸 때에는 새롭게 알거나 □□ 한 점, 책을 읽고 느낀 점을 씁니다.

3 독서 감상문을 고쳐 쓸 때에는 □□ 이 잘 어울리는지 확인합니다.

4 독서 감상문을 고쳐 쓸 때에는 책 □□ 과 생각이나 느낌이 잘 어울리는지 확인합니다.

5 글을 읽고 감동받은 부분에 대한 생각이나 느낌을 쓸 때에는 생각이나 □□ 을 좀 더 자세히 써 줍니다.

6 글을 읽고 감동받은 부분에 대한 생각이나 느낌을 쓸 때에는 자신의 □□ 과 연관 지어 씁니다.

7 독서 감상문을 쓸 책으로는 기억에 남는 내용이 있거나 남에게 알리고 싶은 □□ 이 들었던 책을 고를 수 있습니다.

8 독서 감상문을 책에 대하여 책 종류, 책을 읽은 □□ , 독서 감상문을 쓰고 싶은 까닭 등을 말해 봅니다.

9 독서 감상문을 쓸 책을 정한 다음에는 독서 감상문을 쓸 책의 □□ 을 알아봐야 합니다.

10 글을 여러 가지 형식으로 표현하면 □□ 사람이 재미있게 읽을 수 있습니다.

도움말

1. 재미있게 읽은 책에 대한 설명을 읽고 책 제목 알아맞히기 놀이를 할 수 있습니다.

핵심 1

1 다음은 재미있게 읽은 책의 내용입니다. 책 제목은 무엇입니까? (   )

> 옥황상제 때문에 은하수를 사이에 두고 다시 만나지 못한 견우와 직녀를 까치, 까마귀 들이 도와주는 내용

① 『레 미제라블』 　　　　　 ② 『견우와 직녀』
③ 『김구 위인전』 　　　　　 ④ 『갈매기의 꿈』
⑤ 『금도끼 은도끼』

2. 독서 감상문을 쓰기 위해서는 필요한 과정이 있음을 알고 과정에 알맞은 방법을 익히도록 합니다.

핵심 2

2 다음 독서 감상문을 쓰는 방법과 내용을 알맞게 선으로 이으시오.

(1) 독서 감상문을 쓸 책을 정할 때 　　•

(2) 책 내용을 정리할 때 　　•

(3) 생각이나 느낌을 쓸 때 　　•

• ㉠ 새롭게 알거나 생각한 점, 책을 읽고 느낀 점을 쓴다.

• ㉡ 생각이나 느낌을 나타낼 수 있는 부분을 간략하게 쓴다.

• ㉢ 읽으면서 여러 가지 생각을 한 책을 고른다.

3. 독서 감상문을 쓰면 좋은 점
　• 책 내용을 확실하게 알게 됩니다.
　• 생각이나 느낌을 정리하는 힘이 길러집니다.
　• 글 쓰는 힘이 길러집니다.
　• 줄거리를 요약하고 내용을 분석하는 힘을 기를 수 있습니다.
　• 두고두고 필요할 때마다 참고 자료로 쓸 수 있습니다.

핵심 2

3 독서 감상문을 쓰면 좋은 점으로 알맞지 않은 것은 무엇입니까? (   )

① 인상 깊은 장면을 기억할 수 있다.
② 글쓴이와 재미있게 대화할 수 있다.
③ 책의 내용을 다시 한번 생각할 수 있다.
④ 글을 읽고 재미나 감동을 다른 사람과 함께 나눌 수 있다.
⑤ 책 내용, 읽고 난 뒤의 생각이나 느낌 따위를 정리할 수 있다.

핵심 3

4 글을 읽고 감동받은 부분을 쓰는 방법으로 알맞은 것은 무엇입니까?

( )

① 글쓴이의 평소 행동을 생각하며 쓴다.
② 질문이나 생각이 생기지 않는 부분을 찾아 쓴다.
③ 자신의 경험과 생각이 다른 부분만 골라서 쓴다.
④ 친구가 인상 깊게 느꼈다고 한 부분을 생각해 쓴다.
⑤ 자신의 생각이나 느낌이 잘 드러나도록 자세히 쓴다.

핵심 4

5 다음은 독서 감상문에 들어갈 내용 가운데 무엇에 해당하는지 알맞은 것에 ○표를 하시오.

> 책 표지의 도깨비 표정이 재미있어서 책을 골랐습니다.

(1) 책 내용 ( )
(2) 책을 읽은 동기 ( )
(3) 책을 읽고 생각하거나 느낀 점 ( )

7
단원

핵심 5

6 다음과 같은 친구들의 대화를 통해 알 수 있는 내용은 무엇인지 쓰시오.

국어 216~247쪽 국어 활동 58~71쪽

1~3 다음 대화를 보고 물음에 답하시오.

> 『갈매기의 꿈』에서 조나단이 포기하지 않고 계속 노력한 끝에 결국 진정한 자유를 얻는 장면이 가장 인상 깊었어. 자신이 하고 싶은 일을 할 때 큰 어려움이 있어도 이겨 내야겠다고 생각했어.

> 『이순신 위인전』에서 적은 수의 군사로 많은 적을 물리친 장면이 가장 인상 깊었어.

1 친구들은 무엇에 대한 이야기를 나누고 있습니까? (   )

① 재미있게 읽은 책의 목록
② 책에 나오는 인물의 성격
③ 자신이 읽고 싶은 책 제목
④ 어릴 때 읽었던 전래 동화
⑤ 읽은 책에 대한 생각이나 느낌

2 여자아이는 어떤 책을 읽었습니까? (   )

① 동시집   ② 위인전
③ 그림책   ④ 정보책
⑤ 전래 동화

3 남자아이가 말한 내용으로 알 수 <u>없는</u> 것은 무엇입니까? (   )

① 읽은 책 제목
② 읽은 책의 차례
③ 읽은 책의 등장인물
④ 인상 깊게 읽은 장면
⑤ 읽은 책에 대한 생각

4~5 다음 놀이 방법을 보고 물음에 답하시오.

놀이 방법	책 내용으로 책 제목 알아맞히기 놀이

❶ 자신이 읽은 책 가운데에서 친구들이 읽었을 만한 책 한 권을 정한다.
❷ 책 내용이나 인상 깊은 장면을 떠올린다.
❸ 떠올린 책 내용 가운데에서 세 가지를 골라 소개할 내용을 쓴다.
❹ 쓴 내용을 한 가지씩 말하면 친구들이 제목을 알아맞힌다.

4 책에 대해 설명하는 문장을 만들 때에 떠올릴 점을 두 가지 고르시오. (,   )

① 책 내용   ② 책 가격
③ 읽을 사람   ④ 그림의 개수
⑤ 인상 깊은 장면

5 알아맞힐 책 제목은 무엇입니까? (   )

책에 대한 설명	• 나라를 구한 영웅의 이야기입니다. • 적은 수의 군사로 많은 적을 물리쳤습니다. • 거북 모양의 유명한 배를 만들었습니다.

① 『피노키오』   ② 『토끼와 거북』
③ 『견우와 직녀』   ④ 『이순신 위인전』
⑤ 『금도끼 은도끼』

서술형

6 읽은 책을 와 같이 한 문장으로 쓰시오.

> **보기**
> 『피노키오』는 거짓말을 했을 때 생각나는 책이다.

_____ 은/는 _____ 때

_____ 책이다.

다음 글을 읽고 물음에 답하시오.

```



```

학교 도서관에서 책을 고르다가 『세시 풍속』 이라는 책을 읽었습니다. 이 책은 우리 조상이 농사일로 고된 일상 속에서 빼먹지 않고 지켜 오던 일 년의 세시 풍속을 담은 책입니다. 세시 풍속은 옛날에만 있었던 것인 줄 알았는데 오늘날 우리 삶에도 많이 남아 있어서 신기했습니다.

㉠책은 계절의 차례대로 봄, 여름, 가을, 겨울의 세시 풍속을 소개했습니다. 지금 계절이 겨울이므로 겨울 부분부터 읽어 보았습니다. 겨울의 세시 풍속 가운데에서 인상 깊었던 것은 동지의 풍속입니다.

동지는 음력 십일월인데, 세시 풍속으로 팥죽을 끓여 먹습니다. 얼마 전에 학교에서 팥죽이 나온 것이 떠올라 반가워서 읽었습니다. 동짓날이 그냥 팥죽을 먹는 날인 줄만 알았는데 생각보다 재미있는 이야기가 얽혀 있었습니다. 옛날 사람들은 병을 옮기는 나쁜 귀신이 팥을 싫어한다고 믿었답니다. 그래서 동지에 팥으로 죽을 만들어 귀신이 못 오게 집 앞에 뿌렸답니다. 이 일에서 동지에 팥죽 먹는 풍습이 생겼답니다.

이런 재미있는 이야기를 지닌 동지는 낮이 길어지기 시작하는 날로, 사람들은 이날부터 태양의 기운이 다시 살아난다고 생각했다고 합니다. 동지가 밤이 가장 길고 낮이 가장 짧은 날이라고만 생각했는데, 우리 조상은 태양의 기운이 다시 살아나면서 낮이 길어지는 것이라고 생각한 점이 인상 깊었습니다. 그래서 ㉡한 가지를 볼 때 여러 가지 시각으로 봐야겠다고 생각했습니다.

『세시 풍속』을 읽고 나니 조상의 지혜를 더 잘 알 수 있었습니다. ㉢계절의 변화 하나하나에 의미를 부여하고 삶을 즐겁게 보내려는 마음을 듬뿍 느꼈습니다.

7 사람들이 동지부터 태양의 기운이 다시 살아난다고 생각한 까닭은 무엇인지 쓰시오.

중요

8 ㉠~㉢ 가운데 책을 읽고 생각하거나 느낀 점이 아닌 것의 기호를 쓰시오.

(   )

주의

9 이와 같은 독서 감상문에 제목을 붙이는 방법으로 알맞지 않은 것은 무엇입니까? (   )

① 책 제목이 드러나게 붙인다.
② 글쓴이의 이름이 드러나게 붙인다.
③ 책의 내용과 관련 있는 것으로 붙인다.
④ 책을 읽고 생각한 점이 잘 드러나게 붙인다.
⑤ 독서 감상문의 형식이 돋보이는 제목을 쓴다.

서술형

10 이 독서 감상문에 제목을 붙이고, 그렇게 붙인 까닭을 쓰시오.

(1) 제목	
(2) 그렇게 붙인 까닭	

서술형

11 이 독서 감상문의 잘된 점을 한 가지 더 쓰시오.

• 인상 깊은 장면이 잘 드러나게 썼다.

• _____

12 독서 감상문을 쓰는 과정에 알맞게 번호를 쓰시오.

❶ 책 내용을 떠올린다.
❷ 독서 감상문을 쓸 책을 고른다.
❸ 인상 깊은 까닭을 생각해 본다.
❹ 인상 깊은 장면이나 내용을 정한다.
❺ 책에 대한 생각이나 느낌을 정리한다.
❻ 독서 감상문에 알맞은 제목을 붙인다.

❷ → (   ) → (   ) → (   ) → (   ) → ❻

7 단원

13~15 다음 글을 읽고 물음에 답하시오.

　어머니는 한 손엔 내 가방을 들고 또 한 손엔 지겟작대기를 들고 나보다 앞서 마당을 나섰다. 나는 말없이 어머니의 뒤를 따랐다. 그러다 신작로로 가는 산길에 이르러 어머니가 다시 내게 가방을 내주었다.

　"자, 여기서부터는 네가 가방을 들어라."

　나는 어머니가 내가 학교에 가기 싫어하니 중간에 학교로 가지 않고 다른 길로 샐까 봐 신작로까지 데려다주는 것으로 생각했다.

　"너는 뒤따라오너라."

　거기에서부터는 이슬받이였다. 사람 하나 겨우 다닐 좁은 산길 양옆으로 풀잎이 우거져 길 한가운데로 늘어져 있었다. 아침이면 풀잎마다 이슬방울이 조롱조롱 매달려 있었다. 어머니는 내게 가방을 넘겨준 다음 내가 가야 할 산길의 이슬을 털어 내기 시작했다. 어머니의 일 바지 자락이 이내 아침 이슬에 흥건히 젖었다. 어머니는 발로 이슬을 털고, 지겟작대기로 이슬을 털었다.

　그런다고 뒤따라가는 아들 교복 바지가 안 젖는 것도 아니었다. 신작로까지 십오 분이면 넘을 산길을 삼십 분도 더 걸려 넘었다. 어머니의 옷도, 그 뒤를 따라간 내 옷도 흠뻑 젖었다. 어머니는 고무신을 신고 나는 검은색 운동화를 신었다. 걸음을 옮길 때마다 물에 빠졌다가 나온 것처럼 시커먼 땟국물이 찔꺽찔꺽 발목으로 올라왔다. 그렇게 어머니와 아들이 무릎에서 발끝까지 옷을 흠뻑 직신 다음에야 신작로에 닿았다.

　"자, 이제 이걸 신어라."

　거기서 어머니는 품속에 넣어 온 새 양말과 새 신발을 내게 갈아 신겼다. 학교 가기 싫어하는 아들을 위해 아주 마음 먹고 준비해 온 것 같았다.

　"앞으로는 매일 털어 주마. 그러니 이 길로 곧장 학교로 가. 중간에 다른 데로 새지 말고."

　그 자리에서 울지는 않았지만, 왠지 눈물이 날 것 같았다.

　"아니, 내일부터 나오지 마. 나 혼자 갈 테니까."

「어머니의 이슬 딜이」, 이순원

13 학교에 가기 싫어하는 '나'를 위해 어머니는 어떻게 했는지 쓰시오.

_____

중요

14 이 글을 읽고 감동받은 부분을 알맞게 말한 친구의 번호를 쓰시오.

　① 이슬받이를 지나 아들 혼자 산길을 달려갔다는 점이 감동적이야.

　② 아들이 학교에 가기 싫다고 투정을 부려서 작대기로 맞는 모습에서 감동을 느꼈어.

　③ 어머니가 아들을 위해 이슬을 털어 주다가 옷을 흠뻑 적신 모습에서 감동받았어.

(　　　　　)

15 다음은 지우가 이 글을 읽고 감동받은 부분에 대한 생각이나 느낌을 정리한 것입니다. 빈칸에 들어갈 말은 무엇입니까? (　　　)

　저는 마지막에 아들이 다음부터 혼자 학교에 가겠다고 하는 장면에서 감동을 느꼈습니다. 아들이 어머니에게 ☐☐☐☐☐ 마음을 느낀 것 같았기 때문입니다.

　① 분한　　　② 죄송한　　　③ 섬뜩한
　④ 섭섭한　　　⑤ 불안한

주의

16 글에서 감동받은 부분을 찾는 방법으로 알맞은 것은 무엇입니까? (　　　)

　① 감정을 느낄 수 없는 부분을 찾는다.
　② 인물이 많이 등장하는 부분을 찾는다.
　③ 전혀 공감되지 않는 부분을 생각한다.
　④ 질문이나 생각이 생기지 않는 부분을 찾는다.
　⑤ 일어난 일, 인물의 행동, 인물의 마음 따위에서 인상 깊게 느끼는 부분이 있는지 생각한다.

17 다음은 친구들이 독서 감상문을 쓸 책을 어떻게 정했는지 이야기한 모습입니다. 독서 감상문을 쓸 책을 정하는 방법으로 알맞은 것은 무엇입니까?

( )

> 새롭게 안 내용이 많아서 이 책을 골랐어.
>
> 책 속 인물의 생각이 내 생각과 비슷한 것 같아서 이 책을 골랐어.
>
> 내가 관심 있는 내용이 담겨서 이 책을 골랐어.
>
> 책을 읽고 좋은 교훈을 얻어서 이 책을 골랐어.

① 평소에 관심이 적었던 책을 고른다.
② 새롭게 안 내용이 없는 책을 고른다.
③ 친구와 책을 고른 까닭이 같은 책을 고른다.
④ 기억에 남는 내용이 있거나 남에게 알리고 싶은 생각이 들었던 책을 고른다.
⑤ 내용을 전혀 모르는 책을 골라서 쓸 때마다 새로움을 느낄 수 있는 책을 고른다.

18 독서 감상문을 읽고 잘된 점이나 고칠 점을 말할 때 떠올릴 점이 아닌 것은 무엇입니까? ( )

① 내용에 알맞은 제목을 붙였나?
② 인상 깊게 읽은 부분이 나타났나?
③ 내용을 잘 전할 수 있는 형식인가?
④ 자신의 생각이나 느낌이 드러났나?
⑤ 친구들은 독서 감상문으로 무엇을 알고 싶어 하고 어떤 부분에 관심을 보일 것인가?

19~20 다음 글을 읽고 물음에 답하시오.

나의 꿈, 나의 미래

학교에서 자신의 꿈이 무엇인지 발표했다. 나연이가 『꿈의 다이어리』라는 책을 읽고, 자신도 꿈에 대해 깊이 생각해 볼 수 있었다며 이 책을 적극 추천했다.

이 책의 주인공인 하은이는 꿈이 많은 아이이다. 가수, 우주 비행사, 요리사와 같이 날마다 꿈이 바뀐다. 하지만 하은이는 꿈의 다이어리를 받고 난 뒤, 꿈을 이루려면 노력해야 한다는 사실을 깨닫게 된다.

나는 사실 내 꿈이 무엇인지 모른다. 예전에는 과학자였지만 지금은 연예인이 되고 싶기도 하다. 하은이처럼 내 꿈은 계속 바뀌고 나는 한 번도 꿈에 대해 진지하게 생각한 적이 없다.

하지만 이 책을 읽고 꿈은 내가 살아가면서 목표를 두고 노력해야 하는 것이라는 사실을 깨달았다. 앞으로는 내가 좋아하고 즐길 수 있는 것을 발견해서 그것을 이루려고 더 노력해야겠다.

19 이 글에 들어가 있는 내용으로 알맞지 않은 것은 무엇입니까? ( )

① 책 내용
② 책을 읽은 동기
③ 글쓴이 친구의 성격과 습관
④ 책을 읽고 생각한 앞으로의 다짐
⑤ 책 내용과 관련해 자신을 되돌아보는 내용

7
단원

20 이 글로 보아, 독서 감상문은 어떤 글입니까?

( )

① 여행하면서 보고, 듣고, 느낀 것을 쓴 글
② 어떤 주제에 대해 자기의 생각을 밝혀 쓴 글
③ 어떤 대상에 대한 정보를 알리고 설득하는 글
④ 책을 읽고 나서 새롭게 알게 된 것이나 인상 깊은 장면, 느낌 같은 것을 적은 글
⑤ 어떤 정보를 읽는 이에게 전달하고 이해시키기 위해 쉽게 풀어서 쓴 객관적인 글

국어 216~247쪽 국어 활동 58~71쪽

1 재미있게 읽은 책의 목록을 정리하려고 합니다. 책 제목과 내용을 알맞게 이으시오.

(1) 『금도끼 은도끼』 • • ㉠ 우리나라의 독립을 위해 평생을 바친 인물의 이야기

(2) 『김구 위인전』 • • ㉡ 옥황상제 때문에 은하수를 사이에 두고 다시 만나지 못한 견우와 직녀를 까치, 까마귀들이 도와주는 내용

(3) 『견우와 직녀』 • • ㉢ 산신령이 정직한 나무꾼에게 상으로 도끼 세 개를 모두 주는 내용

2 책 제목 알아맞히기 놀이를 하려고 합니다. 다음 설명에 알맞은 책은 무엇입니까? (   )

㉠ 이 책의 주인공은 여자입니다.
㉡ 이 책을 읽고 부모님께 효도해야겠다고 생각했습니다.
㉢ 주인공이 아버지를 위해 바다에 뛰어드는 장면이 기억에 남아 있습니다.

① 『심청전』   ② 『신데렐라』
③ 『콩쥐 팥쥐』   ④ 『레 미제라블』
⑤ 『초록 고양이』

3 『이순신 위인전』에 대해 친구들에게 설명할 내용으로 알맞지 않은 것은 무엇입니까? (   )

① 임진왜란에서 수군을 이끌었다.
② 나라를 구한 영웅의 이야기이다.
③ 임금의 명으로 거중기를 만들었다.
④ 거북 모양의 유명한 배를 만들었다.
⑤ 적은 수의 군사로 많은 적을 물리쳤다.

4~5 다음 글을 읽고 물음에 답하시오.

㉠학교 도서관에서 책을 고르다가 『세시 풍속』이라는 책을 읽었습니다. 이 책은 우리 조상이 농사일로 고된 일상 속에서 빼먹지 않고 지켜 오던 일 년의 세시 풍속을 담은 책입니다. 세시 풍속은 옛날에만 있었던 것인 줄 알았는데 오늘날 우리 삶에도 많이 남아 있어서 신기했습니다.

㉡책은 계절의 차례대로 봄, 여름, 가을, 겨울의 세시 풍속을 소개했습니다. 지금 계절이 겨울이므로 겨울 부분부터 읽어 보았습니다. 겨울의 세시 풍속 가운데에서 인상 깊었던 것은 동지의 풍속입니다.

동지는 음력 십일월인데, 세시 풍속으로 팥죽을 끓여 먹습니다. 얼마 전에 학교에서 팥죽이 나온 것이 떠올라 반가워서 읽었습니다. 동짓날이 그냥 팥죽을 먹는 날인 줄만 알았는데 생각보다 재미있는 이야기가 얽혀 있었습니다. ㉢옛날 사람들은 병을 옮기는 나쁜 귀신이 팥을 싫어한다고 믿었답니다. 그래서 동지에 팥으로 죽을 만들어 귀신이 못 오게 집 앞에 뿌렸답니다. 이 일에서 동지에 팥죽 먹는 풍습이 생겼답니다.

이런 재미있는 이야기를 지닌 동지는 낮이 길어지기 시작하는 날로, 사람들은 이날부터 태양의 기운이 다시 살아난다고 생각했다고 합니다.

4 ㉠~㉢ 가운데 책을 읽은 동기를 알 수 있는 문장은 무엇인지 기호를 쓰시오.

(   )

5 『세시 풍속』을 읽고 새로 알게 된 내용으로 알맞은 것은 무엇입니까? (   )

① 동짓날은 팥죽을 먹는 날이다.
② 동지는 겨울의 시작을 알리는 날이다.
③ 세시 풍속은 옛날에만 있었던 것이다.
④ 동지는 밤이 가장 길고 낮이 가장 짧은 날이다.
⑤ 옛날 사람들은 병을 옮기는 나쁜 귀신이 팥을 싫어한다고 믿었다.

6 독서 감상문을 쓴 과정 가운데 다음 빈칸에 들어갈 내용은 무엇입니까? (   )

팥죽을 만들어서 먹는 까닭이 있었구나.

달마다 세시 풍속으로 여러 가지 행사를 했다니 참 재미있네.

인상 깊은 까닭을 생각해 본다.	➡	

① 책 내용을 떠올린다.
② 독서 감상문을 쓸 책을 고른다.
③ 인상 깊은 장면이나 내용을 정한다.
④ 책에 대한 생각이나 느낌을 정리한다.
⑤ 독서 감상문에 알맞은 제목을 붙인다.

7 독서 감상문을 쓰기 위해 책 내용을 정리할 때의 방법을 두 가지 고르시오. (,   )

① 제목이 잘 어울리는지 확인한다.
② 인상 깊은 부분을 한두 개 떠올린다.
③ 책 내용과 생각이 잘 어울리는지 확인한다.
④ 읽으면서 여러 가지 생각을 한 책을 고른다.
⑤ 생각이나 느낌을 나타낼 수 있는 부분을 간략하게 쓴다.

8 독서 감상문을 쓰는 까닭으로 알맞지 <u>않은</u> 것에 ×표를 하시오.

(1) 자기가 겪었던 하루 동안의 일을 떠올리고 기억하고 싶어서이다. (   )

(2) 글의 내용이나 글을 읽고 느낀 점 등을 오래 기억하고 싶어서이다. (   )

(3) 글을 읽고 느낀 재미나 감동을 다른 사람과 함께 나누고 싶어서이다. (   )

9~11 다음 글을 읽고 물음에 답하시오.

㈎ 오월 어느 날이었다. 그날도 학교에 가기 싫다고 말했다. 어머니가 왜 안 가느냐고 물어 공부도 재미가 없고, 학교 가는 것도 재미가 없다고 말했다.

㈏ 어머니는 발로 이슬을 털고, 지겟작대기로 이슬을 털었다.

그런다고 뒤따라가는 아들 교복 바지가 안 젖는 것도 아니었다. 신작로까지 십오 분이면 넘을 산길을 삼십 분도 더 걸려 넘었다. 어머니의 옷도, 그 뒤를 따라간 내 옷도 흠뻑 젖었다. 어머니는 고무신을 신고 나는 검은색 운동화를 신었다. 걸음을 옮길 때마다 물에 빠졌다가 나온 것처럼 시커먼 땟국물이 찔꺽찔꺽 발목으로 올라왔다. 그렇게 어머니와 아들이 무릎에서 발끝까지 옷을 흠뻑 적신 다음에야 신작로에 닿았다.

"자, 이제 이걸 신어라."

㉠ 거기서 어머니는 품속에 넣어 온 새 양말과 새 신발을 내게 갈아 신겼다.

9 '내'가 학교에 가기 싫어한 까닭은 무엇입니까?

(   )

① 책이 무거워서
② 신발이 없어서
③ 재미가 없어서
④ 가는 길이 험해서
⑤ 신발 젖는 것이 싫어서

10 어머니의 품속에 있었던 것은 무엇인지 쓰시오.

• 아들의 (   )과 (   )

서술형

11 ㉠이 감동받은 부분이라면 그 까닭은 무엇일지 쓰시오.

_____

_____

12~16 다음 글을 읽고 물음에 답하시오.

(가)　　　　그러면 되는 줄 알았는데

　　　　　　　　　　　　　　　김가은

꼴찌만 아니면 될 줄 알았는데
꼴찌를 해도 좋았다.

등수만 중요한 줄 알았는데
㉠더 큰 것이 있었다.

이기기만 하면 될 줄 알았는데
더 큰 마음이 있었다.

(나) 20○○년 11월 ○○일　날씨: 맑음

　제목: 함께일 때 더 시원한 나무 그늘

　나는 내 것이면 뭐든지 나 혼자 써도 된다고 생각했다. 그래서 나무 그늘도 혼자 쓰는 것이 당연하다고 여겼다. 내 것인데 다른 사람에게 왜 빌려주어야 한단 말인가? 하지만 지금 나는 그렇게 생각하지 않는다. 다른 사람들과 더불어 행복을 느끼는 일이 훨씬 더 가치 있고 소중한 것임을 알았다. 총각이 어리석은 나를 일깨워 주었기 때문이다. 총각에게 고마운 마음을 꼭 전하고 싶다.

(다) 엄마를 냄새로 찾아낸 꽃담이에게

　꽃담아, 안녕? 나는 얼마 전에 도서관에서 『초록 고양이』를 읽었어. 초록 고양이가 데려간 엄마를 네가 냄새로 찾아 다시 엄마와 만난다는 내용에서 감동을 받았어.

　나는 엄마를 사랑하기는 하지만 엄마에 대한 것을 기억하려고 애쓰지는 않았던 것 같아. 네가 엄마를 냄새로 찾은 것은 늘 엄마에게 관심과 애정이 있었다는 거잖아.

　이 이야기를 읽고 부모님에게 좀 더 많은 관심을 가져야겠다고 생각했어. 가족의 소중함을 일깨워 줘서 정말 고마워.

　그럼 안녕.

　　　　　　　　　20○○년 11월 ○○일

　　　　　　　　　　　친구 박성준

---

12 ㉠의 예로 알맞은 것은 무엇이겠습니까?

　　　　　　　　　　　　　　　（　　　）

① 나의 순위　　　② 친구의 성적
③ 내 짝의 등수　　④ 일 등의 기록
⑤ 노력하는 모습

13 글 (나)의 글쓴이는 무엇을 반성하고 있습니까?

　　　　　　　　　　　　　　　（　　　）

① 욕심을 부린 것　　② 이웃을 초대한 것
③ 총각을 무시한 것　④ 나무 그늘을 산 것
⑤ 사람들과 함께한 것

14 글 (다)의 글쓴이는 『초록 고양이』의 어떤 내용에서 감동을 받았다고 하였는지 찾아 쓰시오.

　• (㉠　　　　　　　　)가 데려간 엄마를 네가
　(㉡　　　　　　　　)로 찾아 다시 엄마와
　만난다는 내용

15 글 (가)와 (나)는 어떤 형식으로 표현한 독서 감상문인지 알맞게 선으로 이으시오.

(1)　글 (가)　•　　•㉮　　『아름다운 꼴찌』를 읽고 쓴 시

(2)　글 (나)　•　　•㉯　　『나무 그늘을 산 총각』에서 영감이 되어 쓴 일기

16 글 (다)의 특징으로 알맞은 것은 무엇입니까?

　　　　　　　　　　　　　　　（　　　）

① 이야기 속 주인공이 되어 생각을 썼다.
② 자신의 생각이나 느낌을 노래하듯이 썼다.
③ 생각이나 느낌을 주인공에게 말하듯이 썼다.
④ 책을 읽은 느낌을 한눈에 들어오게 표현했다.
⑤ 책을 읽고 느낀 감동을 간단한 말로 표현했다.

17~18 다음을 보고 물음에 답하시오.

「투발루에게 수영을 가르칠 걸 그랬어!」의 내용

　　로자네 가족은 바닷물이 불어나서 나라 전체가 물에 잠길 위기에 처했기 때문에 투발루섬을 떠나야 합니다. 로자는 고양이 투발루가 수영을 못하기 때문에 물이 벌어나면 물에 빠져 죽을 것이라고 생각해 꼭 데려가야 한다고 했습니다. 로자는 자신이 살던 투발루섬에서 고양이 투발루와 함께 사는 것이 바람입니다.

「투발루에게 수영을 가르칠 걸 그랬어!」를 읽고 생각이나 느낌을 표현하는 여러 가지 형식 이야기하기

> 투발루 섬을 떠나는 로자의 슬픈 마음이 안타깝게 느껴졌어. 그래서 로자를 위로하는 편지를 써서 내 생각을 전하고 싶어.

> 로자가 투발루섬에서 지내며 행복하하는 모습이 인상 깊었어. 그 장면을 만화로 표현하면 오래 기억할 것 같아.

> 나는…….

17 로자와 고양이 투발루가 헤어져야 하는 장면이 인상 깊다면 어떤 경험을 떠올린 것입니까? (　　　)

① 친구들과 수영을 한 경험
② 길에서 고양이를 마주친 경험
③ 애써 만든 눈사람이 금방 녹았던 경험
④ 가족과 함께 섬에 놀러 갔을 때의 경험
⑤ 정든 학교를 떠나 전학 갔을 때의 경험

18 자신이라면 「투발루에게 수영을 가르칠 걸 그랬어!」를 읽고 어떤 글 형식을 사용할지 쓰시오.

_____

_____

19~20 다음 글을 읽고 물음에 답하시오.

　　잠자리는 잘 안 잡혀. 눈이 아주 좋거든.
　　잠자리는 눈이 정말 크지?
　　툭 튀어나온 눈이 머리를 다 덮어.
　　돋보기로 보면 벌집처럼 생긴 아주 작은 눈들이 보여.
　　잠자리 눈에는 그런 작은 눈이 2만 개가 넘게 빽빽이 모여 있어.
　　그만큼 눈이 좋다는 얘기야.
　　잠자리는 고개를 돌리지 않고도 앞, 뒤, 옆, 위, 아래 어디든 볼 수 있어.
　　멀리서 움직이는 것도 금방 알아보지.
　　잠자리가 먹이를 쫓을 땐 정말 빨라.
　　잠자리가 좋아하는 먹이는 모기, 파리, 각다귀, 하루살이, 벌 같은 곤충이야.
　　자기보다 작은 잠자리를 잡아먹기도 해.
　　뾰족한 가시가 난 다리로 붙잡으면 절대 놓치지 않지.

「멋진 사냥꾼 잠자리」, 안은영

19 이 글을 읽고 새로 알게 된 내용으로 알맞은 것을 두 가지 고르시오. (　　, 　　)

① 잠자리는 눈이 좋다.
② 잠자리의 다리는 길고 뾰족하다.
③ 잠자리는 먹이를 쫓을 때만 움직인다.
④ 잠자리는 모기, 파리, 벌 등을 잡아먹는다.
⑤ 잠자리의 눈에는 작은 눈이 2개가 모여 있다.

20 이 글을 읽고 독서 감상문을 쓰려고 합니다. 쓰는 방법으로 알맞지 않은 것은 무엇입니까? (　　　)

① 자신의 경험과 연관 지어 쓴다.
② 편지글 형식으로만 내용을 상상해 쓴다.
③ 책을 읽고 난 뒤의 생각을 중심으로 쓴다.
④ 인상 깊거나 감동받은 부분을 중심으로 쓴다.
⑤ 자신의 생각이나 느낌을 좀 더 자세하게 쓴다.

7 단원

국어 216~247쪽   국어 활동 58~71쪽

1~3

저는 『아낌없이 주는 나무』를 읽었습니다. 이 책을 읽고 진짜 행복이 무엇인지 생각해 보았습니다. 이 책의 나무는 주인공에게 무엇을 해 줄 때 무척이나 행복해합니다. 이 책을 읽고 나서 저도 제가 좋아하는 사람들에게 기쁨을 주는 사람이 되고 싶다는 생각이 들었습니다.

도움말

☆ 『아낌없이 주는 나무』는 나무가 소년의 행복을 위해 소년이 청년이 되고, 노인이 될 때까지 아낌없이 자신의 모든 것을 내주었다는 내용입니다.

1 무엇을 읽고 쓴 독서 감상문인지 쓰시오.

(   )

1 '저는 ~를 읽었습니다.'에 책 제목이 나와 있습니다.

2 글쓴이는 책을 읽고 무엇을 생각했는지 한 가지 더 쓰시오.

• 진짜 행복이란 무엇인지 생각해 보았다.

• _____

2 글을 읽고 자신의 생각이나 느낌을 표현하는 활동을 하여 재미와 감동 같은 독서의 가치를 느끼도록 합니다.

3 자신이 재미있게 읽은 책을 떠올려 보고, 재미있게 읽은 책에 대한 생각이나 느낌을 정리해 쓰시오.

(1) 책 제목	
(2) 생각이나 느낌	

3 재미있게 읽은 책에 대한 생각이나 느낌 정리하기
• 재미있게 읽은 책에 대한 생각이나 느낌을 정리해 봅니다.
• 재미있게 읽은 책 제목은 무엇인가요?
• 책을 읽고 어떤 생각이나 느낌이 들었나요?

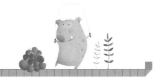

4~5

☆ 독서 감상문을 쓸 책을 정하는
방법을 알아보는 모습입니다.

4 친구들이 독서 감상문을 쓸 책을 어떻게 정했는지 살펴보고, 독서 감상문
을 쓸 책을 정해 쓰시오.

(1) 책 제목	
(2) 책을 고른 까닭	

4 독서 감상문을 쓸 책 종류가 같더
라도 책을 고른 까닭은 다를 수 있
습니다.

5 독서 감상문에 쓸 내용을 떠올려 쓰시오.

(1) 독서 감상문의 제목	
나타내고 싶은 생각	책을 읽은 까닭, 인상 깊은 장면에 대한 생각이나 느낌, 앞으로의 다짐
(2) 처음에 쓸 내용	
(3) 끝에 쓸 내용	

5 처음에 책을 읽은 까닭을 쓸 수 있
으며, 가운데에 인상 깊은 장면에
대한 생각이나 느낌이 들어가고
끝에 앞으로의 다짐이 들어갑니다.

단원 요점 정리 8. 생각하며 읽어요

핵심 1 **의견이 적절한지 판단해야 하는 까닭 알기**
• 사람마다 생각이 다르기 때문입니다.
• 잘못된 *판단을 할 수 있기 때문입니다.
• 문제를 해결하지 못할 수 있기 때문입니다.
• 뜻하지 않게 잘못된 결과가 나올 수 있기 때문입니다.

핵심 2 **글쓴이의 의견을 평가하는 방법 알기**
• 의견이 주제와 관련 있는지 살펴봅니다.
• 의견과 뒷받침 내용이 관련 있는지 따져 봅니다. →의견과 뒷받침 내용이 밀접하게 관련 있는지 생각합니다.
• 뒷받침 내용이 사실이고, 믿을 만한지 확인합니다. →책을 찾아보거나 누리집에서 검색해 뒷받침 내용이 신뢰할 수 있는 출처인지 보고 판단합니다.
  – 자료를 찾아 뒷받침 내용으로 쓸 때에는 *출처를 반드시 확인하고, 그 출처가 믿을 만한지도 *점검해야 합니다.
• 문제 상황을 해결할 수 있는지 살펴봅니다.
  – 적절하지 못한 의견을 선택할 경우에는 더 많은 문제가 생길 수 있습니다.

> **뒷받침 내용이 믿을만한지 알아보는 방법**
> • 책을 찾아봅니다.
> • 인터넷을 검색해 정보를 얻습니다.
> • 전문가에게 물어봅니다.

핵심 3 **글을 읽고 글쓴이의 의견 평가하기**
• 주제와 밀접한 관련이 있는지 살펴봅니다.
• 의견을 뒷받침하는 내용이 사실이고, 믿을 만한지 살펴봅니다.
• 문제 상황을 해결할 수 있는지 고려해야 합니다. →또 다른 문제 상황이 나타나지 않을 것인가?

> **글쓴이의 의견이 적절한지 판단하는 방법**
> • 주제에 알맞은 의견인지, 의견과 근거가 서로 알맞게 연결되었는지 확인합니다.
> • 실천할 수 있는 의견인지, 실천할 가치가 있는 중요한 의견인지 판단합니다.

핵심 4 **자신의 의견이 드러나게 글 쓰기**
• 자신의 의견을 뒷받침할 수 있는 내용을 찾아봅니다.

관련 있는 책 읽기   믿을 만한 누리집 찾아보기   전문가에게 물어보기

• 자신의 의견과 뒷받침 내용을 정리해 봅니다.
• 자신의 의견이 드러나는 글을 써 봅니다.
• 친구들의 글을 읽고 평가해 봅니다.
  – 주제와의 관련성, 의견과 뒷받침 내용의 관련성, 뒷받침 내용의 사실 여부 따위를 확인해야 합니다.

핵심 5 **학교에서 일어난 일에 대한 의견 발표하기**
• 친구들과 의견을 나누어 봅니다.
• 의견이 드러나는 글을 학급 누리집 게시판에 올려 봅니다.

> **학급 누리집 게시판에 글 쓰기**
> • 자신의 계정으로 접속한 뒤에 학급 누리집 게시판에 글을 올립니다.
> • 온라인에 글을 쓸 때 지켜야 할 예절을 떠올리며 댓글을 남깁니다.
> • 가장 적절한 의견을 고르는 방법을 친구들과 이야기한 뒤에 고릅니다.

국어활동

핵심 6 **글을 읽고 글쓴이의 의견을 평가할 수 있는지, 자신의 의견이 드러나게 글을 쓸 수 있는지 확인해 보기**
• 글쓴이의 의견이 무엇인지 확인해 봅니다.
• 의견을 뒷받침하는 내용이 무엇인지 따져 봅니다. →의견과 뒷받침 내용이 관련 있는가?
• 문제 상황에 대해 자신이 하고 싶은 말을 정리해 봅니다.
• 자신의 의견과 그 의견을 내세우는 까닭을 생각해 봅니다.

⚙ 「당나귀를 팔러 간 아버지와 아이」에서 사람들의 의견과 까닭

인물	의견	까닭
농부	당나귀를 타고 가야 한다.	당나귀는 원래 짐을 싣거나 사람을 태우는 동물이기 때문이다.
노인	아이 대신 아버지가 당나귀를 타고 가야 한다.	어른인 아버지가 우선이기 때문이다.
아낙	둘 다 타고 가야 한다.	둘 다 탈 수 있기 때문이다.
청년	당나귀를 메고 가야 한다.	시장에 가기 전에 당나귀가 지쳐 쓰러질 것이다.

⚙ '문화재를 개방해야 하는가'를 주제로 쓴 글에서 글쓴이의 의견과 뒷받침하는 내용

의견	문화재를 개방해야 한다.
뒷받침하는 내용	• 옛 조상이 살았던 때를 생생하게 느낄 수 있다. • 여름 장마철에 생기는 문화재 훼손을 막을 수 있다. • 문화재를 개방하면 자신이 체험한 문화재를 보호하려고 노력하는 사람이 늘어날 것이다.

낱말 사전

★ 판단 사물을 인식하여 논리나 기준 등에 따라 판정을 내림.
★ 출처 사물이나 말 따위가 생기거나 나온 근거.
★ 점검 낱낱이 검사함.

개념을 확인해요

1 의견이 적절한지 판단해야 하는 까닭은 사람마다 ☐☐이 다르기 때문입니다.

2 의견이 적절한지 판단해야 하는 까닭은 잘못된 ☐☐을 할 수 있기 때문입니다.

3 글쓴이의 의견을 평가할 때에는 의견이 ☐☐와 관련 있는지 살펴봅니다.

4 글쓴이의 의견을 평가할 때에는 의견과 ☐☐☐ 내용이 관련 있는지 따져 봅니다.

5 자료를 찾아 뒷받침 내용으로 쓸 때에는 ☐☐를 반드시 확인하고, 그 출처가 믿을 만한지도 점검해야 합니다.

6 적절하지 못한 의견을 선택할 경우에는 더 많은 ☐☐가 생길 수 있습니다.

7 글을 읽고 글쓴이의 의견을 평가할 때에는 ☐☐을 뒷받침하는 내용이 사실이고, 믿을 만한지 살펴봅니다.

8 글을 읽고 글쓴이의 의견을 평가할 때에는 ☐☐ 상황을 해결할 수 있는지 고려해야 합니다.

9 자신의 의견이 드러나게 글을 쓸 때에는 자신의 ☐☐을 뒷받침할 수 있는 내용을 찾아봅니다.

10 친구들의 글을 읽고 ☐☐와의 관련성, 의견과 뒷받침 내용의 관련성을 확인해야 합니다.

8
단원

국어 248~275쪽 국어 활동 72~89쪽

도움말

1. 다른 사람의 의견을 판단하지 않고 무조건 받아들이면 어떤 일이 벌어질지 생각해 봅니다.

핵심 1

1 의견이 적절한지 판단해야 하는 까닭으로 알맞지 <u>않은</u> 것은 무엇입니까?
(   )

① 사람마다 생각이 다르기 때문이다.
② 잘못한 판단을 할 수 있기 때문이다.
③ 문제를 해결하지 못할 수 있기 때문이다.
④ 언제나 명확한 판단을 할 수 있기 때문이다.
⑤ 뜻하지 않게 잘못된 결과가 나올 수 있기 때문이다.

2. 의견이 주제와 관련 있는지 생각해야 합니다. 의견을 골랐을 때 문제를 해결할 수 있는지 생각해야 합니다. 의견을 뒷받침하는 내용이 사실인지, 내용의 출처가 믿을 만한 곳인지 확인해야 합니다.

핵심 2

2 다음은 글쓴이의 의견이 적절한지 평가하는 방법입니다. (   ) 안에 들어갈 알맞은 낱말을 **보기** 에서 골라 쓰시오.

> **보 기**
>
> 주제   사실   문제 상황

⑴ 뒷받침 내용이 (   )이고, 믿을 만한지 확인한다.
⑵ 글쓴이의 의견이 (   )과/와 관련 있는지 살펴본다.
⑶ 글쓴이의 의견이 (   )을/를 해결할 수 있는지 살펴본다.

3. 자료를 찾아 뒷받침 내용으로 쓸 때에는 출처를 반드시 확인하고, 그 출처가 믿을 만한지도 점검해야 합니다.

핵심 2

3 뒷받침 내용이 믿을 만한지 알아보는 방법으로 알맞지 <u>않은</u> 것은 무엇입니까? (   )

① 책을 찾아본다.
② 전문가에게 물어본다.
③ 관련한 전문 자료를 참고한다.
④ 상상하거나 만화 영화를 참고한다.
⑤ 누리집에서 검색해 신뢰할 수 있는 출처인지 보고 판단한다.

핵심 3

4 다음은 글쓴이의 의견을 평가한 글입니다. 글쓴이의 의견에 대해 어떻게 생각하고 있는지 ( ) 안의 알맞은 말에 ○표를 하시오.

> '문화재를 개방해야 한다'는 글쓴이의 의견은 (적절합니다 , 적절하지 않습니다). 이에 대한 뒷받침 내용으로 제시된 세 가지가 모두 사실이며 믿을 만하기 때문입니다. 또 그 의견을 선택했을 때 또 다른 문제 상황이 나타나지 않을 것이기 때문입니다.

핵심 4

5 자신이 쓴 글과 친구들이 쓴 글을 바꾸어 읽으며 의견이 적절한지 평가하려고 합니다. ㉠, ㉡ 안에 들어갈 알맞은 말은 무엇입니까? ( )

> ☐ ㉠ 와의 관련성, 의견과 뒷받침 내용의 관련성, 뒷받침 내용의
> ☐ ㉡ 여부 따위를 확인한다.

① ㉠: 주제 ㉡: 사실 ② ㉠: 친구 ㉡: 의견
③ ㉠: 길이 ㉡: 까닭 ④ ㉠: 재미 ㉡: 주장
⑤ ㉠: 반대 ㉡: 찬성

핵심 5

6 다음과 같은 주제에 대한 내 의견과 그렇게 생각한 까닭을 쓰시오.

즐겁고 행복한 학교 만들기

(1) 내 의견	
(2) 그렇게 생각한 까닭	

도움말

4. 의견의 적절성을 평가할 때에는 의견을 뒷받침하는 내용이 사실이고, 믿을 만한지 살펴봐야 합니다.

5. 주제와 밀접하게 관련 있는 내용인지 평가합니다.

6. 즐겁고 행복한 학교를 만들기 위해 우리가 할 수 있는 일 예
• 함께 교실 청소하기
• 별명 부르지 않기
• 하루에 한 가지씩 친구 칭찬하기
• 돌아가면서 모두와 짝해 보기

8
단원

국어 248~275쪽 국어 활동 72~89쪽

1~6 다음 글을 읽고 물음에 답하시오.

아낙의 말을 듣고 보니 정말 그런 것도 같았어요. 아버지는 아이도 당나귀에 태웠어요. 아버지와 아이를 태운 당나귀는 힘에 부친 듯 비틀비틀 걸음을 옮겼어요.

시장에 거의 다다랐을 때, 그 모습을 본 청년이 말했어요.

"불쌍한 당나귀! 이 더운 날 두 명이나 태우고 가느라 힘이 다 빠졌네. 나라면 당나귀를 메고 갈 텐데."

청년의 말을 듣고 보니 그런 것 같았어요.

'그래, 이대로 가다가는 시장에 가기도 전에 당나귀가 지쳐 쓰러져 버릴 거야.'

둘은 당나귀에서 내렸어요. 그러고 나서 아버지는 당나귀의 앞발을, 아이는 뒷발을 각각 어깨에 올렸지요.

이제 외나무다리 하나만 건너면 시장이에요.

"으히힝."

그때 당나귀가 버둥거리는 바람에 두 사람은 그만 당나귀를 놓치고 말았답니다. 강에 빠진 당나귀는 물살에 떠내려가고 말았어요.

"다른 사람의 말만 듣다가 결국 귀한 당나귀를 잃고 말았구나!"

1 아낙의 의견은 무엇이겠습니까? ( )

① 당나귀를 메고 가야 한다.
② 아버지 혼자 편하게 가야 한다.
③ 아이 혼자 당나귀를 타야 한다.
④ 둘 다 당나귀를 타고 가야 한다.
⑤ 아버지 대신 아이만 타고 가야 한다.

2 청년의 의견과 의견을 받아들인 까닭은 무엇인지 쓰시오.

(1) 의견	
(2) 까닭	

3 아버지와 아이가 당나귀를 메고 간 까닭은 무엇입니까? ( )

① 당나귀가 쓰러져 버려서
② 당나귀의 힘이 다 빠져서
③ 청년의 말이 맞는 것 같아서
④ 아이가 어깨에 올리고 가자고 말해서
⑤ 당나귀가 외나무다리를 건널 수 없어서

4 아버지가 당나귀를 잃고 깨달은 점은 무엇입니까? ( )

① 동물을 사랑해야 한다.
② 여러 사람의 의견을 들어야 한다.
③ 다른 사람의 의견을 존중해야 한다.
④ 외나무다리 위에서는 조심해야 한다.
⑤ 다른 사람의 의견을 무조건 따르면 안 된다.

서술형

5 아버지와 아이의 행동은 적절하다고 생각합니까? 자신이라면 어떻게 했을지 쓰시오.

_____

_____

서술형

6 이 글에 나타난 아버지와 아이의 행동으로 보아, 다른 사람의 의견을 받아들일 때에는 어떻게 해야 할지 쓰시오.

_____

_____

[7~11] 다음 글을 읽고 물음에 답하시오.

(가) 혜원

바람직한 독서 방법은 도서관의 편의 시설을 늘리는 것입니다. 휴게실을 많이 만들면 편안히 쉴 수 있습니다. 체육관이 생기면 운동을 자주 할 수 있습니다. 컴퓨터를 많이 설치하면 인터넷을 쉽게 이용할 수 있습니다. 이와 같이 올바른 독서 방법은 도서관의 편의 시설을 늘리는 것입니다.

(나) 민서

바람직한 독서 방법은 여러 분야의 책을 읽는 것입니다. 여러 분야의 책을 읽으면 배경지식이 풍부해집니다. 풍부한 배경지식은 학교 공부를 하는 데 도움을 줍니다. 한 분야의 책만 읽으면 시력이 나빠집니다. 제가 여러 분야의 책을 읽었을 때는 시력이 좋아졌는데 한 분야의 책만 읽었을 때는 시력이 나빠졌습니다. 따라서 여러 분야의 책을 읽는 것은 좋은 독서 방법입니다.

(다) 준우

바람직한 독서 방법은 자신이 좋아하는 책만 읽는 것입니다. 좋아하는 분야의 책을 읽으면 흥미를 느끼며 즐겁게 읽을 수 있습니다. 그 분야에 깊이 있는 지식을 쌓을 수 있습니다. 자신이 좋아하는 분야이기 때문에 책 내용을 더 쉽게 이해할 수 있습니다. 따라서 저는 이보다 더 바람직한 독서 방법은 없다고 생각합니다.

7 글 (가)~(다)의 공통된 주제는 무엇입니까? (　　)

① 좋아하는 운동
② 바람직한 독서 방법
③ 도서관을 짓는 까닭
④ 여러 가지 편의 시설
⑤ 올바른 인터넷 사용법

8 글 (가)~(다) 가운데 글쓴이의 의견이 주제와 관련성이 매우 적은 글의 기호를 쓰시오.

(　　　　　　)

9 민서의 의견을 쓰고, 제시한 뒷받침 내용 1과 2 가운데 믿을 만하지 못한 것에 ×표를 하시오.

(1) 의견		
(2) 뒷받침 내용 1	배경지식이 풍부해져서 공부에 도움이 된다.	
(3) 뒷받침 내용 2	한 분야의 책만 읽으면 시력이 나빠진다.	

 주의

10 글 (다)에 나타난 준우의 의견이 적절한지 평가한 내용으로 알맞은 것은 무엇입니까? (　　)

① 자신이 좋아하는 책만 읽는 것이다.
② 다른 분야의 책은 전혀 읽지 않을 것이므로 매우 적절하다.
③ 자신이 좋아하는 분야의 책을 읽으면 흥미를 느낄 수 있으므로 적절하지 않다.
④ 좋아하는 책만 읽으면 관심 없는 분야는 전혀 알 수 없게 될 것이므로 적절하지 않다.
⑤ 좋아하는 책이 없을 경우에는 책을 읽지 않아야 한다고 생각할 수 있으므로 적절하다.

11 글 (가)~(다)의 주제에 알맞은 의견을 두 가지 고르시오. (　　, 　　)

① 바른 자세로 읽는 것이다.
② 아침마다 운동을 하는 것이다.
③ 자신의 의견만 내세우는 것이다.
④ 자신의 생각과 비교하며 읽는 것이다.
⑤ 독서 대신 드라마나 영화를 보는 것이다.

8
단원

[12~16] 다음 글을 읽고 물음에 답하시오.

문화재를 개방해야 합니다. 문화재를 직접 관람하면 옛 조상이 살았던 때를 생생하게 느낄 수 있습니다. 저는 가족과 함께 고인돌 유적지를 보러 갔습니다. 거대한 고인돌이 생생하게 기억에 남았습니다. 누리집에서 고인돌에 대한 정보를 찾아보았고, 학교 도서관에서 고인돌에 대한 책을 빌려 읽기도 했습니다.

또 문화재를 개방해야만 문화재 훼손을 막을 수 있습니다. 20○○년 7월 ○○일 신문 기사를 보니 고궁 가운데 한 곳인 ○○궁에 곰팡이가 번식했다는 내용이 있었습니다. 장마인데 문을 닫고만 있어서 바람이 통하지 않아 곰팡이가 궁궐 안으로 퍼진 것입니다. 사람들이 드나들면서 바람이 통하게 하면 이와 같은 문제는 해결될 것입니다.

문화재를 개방하면 자신이 체험한 문화재를 보호하려고 노력하는 사람이 늘어날 것입니다. 어디에 있는지도 모르는 유물이 아니라 우리 곁에 있는 문화재가 되어야 합니다. 우리가 함께 가꾸고 보존해 나간다고 생각한 뒤에 힘을 모으면 '살아 있는' 문화재가 될 것입니다.

12 글에 나타난 글쓴이의 의견은 무엇입니까?
( )

① 문화재를 개방해야 한다.
② 문화재를 보호해야 한다.
③ 문화재를 체험해야 한다.
④ 문화재 훼손을 막아야 한다.
⑤ 문화재를 직접 관람해야 한다.

13 글쓴이가 직접 관람한 문화재는 무엇인지 ○표를 하시오.

(1)
▲ 고인돌
( )

(2)
▲ 궁
( )

14 글쓴이의 의견을 뒷받침하는 내용을 모두 고르시오. (, ,)

① 학교 도서관에서도 보존할 수 있다.
② 우리 곁에 없는 문화재가 될 수 있다.
③ 장마철에 생기는 문화재 훼손을 막을 수 있다.
④ 옛 조상이 살았던 때를 생생하게 느낄 수 있다.
⑤ 문화재를 개방하면 자신이 체험한 문화재를 보호하려고 노력하는 사람이 늘어날 것이다.

15 이와 같은 글에서 글쓴이의 의견을 평가하는 기준으로 알맞지 않은 것은 무엇입니까? ( )

① 뒷받침하는 내용이 사실인지 살펴본다.
② 글쓴이가 직접 상상해 쓴 글인지 살펴본다.
③ 문제 상황을 해결할 수 있는지 고려해야 한다.
④ 뒷받침 내용의 출처가 믿을 만한 곳인지 살펴본다.
⑤ 글쓴이의 의견을 뒷받침하는 내용이 제시되었는지 살펴본다.

16 글쓴이의 의견이 적절하다고 생각합니까? 그렇게 생각한 까닭은 무엇인지 쓰시오.

(1) 글쓴이의 의견에 대한 내 생각	
(2) 그렇게 생각한 까닭	

17~18 다음 그림을 보고 물음에 답하시오.

> 당근이 들어간 음식은 맛이 없어서 못 먹겠어.

> 나는 고기만 골라서 먹는 습관 때문에 부모님께서 걱정하셔.

17 친구들이 말한 편식에 대한 정보를 얻으려고 합니다. 누구에게 물어볼 수 있습니까? (   )

① ▲ 경찰관

② ▲ 영양사

③ ▲ 소방관

④ ▲ 버스 운전사

중요

18 '편식해도 된다.'는 의견을 내세운다면 뒷받침 내용으로 알맞은 말을 한 친구의 번호를 쓰시오.

> ① 영양이 불균형해져서 성장이 늦어질 수 있다고 해.

> ② 좋아하는 음식 위주로 다양하게 먹어도 충분히 영양소를 섭취할 수 있어.

> ③ 골고루 먹으면 여러 가지 영양소를 균형 있게 섭취할 수 있어서 건강해져.

(   )

19~20 다음 글을 읽고 물음에 답하시오.

숲을 보호합시다

사람들은 숲에서 생활에 필요한 여러 가지 물건을 얻습니다. 이로 말미암아 숲이 파괴되고 생물들의 보금자리가 사라집니다. 우리는 이런 숲을 보호하고 생물들의 보금자리를 지켜 주어야 합니다. 그렇게 하려면 어떻게 해야 할까요?

첫째, 자원의 낭비를 막아야 합니다. 우리가 물건을 아껴 쓰고, 버리는 물건을 재활용하면 숲이 파괴되는 것을 줄일 수 있습니다.

둘째, 나무를 베어 낸 숲은 다시 가꾸어야 합니다. 한번 파괴된 숲은 저절로 복원되는 데 오랜 시간이 걸리지만, 사람들이 노력하면 조금 더 빨리 새로운 숲을 만들 수 있습니다.

셋째, 숲의 파괴를 최소화해야 합니다. 숲을 이용할 때에는 정해진 곳만 이용하고, 보호된 숲에서는 식물과 동물이 살아갈 수 있게 해야 합니다.

19 글쓴이의 의견과 의견을 뒷받침하는 내용이 무엇인지 쓰시오.

(1) 의견	
(2) 뒷받침하는 내용	

8단원

20 글쓴이의 의견의 적절성을 평가할 내용으로 알맞지 않은 것은 무엇입니까? (   )

① 문제 상황을 해결할 수 있는가?
② 의견과 뒷받침 내용이 관련 있는가?
③ 의견을 뒷받침하는 내용이 사실인가?
④ 자신의 의견을 의도대로 잘 숨겼는가?
⑤ 의견을 뒷받침하는 내용이 믿을 만한가?

국어 248~275쪽 국어 활동 72~89쪽

1~5 다음 글을 읽고 물음에 답하시오.

"쯧쯧, 당나귀를 타고 가면 될 걸 저렇게 미련 해서야……."
농부의 말을 듣고 보니 정말 그렇지 않겠어요?
'맞아, 당나귀는 원래 짐을 싣거나 사람을 태우는 동물이잖아.'
아버지는 당장 아이를 당나귀에 태웠어요.
그렇게 한참을 가는데 한 노인이 호통을 쳤어요.
"아버지는 걷게 하고 자기는 편하게 당나귀를 타고 가다니. 요즘 아이들이란 저렇게 버릇이 없단 말이지!"
노인의 말을 듣고 보니 정말 그렇지 않겠어요?
아이는 얼른 당나귀에서 내리고 아버지를 태웠어요. 또 그렇게 한참을 가는데 이번에는 한 아낙이 깜짝 놀라며 혀를 찼어요.
"세상에! 이렇게 더운 날 어린아이는 걷게 하고 자기만 편하게 당나귀를 타고 가다니. 저런 사람이 아비라고 할 수 있나, 원! 나라면 아이도 함께 태울 텐데."
아낙의 말을 듣고 보니 정말 그런 것도 같았어요. 아버지는 아이도 당나귀에 태웠어요. 아버지와 아이를 태운 당나귀는 힘에 부친 듯 비틀비틀 걸음을 옮겼어요.
시장에 거의 다다랐을 때, 그 모습을 본 청년이 말했어요.
"불쌍한 당나귀! 이 더운 날 두 명이나 태우고 가느라 힘이 다 빠졌네. 나라면 당나귀를 메고 갈 텐데."
청년의 말을 듣고 보니 그런 것 같았어요.

1 농부의 말을 듣고 아버지는 어떻게 했는지 쓰시오.
( )

2 농부의 의견을 아버지와 아이가 받아들인 까닭은 무엇인지 찾아 쓰시오.
• 당나귀는 ( )
이기 때문이다.

3 인물의 의견에 알맞게 선으로 이으시오.

(1) 농부 •   • ㉮ 당나귀를 메고 가야 한다.

(2) 노인 •   • ㉯ 당나귀를 타고 가야 한다.

(3) 아낙 •   • ㉰ 둘 다 타고 가야 한다.

(4) 청년 •   • ㉱ 아이 대신 아버지가 타고 가야 한다.

서술형

4 아버지와 아이는 결국 당나귀를 잃고 말았습니다. 그 까닭은 무엇일지 쓰시오.

_____

5 이야기의 내용을 시간의 흐름에 따라 정리한 것으로 알맞지 않은 것의 번호를 쓰시오.

① 아버지와 아이는 시장으로 가는 길에 농부와 노인, 아낙과 청년을 차례로 만나게 된다. → ② 만나는 사람마다 아버지와 아이에게 당나귀 타는 것에 서로 다른 의견을 말해 준다. → ③ 아버지와 아이는 다른 사람의 의견을 판단하며 듣는다.

( )

6 다른 사람의 의견을 받아들이는 태도로 알맞은 것은 무엇입니까? ( )
① 내 의견보다 우선시한다.
② 나와 다른 생각이니 무시해 버린다.
③ 내 생각보다 나으니 무조건 받아들인다.
④ 다른 사람의 의견이 적절한지 판단한다.
⑤ 다른 사람의 의견이 나와 같은지 판단한다.

다음 글을 읽고 물음에 답하시오.

(가) 혜원

바람직한 독서 방법은 도서관의 편의 시설을 늘리는 것입니다. 휴게실을 많이 만들면 편안히 쉴 수 있습니다. 체육관이 생기면 운동을 자주 할 수 있습니다. 컴퓨터를 많이 설치하면 인터넷을 쉽게 이용할 수 있습니다. 이와 같이 올바른 독서 방법은 도서관의 편의 시설을 늘리는 것입니다.

(나) 민서

바람직한 독서 방법은 여러 분야의 책을 읽는 것입니다. 여러 분야의 책을 읽으면 배경지식이 풍부해집니다. 풍부한 배경지식은 학교 공부를 하는 데 도움을 줍니다. 한 분야의 책만 읽으면 시력이 나빠집니다. 제가 여러 분야의 책을 읽었을 때는 시력이 좋아졌는데 한 분야의 책만 읽었을 때는 시력이 나빠졌습니다. 따라서 여러 분야의 책을 읽는 것은 좋은 독서 방법입니다.

(다) 준우

바람직한 독서 방법은 자신이 좋아하는 책만 읽는 것입니다. 좋아하는 분야의 책을 읽으면 흥미를 느끼며 즐겁게 읽을 수 있습니다. 그 분야에 깊이 있는 지식을 쌓을 수 있습니다. 자신이 좋아하는 분야이기 때문에 책 내용을 더 쉽게 이해할 수 있습니다. 따라서 저는 이보다 더 바람직한 독서 방법은 없다고 생각합니다.

7 글 (가)~(다)에서 친구들은 무엇에 대한 자신의 의견을 말하고 있는지 쓰시오.

(   )

8 글 (가)~(다) 가운데 다음은 누구의 의견인지 기호를 쓰시오.

바람직한 독서 방법은 여러 분야의 책을 읽는 것입니다.

(   )

9 글 (가)~(다)의 의견과 뒷받침 내용에 대한 적절성을 알맞게 말한 것에 ○표를 하시오.

(1) 혜원이는 주제와 밀접하게 관련 있는 의견을 제시해야 해.

(2) 민서가 쓴 뒷받침 내용은 두 가지 모두 적절해.

(3) 준우의 의견대로 하면 모든 문제가 해결될 수 있어.

(   )   (   )   (   )

🖐️서술형

10 글 (나)의 뒷받침 내용 1과 2를 살펴본 뒤에 그것이 믿을 만한 내용인지 판단해 보시오.

	믿을 만한가?	그렇게 생각한 까닭
(1) 뒷받침 내용 1	예 , 아니요	
(2) 뒷받침 내용 2	예 , 아니요	

8 단원

11 글 (다)의 의견을 뒷받침하는 내용을 두 가지 고르시오. (,   )

① 배경지식이 풍부해진다.
② 여러 분야의 책을 읽을 수 있다.
③ 자신이 좋아하는 책만 읽으면 된다.
④ 자신이 좋아하는 분야이기 때문에 책 내용을 더 쉽게 이해할 수 있다.
⑤ 흥미를 느끼며 즐겁게 읽을 수 있어 그 분야에 깊이 있는 지식을 쌓을 수 있다.

12 다음은 글쓴이의 의견이 적절한지 평가하는 방법입니다. ( ) 안에 들어갈 알맞은 말을 선으로 이으시오.

(1) ( )과/와 뒷받침 내용이 관련 있는지 따져본다. • • ㉮ 문제 상황

(2) ( )이/가 사실이고, 믿을 만한지 확인한다. • • ㉯ 뒷받침 내용

(3) ( )을/를 해결할 수 있는지 살펴본다. • • ㉰ 의견

[13~16] 다음 글을 읽고 물음에 답하시오.

문화재를 개방해야 합니다. 문화재를 직접 관람하면 옛 조상이 살았던 때를 생생하게 느낄 수 있습니다. 저는 가족과 함께 고인돌 유적지를 보러 갔습니다. 거대한 고인돌이 생생하게 기억에 남았습니다. 누리집에서 고인돌에 대한 정보를 찾아보았고, 학교 도서관에서 고인돌에 대한 책을 빌려 읽기도 했습니다.

또 문화재를 개방해야만 문화재 훼손을 막을 수 있습니다. ㉠20○○년 7월 ○○일 신문 기사를 보니 고궁 가운데 한 곳인 ○○궁에 곰팡이가 번식했다는 내용이 있었습니다. 장마인데 문을 닫고만 있어서 바람이 통하지 않아 곰팡이가 궁궐 안으로 퍼진 것입니다. 사람들이 드나들면서 바람이 통하게 하면 이와 같은 문제는 해결될 것입니다.

13 글쓴이의 의견은 무엇인지 찾아 쓰시오.

14 글쓴이의 의견을 뒷받침하는 내용을 두 가지 고르시오. (,)

① 문화재 훼손을 막을 수 있다.
② 문화재를 복원할 필요가 없다.
③ 고인돌 유적지를 더 만들 수 있다.
④ 옛 조상이 살았던 때를 생생하게 느낄 수 있다.
⑤ 많은 사람이 드나들면 문화재가 심히게 훼손될 수 있다.

15 글쓴이가 자신의 의견을 뒷받침하는 데 ㉠은 어떤 역할을 합니까? ( )

① 의견의 지루함을 없애 준다.
② 믿을 만한 내용임을 알려 준다.
③ 글을 읽을 때 말의 재미를 느끼게 한다.
④ 이야기의 결말을 상상할 수 있게 해 준다.
⑤ 곰팡이의 모습을 생생하게 느끼게 해 준다.

16 글쓴이의 의견을 뒷받침하는 내용으로 제시할 수 있는 것은 무엇입니까? ( )

① 문화재를 개방하면 관리하는 데 지금보다 어려움이 생길 수 있다.
② 사람들이 드나들면서 훼손된 문화재를 복원하려면 돈이 많이 들 것이다.
③ 많은 사람이 문화재를 직접 관람하면 어쩔 수 없이 훼손되므로 개방하면 안 된다.
④ 문화재를 개방하면 자신이 체험한 문화재를 보호하려고 노력하는 사람이 늘어날 것이다.
⑤ 많은 사람이 문화재를 관람하다 보면 훼손되기 마련이며 망가진 문화재는 돌이킬 수 없다.

17 다음은 편식에 대한 채아의 생각입니다. 채아의 의견을 뒷받침하는 내용으로 알맞은 것은 무엇입니까? (　　　)

싫어하는 음식까지 억지로 먹을 필요는 없어.

채아

① 늘 먹는 음식만 먹으면 건강하지 못하다.
② 영양소를 불균형하게 섭취할 수밖에 없다.
③ 영양이 불균형해져서 성장이 늦어질 수 있다.
④ 좋아하는 음식 위주로 다양하게 먹어도 충분히 영양소를 섭취할 수 있다.
⑤ 골고루 먹으면 여러 가지 영양소를 균형 있게 섭취할 수 있어서 건강해진다.

18 다음은 즐겁고 행복한 학교로 만들려고 할 때 우리가 할 수 있는 일을 떠올린 모습입니다. 재하가 발표한 의견으로 알맞은 것은 무엇입니까? (　　　)

즐겁고 행복한 학교는 친구들끼리 사이좋게 지내는 학교라고 생각해.

(　　　)입니다. 말싸움을 하다가 다른 큰 싸움으로 번지는 경우가 많기 때문입니다.

재하

① 비속어 쓰지 않기
② 함께 교실 청소하기
③ 하루에 한 가지씩 칭찬하기
④ 돌아가면서 모두와 짝을 해 보기
⑤ 현장 체험학습 장소를 우리가 정하기

19~20 다음 글을 읽고 물음에 답하시오.

　　사람들은 숲에서 생활에 필요한 여러 가지 물건을 얻습니다. 이로 말미암아 숲이 파괴되고 생물들의 보금자리가 사라집니다. 우리는 이런 숲을 보호하고 생물들의 보금자리를 지켜 주어야 합니다. 그렇게 하려면 어떻게 해야 할까요?
　　첫째, 자원의 낭비를 막아야 합니다. 우리가 물건을 아껴 쓰고, 버리는 물건을 재활용하면 숲이 파괴되는 것을 줄일 수 있습니다.
　　둘째, 나무를 베어 낸 숲은 다시 가꾸어야 합니다. 한번 파괴된 숲은 저절로 복원되는 데 오랜 시간이 걸리지만, 사람들이 노력하면 조금 더 빨리 새로운 숲을 만들 수 있습니다.
　　셋째, 숲의 파괴를 최소화해야 합니다. 숲을 이용할 때에는 정해진 곳만 이용하고, 보호된 숲에서는 식물과 동물이 살아갈 수 있게 해야 합니다.

19 빈칸에 들어갈 알맞은 제목은 무엇입니까? (　　　)

① 숲을 보호합시다
② 에너지를 아낍시다
③ 자원을 재활용합시다
④ 동식물을 사랑합시다
⑤ 숲을 개방하지 맙시다

20 이 글을 쓰기 위해 뒷받침 내용 자료를 모은 것으로 알맞지 않은 것은 무엇입니까? (　　　)

① 책에서 숲과 관련된 자료를 찾아보았다.
② 숲에서 나무를 직접 베어 재활용해 보았다.
③ 훼손된 숲의 모습에 대한 사진을 찾아보았다.
④ 숲 전문가에게 요즘 숲의 상태를 들어 보았다.
⑤ 훼손된 숲이 복원되는 데까지 걸린 시간에 대한 통계 자료를 찾아보았다.

8 단원

국어 248~275쪽 국어 활동 72~89쪽

1~3

학교 안전사고

학교 안전사고를 예방하려면 학생들에게 '사전 안전 교육'을 실시해야 합니다. '이 정도는 괜찮겠지.' 또는 '나 하나쯤이야.'라는 생각 때문에 학교에서 안전사고가 일어나기도 합니다. 예를 들어 먼저 지나가려는 마음에 복도에서 뛰다가 친구들과 부딪혀 서로 다친 경우가 있었습니다. 사전 안전 교육으로 우리의 부주의 때문에 일어나는 사고를 줄일 수 있습니다. 사전 안전 교육은 우리에게 안전의 중요성을 알게 하고, 안전에 관심을 가지도록 도와줍니다. 안전에 대한 사전 교육으로 학교 안전사고를 예방해야 합니다.

도움말

★ 학교 안전사고 예방에 대한 의견을 쓴 글입니다.

1 글쓴이의 의견은 무엇인지 쓰시오.

_____

_____

1 글에서 의견과 까닭을 파악해 봅니다.

2 글쓴이는 왜 사전 안전 교육이 필요하다고 생각했는지 한 가지 더 쓰시오.

• 학교에서 일어나는 안전사고 원인의 대부분은 학생들이 부주의하기 때문이다.

•_____

_____

2 글쓴이의 의견을 생각하며 다시 한번 읽어 봅니다.

3 의견이 적절한지 평가하기
• 의견이 주제와 관련 있는지 살펴봅니다.
• 의견과 뒷받침 내용이 관련 있는지 살펴봅니다.
• 뒷받침 내용이 사실이고, 믿을 만한지 확인합니다.
• 문제 상황을 해결할 수 있는지 살펴봅니다.

3 글쓴이의 의견이 적절한지 평가하려면 어떤 점을 살펴봐야 하는지 쓰시오.

_____

준우가 쓴 글

바람직한 독서 방법은 자신이 좋아하는 책만 읽는 것입니다. 좋아하는 분야의 책을 읽으면 흥미를 느끼며 즐겁게 읽을 수 있습니다. 그 분야에 깊이 있는 지식을 쌓을 수 있습니다. 자신이 좋아하는 분야이기 때문에 책 내용을 더 쉽게 이해할 수 있습니다. 따라서 저는 이보다 더 바람직한 독서 방법은 없다고 생각합니다.

4 준우의 의견을 따랐을 때 어떤 문제가 생길지 생각해 쓰시오.

_____

_____

5 준우의 의견이 적절한지 생각해 보고, 그렇게 생각한 까닭을 쓰시오.

_____

_____

_____

6 '바람직한 독서 방법'에 대한 자신의 의견을 쓰시오.

☆ 바람직한 독서 방법에 대한 의견을 말한 글입니다.

4 글쓴이의 의견대로 했을 때 문제 상황을 해결할 수 있는지 생각해야 합니다.

5 의견이 적절한지 판단할 때 고려해야 할 기준들을 모두 따져 가며 의견을 살펴봐야 합니다.

6 바람직한 독서 방법은 사람마다 다를 수 있기 때문에 다양한 의견이 제시될 수 있습니다.

8 단원

핵심 1　시를 읽고 경험 말하기

• 시를 읽고 경험을 말해 봅니다.
• 시와 관련한 경험을 표현해 봅니다.
㉆ 「온통 비행기」를 읽고 비슷한 경험 말하기

> 자동차에 관심이 있어서 자동차 ★박람회를 구경해 본 경험이 떠오릅니다.

핵심 2　시를 읽고 느낌 표현하기

• 경험을 떠올리며 시를 읽어 봅니다.
• 시에 대한 느낌을 여러 가지 방법으로 표현해 봅니다.└─어떤 방법으로 표현하고 싶은지, 무엇을 표현하고 싶은지 생각합니다.
  – 낭독하기, 노랫말 만들기, 역할극하기, 장면을 이야기로 들려주기, 그림으로 나타내기
㉆ 시 속 인물과 ★면담하기

①	누구와 면담할지 정하기	시 속 인물 가운데에서 면담하고 싶은 사람을 고른다.
②	물음 만들기	시 속 인물의 마음을 알아볼 수 있는 물음을 만든다.
③	면담하기	자신이 예상했던 답변과 어떻게 다른지 생각해 본다.

> **시의 느낌을 생생하게 떠올리기 위한 방법**
> • 시에 나오는 장면을 떠올려 봅니다.
> • 시에 나오는 인물이 되어 보고, 시에 나오는 인물에게 묻고 싶은 물음을 만들어 봅니다.
> • 시에 나오는 인물과 자신의 경험을 비교해 봅니다.

핵심 3　이야기를 보고 내용에 대한 생각 나누기

• 일어난 일을 생각하며 동영상을 봅니다.
• 동영상에서 어떤 일이 일어났는지 살펴보고, 자신의 생각을 써 봅니다.

핵심 4　이야기를 읽고 다른 사람에게 들려주기

• 인물의 특성을 파악해 봅니다.
• 상황과 인물의 특성에 알맞은 말을 해 봅니다.
• 이야기에서 강조할 부분을 정해 봅니다.
  – 들려줄 사람을 정하고, 이야기에서 강조하고 싶은 부분이 어디인지 정한 다음 실감 나게 표현해 봅니다.
㉆ 「멸치 대왕의 꿈」에 나오는 인물의 특성

인물	행동	성격
멸치 대왕	넓적 가자미의 뺨을 때린다.	화를 참지 못하고 기분이 쉽게 변한다.
넓적 가자미	삐쳐서 멸치 대왕의 꿈풀이를 나쁘게 한다.	속이 좁다.
망둥 할멈	멸치 대왕의 꿈풀이를 좋게 한다.	윗사람에게 아부를 잘한다.

핵심 5　생각이나 느낌을 시와 그림으로 표현해 전시회 하기

• 시에 대한 생각이나 느낌을 표현해 봅니다.
  – 시를 골라 그림과 함께 꾸미기, 시를 써서 그림과 함께 꾸미기└─시의 내용과 어울리게 그림을 그립니다.

> **시를 써서 그림과 함께 꾸미기**
> • 시로 표현할 생각이나 느낌을 떠올려 봅니다.
> • 생각이나 느낌을 시로 표현해 봅니다.
> • 자신이 쓴 시의 장면에 어울리는 그림을 그려 봅니다.

• 작품을 전시해 봅니다.

국어활동

핵심 6　시를 읽고 느낌을 표현할 수 있는지, 이야기를 읽고 다른 사람에게 들려줄 수 있는지 확인해 보기└─인물의 특성을 살펴 표현하고, 이야기의 내용을 잘 전달합니다.

• 시를 읽고 떠오르는 장면과 시에 대한 느낌을 써 봅니다. → 시에서 말하는 이는 무엇을 보고 있는지 살펴봅니다.
• 이야기에서 인상 깊은 장면을 상상해 봅니다.
• 인물의 마음이 잘 드러나도록 실감 나게 이야기를 읽어 봅니다.

🔅 친구들에게 재미있는 시나 이야
기를 소개하는 방법

- 자신의 생각이나 느낌을 말합니다.
- 다른 친구의 생각이나 느낌에 관
심을 가집니다.
- 자신과 다른 생각이나 느낌을 듣
고 의견을 나눕니다.

🔅 인물의 특성을 살려 실감 나게
표현하기

- 표정과 말투, 행동 등 인물의 특성
을 생각하며 실감 나게 연습해 봅
니다.
- 「멸치 대왕의 꿈」에서 인물의 특성
을 살려 표현하기 예
  – 가자미는 울먹거리며 뺨을 부
  여잡고 말합니다.
  – 멸치 대왕은 분노해 큰 목소리
  로 말합니다.

🔅 문학 작품을 감상하는 자신의
태도 점검하기

- 평소 시나 이야기에 관심을 두
고 문학 작품을 읽나요?
- 시나 이야기를 읽고 생각이나
느낌을 떠올리나요?
- 시나 이야기를 읽고 생각이나
느낌을 다른 사람과 나누나요?

낱말 사전

★ 박람회 온갖 물품을 모아
벌여 놓고 판매, 선전, 우열
심사를 하는 전람회.
★ 면담 서로 만나서 이야기함.

개념을 확인해요

1 ☐☐ 을 떠올리며 시를 읽어 봅니다.

2 시에 나오는 ☐☐ 을 떠올려 보면 시의 느낌을 생생하게
떠올릴 수 있습니다.

3 시의 느낌을 생생하게 떠올리려면 시에 나오는 ☐☐ 에게
묻고 싶은 물음을 만들어 봅니다.

4 시의 느낌을 생생하게 떠올리려면 시에 나오는 인물과 자신의
☐☐ 을 비교해 봅니다.

5 이야기를 읽고 다른 사람에게 들려줄 때에는 인물의 ☐☐
을 파악해 봅니다.

6 이야기를 읽고 다른 사람에게 들려줄 때에는 ☐☐ 과 인
물의 특성에 알맞은 말을 해 봅니다.

7 이야기를 들려줄 사람을 정하고, 이야기에서 ☐☐ 하고
싶은 부분이 어디인지 정한 다음 실감 나게 표현해 봅니다.

8 ☐☐ 이나 느낌을 시와 그림으로 표현해 전시회를 해 봅
니다.

9 시를 읽고 느낌을 표현할 때에는 떠오르는 ☐☐ 과 시에
대한 느낌을 써 봅니다.

10 이야기를 읽고 다른 사람에게 들려줄 때에는 인물의 마음이 잘 드
러나도록 ☐☐ 나게 이야기를 읽어 봅니다.

9
단원

도움말

1. 시에서 말하는 이가 어떤 상황인지, 어떤 내용을 말하고 있는지 내용을 파악해 봅니다.

핵심 1

1 다음 시를 읽고 떠오르는 모습은 무엇인지 쓰시오.

> 내 스케치북에는 비행기가 날아.
>
> 필통에도
> 지우개에도
> 비행기가 날아.
>
> 조종석에는 언제나
> 내가 앉아 있어.
>
> 「온통 비행기」, 김개미

(   )

2. 시를 읽고 내 생각이나 느낌 떠올리기
   • 시에 나타난 글쓴이의 생각을 알아봅니다.
   • 내 경험과 관련지어 가며 시의 내용을 생각해 봅니다.
   • 시에 쓰인 표현이 어떤 의미를 지니는지 생각해 봅니다.
   • 시에서 공감하는 부분과 그 이유에 대하여 생각해 봅니다.

핵심 2

2 시에 대한 느낌을 생생하게 떠올리기 위한 방법으로 알맞지 <u>않은</u> 것은 무엇입니까? (   )
① 시에 나오는 장면을 떠올린다.
② 시에 나오는 인물이 되어 본다.
③ 시에 나오는 낱말을 국어사전에서 찾아본다.
④ 시에 나오는 인물과 자신의 경험을 비교해 본다.
⑤ 시에 나오는 인물에게 하고 싶은 물음을 만들어 본다.

3. 시의 느낌을 표현하는 방법
   • 낭독하기
   • 노랫말 만들기
   • 역할극 하기
   • 장면을 이야기로 들려주기
   • 그림으로 나타내기
   • 인물과 면담하기

핵심 2

3 다음은 「지하 주차장」을 읽고 어떤 방법으로 느낌을 표현한 것입니까?
(   )

> • 누구에게 물을 것인가요? 아빠
> • 무엇을 물을 것인가요? 지하 주차장에서 겪었다는 일이 정말입니까?

① 낭독하기   ② 면담하기
③ 역할극 하기   ④ 노랫말 만들기
⑤ 그림으로 나타내기

도움말

핵심 3

4 이야기를 보고 난 뒤에 자신의 생각을 글로 쓰는 방법으로 알맞은 것을 두 가지 고르시오. (　　,　　)

① 등장인물이 가장 많은 부분을 떠올린다.
② 첫 장면과 마지막 장면만 자세히 기록한다.
③ 인물이 아무 말도 하지 않은 부분을 생각한다.
④ 이야기를 보고 인물에게 일어난 일을 파악한다.
⑤ 인물의 행동이 가장 인상 깊은 장면을 정리한다.

4. 인물에 대한 생각이 사람마다 다를 수 있다는 점을 이해하도록 하고 자신의 생각을 글로 써 보도록 합니다.

핵심 4

5 다음은 「멸치 대왕의 꿈」에 나오는 멸치 대왕의 말을 상상해 쓴 것입니다. 인물의 특성에 알맞은 목소리는 무엇인지 ○표를 하시오.

> "뭐라고? 너 이놈! 감히 그런 꿈풀이를 하다니. 괘씸하다!"

(1) 화가 난 듯한 큰 목소리 (　　)
(2) 부끄러워하는 작은 목소리 (　　)
(3) 울먹거리며 기어들어가는 목소리 (　　)

5. 표정과 말투, 행동 같은 인물의 특성을 생각하며 실감 나게 이야기를 읽을 수 있어야 합니다.

핵심 5

6 생각이나 느낌을 시와 그림으로 표현하는 방법으로 알맞지 <u>않은</u> 것은 무엇입니까? (　　)

① 장면과 느낌을 생생하게 표현한다.
② 시의 내용과 어울리게 그림을 그린다.
③ 시를 쓸 때의 느낌이 잘 드러나게 꾸민다.
④ 가장 재미없었던 부분을 그대로 베껴 쓴다.
⑤ 겪은 일이나 대상을 정해 느낌을 떠올려 본다.

6. 시를 골라 그림과 함께 꾸미기
• 자신의 마음에 드는 시 고르기
• 시의 장면을 떠올려 느낌 말하기

9
단원

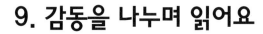
국어 276~301쪽   국어 활동 90~109쪽

1~5 다음 시를 읽고 물음에 답하시오.

내 스케치북에는 비행기가 날아.

필통에도
지우개에도
비행기가 날아.

조종석에는 언제나
내가 앉아 있어.

조수석에는 엄마도 앉고
동생도 앉고
송이도 앉아.
오늘은 우리 집 개가 앉았어.

난 비행기가 좋아.
비행기를 구경하는 것도
비행기를 그리는 것도
비행기를 생각하는 것도.

커서 뭐가 되고 싶으냐고 묻지 마.
내 마음에는 비행기가 날아.

1 시에서 말하는 이는 어떤 상상을 합니까?
(   )

① 강아지 노는 상상
② 장난감 기차를 타는 상상
③ 필통 속 지우개가 되는 상상
④ 비행기 조종석에 앉아 있는 상상
⑤ 화가가 되어 산과 들을 그리는 상상

서술형

2 시에서 말하는 이가 하고 싶어 하는 일은 무엇인지 쓰시오.

_____

_____

3 이 시를 읽고 떠오르는 장면으로 알맞지 <u>않은</u> 것은 무엇입니까? (   )

① 비행기를 조종하는 인물의 모습
② 동생과 함께 비행기를 타고 가는 모습
③ 동생의 장난감을 힘겹게 조립하는 모습
④ 말하는 이의 머릿속에 비행기가 떠다니는 장면
⑤ 구름 하나 없이 맑은 날 비행기가 떠다니는 장면

응용

4 이 시의 내용과 어울리는 자신의 경험을 알맞게 <u>못한</u> 친구의 번호를 쓰시오.

① 동물을 좋아해 여러 동물을 그렸던 경험이 생각나.

② 책을 읽다가 다 못 읽은 부분이 궁금해 계속 머릿속에서 생각난 적이 있어.

③ 하기 싫은 숙제가 너무 많아서 울었던 경험이 떠올랐어.

(   )

서술형

5 시에서 말하는 이처럼 자신의 머릿속에 온통 가득 찬 생각과 그 까닭은 무엇인지 쓰시오.

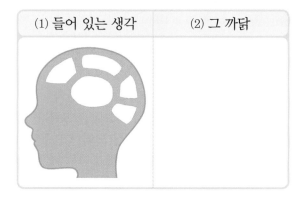

(1) 들어 있는 생각	(2) 그 까닭

6~11 다음 시를 읽고 물음에 답하시오.

지하 주차장으로
차 가지러 내려간 아빠
한참 만에
차 몰고 나와 한다는 말이

내려가고 내려가고 또 내려갔는데 글쎄, 계속 지하로 계단이 있는 거야! 그러다 아이쿠, 발을 헛디뎠는데 아아아…… 이상한 나라의 앨리스처럼 깊은 동굴 속으로 끝없이 떨어지지 않겠니? 정신을 차려 보니까 호빗이 사는 마을이었어. 호박처럼 생긴 집들이 미로처럼 뒤엉켜 있는데 갑자기 흰머리 간달프가 나타나 말하더구나. 이 새 자동차가 네 자동차냐? 내가 말했지. 아닙니다, 제 자동차는 10년 다 된 고물 자동차입니다. 오호, 정직한 사람이구나. 이 새 자동차를…….

에이, 아빠!
차 어디에 세워 놨는지 몰라서 그랬죠?
차 찾느라
온 지하 주차장 헤매고 다닌 거
㉠ 다 알아요.
피이!

「지하 주차장」, 김현욱

6 어디에서 일어난 일입니까? (   )

① 도서관   ② 바닷가
③ 산꼭대기   ④ 깊은 동굴
⑤ 지하 주차장

7 이 시에서 아이가 한 일은 무엇입니까? (   )

① 아빠를 찾아 헤매고 다녔다.
② 지하 계단을 걸어 내려갔다.
③ 아빠와 함께 차를 가지러 갔다.
④ 아빠와 차를 타고 지하로 갔다.
⑤ 차를 가지러 가신 아빠를 기다렸다.

⚠ 주의

8 아이가 아빠께 ㉠과 같이 말한 의미는 무엇인지 두 가지 고르시오. (,   )

① 아빠는 운전을 못하신다.
② 아빠가 겪은 일과 똑같은 일을 겪었다.
③ 아빠의 이야기가 말이 안 돼서 변명이다.
④ 아빠의 이야기가 모두 진짜 일어난 일이다.
⑤ 아빠께서 이번에만 그러신 것이 아니라 자주 있었던 일이라서 늦게 나오신 까닭을 알아차렸다.

9 이와 같은 시를 읽고 느낌을 표현하는 방법으로 알맞지 <u>않은</u> 것은 무엇입니까? (   )

① 낭독하기   ② 역할극하기
③ 노랫말 만들기   ④ 그대로 베껴 쓰기
⑤ 장면을 이야기로 들려주기

10 이 시를 읽고 떠올린 느낌으로 알맞지 <u>않은</u> 것에 ×표를 하시오.

⑴ 이 시는 아빠의 마음을 재미있게 표현한 시인 것 같아. (   )
⑵ 아빠가 천천히 나오기를 바라는 아이의 마음이 느껴졌어. (   )
⑶ 아이에게 실수를 들키고 싶지 않았던 아빠의 속마음이 느껴졌어. (   )

중요

11 시 속 아빠와 면담하려고 합니다. 묻고 싶은 물음으로 알맞은 것은 무엇입니까? (   )

① 재미있게 읽은 책은 무엇입니까?
② 아빠를 몇 분 동안 기다렸습니까?
③ 아빠 없이 기다리면서 무섭지 않았습니까?
④ 아빠의 말을 듣고 어떤 마음이 들었습니까?
⑤ 지하 주차장에서 겪었다는 일이 정말입니까?

9
단원

12~16 다음을 보고 물음에 답하시오.

❶

동숙이는 소풍에 달걀이 들어간 김밥을 가져가고 싶었다.

❷

동숙이는 쑥을 팔아서 달걀을 사고 싶은데 아무도 쑥을 사 주지 않았다.

❸

아버지의 병원비로 달걀을 사 오다가 돌부리에 발이 걸려 넘어졌다.

❹

선생님께서 김밥을 못 먹고 있는 동숙이가 안쓰러워서 배탈이 났다며 동숙이에게 자신의 김밥을 주었다.

12 동숙이는 소풍에 무엇을 가져가고 싶었습니까?
( )

① 탄산음료
② 삶은 달걀
③ 커다란 주먹밥
④ 달걀이 들어간 김밥
⑤ 햄이 들어간 샌드위치

13 장면 ❷에서 동숙이의 마음은 어떠하겠습니까?
( )

① 기쁘다.　　② 즐겁다.
③ 속상하다.　④ 흐뭇하다.
⑤ 신이 난다.

14 동숙이는 소풍에 쑥 개떡을 싸 갔습니다. 그 까닭은 무엇이겠습니까? ( )

① 쑥을 다 팔았기 때문에
② 아버지의 병원비를 내야 했기 때문에
③ 김밥보다 쑥 개떡을 좋아하기 때문에
④ 넘어져서 김밥에 넣을 달걀이 깨졌기 때문에
⑤ 친구가 동숙이의 김밥까지 싸 온다고 말했기 때문에

15 선생님께서 배탈이 났다고 한 까닭은 무엇이겠습니까? ( )

① 김밥을 좋아하지 않아서
② 싸 가지고 온 도시락이 있어서
③ 김밥에 달걀이 들어가지 않아서
④ 김밥보다 맛있는 음식을 먹기 위해서
⑤ 동숙이에게 자신의 김밥을 주기 위해서

서술형

16 다음을 참고하여 동숙이의 행동을 어떻게 생각하는지 자신의 생각을 쓰시오.

> 달걀이 들어간 김밥을 먹고 싶어서 어머니께 투정을 부렸다. → 집안 사정은 생각하지 않고 김밥을 먹고 싶어서 선생님께 도시락을 싸 가겠다고 했다. → 선생님 김밥을 싸야 한다고 어머니께 말씀드렸다. → 아버지의 병원비로 달걀 한 줄을 샀다. → 달걀을 사 오다가 넘어져서 달걀이 깨지는 바람에 선생님께 드릴 도시락만 쌌다.

_____

_____

17~18 다음 글을 읽고 물음에 답하시오.

㉮ 옛날 동쪽 바다에 멸치 대왕이 살고 있었어. 그런데 어느 날 아주 이상한 꿈을 꾸었지. 꿈 속에서 멸치 대왕이 하늘을 오르락내리락, 구름 속을 왔다 갔다, 그러다가 갑자기 흰 눈이 펄펄 내리더니 추웠다가 더웠다가 하는 거야. 멸치 대왕은 무슨 꿈인지 몹시 궁금했어.

㉯ 멸치 대왕이 망둥 할멈에게 꿈 이야기를 해 주자 망둥 할멈은 벌떡 일어나 절을 하면서 "대왕마마, 용이 될 꿈입니다."라고 말했어. 그러면서 하늘을 오르락내리락 구름 속을 왔다가 갔다가 하는 것은 용이 되어서 하늘을 날아다니는 것이고, 흰 눈이 내리면서 추웠다가 더웠다가 하는 것은 용이 되어 날씨를 마음대로 다스리게 되는 것이라고 풀이해 주었어. 망둥 할멈의 꿈풀이에 멸치 대왕은 기분이 좋아 덩실덩실 춤을 추었지.

하지만 넓적 가자미는 멸치 대왕한테 용이 되는 꿈은 큰 변을 당하게 될, 아주 나쁜 꿈이라고 말했어. 그러면서 하늘을 오르락내리락 한다는 것은 낚싯대에 걸린 것이고, 구름은 모락모락 숯불 연기이고, 또 흰 눈은 소금이고, 추웠다가 더웠다가 한다는 것은 잘 익으라고 뒤집었다 엎었다 하는 것이라고 멸치 대왕의 꿈을 풀이했어.

「멸치 대왕의 꿈」, 천미진

17 멸치 대왕이 궁금해 한 것은 무엇입니까? ( )

① 자신의 꿈
② 용이 될 꿈
③ 하늘나라의 모습
④ 동쪽 바다의 모습
⑤ 망둥 할멈의 생김새

18 망둥 할멈과 넓적 가자미의 꿈풀이는 어떻게 다른지 쓰시오.

(1) 망둥 할멈	
(2) 넓적 가자미	

19~20 다음 시를 읽고 물음에 답하시오.

제기를 찬다.
책상 앞에 묶였던
빈 마음들
훌훌
골목으로 몰려,
한 다발
하얀
바람을 차올린다.

한 발 차기
두 발 차기
신이 난 제기.

한껏 부푼
골목엔
터질 듯한 아우성.

제기가 슛슛 발을 끌어올리면
아이들 온 바람은
하늘까지 치솟는다.

제기가 오른다.
얼어붙은 골목 가득 슛슛대며
지금도
아이들 하얀
바람이 솟구친다.

「제기차기」, 김형경

19 이 시의 느낌으로 알맞지 <u>않은</u> 것은 무엇입니까?
( )

① 신난다.
② 활기차다.
③ 고요하다.
④ 시끌벅적하다.
⑤ 즐거움이 느껴진다.

20 이 시에서 말하는 이는 무엇을 보고 있는지 쓰시오.
(   )

9 단원

1~2 다음 시를 읽고 물음에 답하시오.

내 스케치북에는 비행기가 날아.

필통에도
지우개에도
비행기가 날아.

조종석에는 언제나
내가 앉아 있어.

조수석에는 엄마도 앉고
동생도 앉고
송이도 앉아.
오늘은 우리 집 개가 앉았어.

난 비행기가 좋아.
비행기를 구경하는 것도
비행기를 그리는 것도
비행기를 생각하는 것도.

커서 뭐가 되고 싶으냐고 묻지 마.
내 마음에는 비행기가 날아.

1 말하는 이가 좋아하는 것은 무엇입니까?

( )

① 필통   ② 지우개   ③ 비행기
④ 유람선   ⑤ 스케치북

2 이 시를 읽고 떠오르는 장면을 알맞게 말한 것은 무엇입니까? ( )

① 엄마가 비행기를 조종하는 모습이 떠올라.
② 커서 화가가 된 말하는 이의 모습이 떠올라.
③ 고양이와 함께 비행기를 타는 모습이 떠올라.
④ 크레파스로 친구 얼굴을 그리는 모습이 떠올라.
⑤ 말하는 이가 자신이 조종하는 비행기를 가족과 함께 타며 좋아하는 모습이 떠올라.

3~4 다음 시를 읽고 물음에 답하시오.

지하 주차장으로
차 가지러 내려간 아빠
한참 만에
차 몰고 나와 한다는 말이

내려가고 내려가고 또 내려갔는데 글쎄, 계속 지하로 계단이 있는 거야! 그러다 아이쿠, 발을 헛디뎠는데 아아아…… 이상한 나라의 앨리스처럼 깊은 동굴 속으로 끝없이 떨어지지 않겠니? 정신을 차려 보니까 호빗이 사는 마을이었어. 호박처럼 생긴 집들이 미로처럼 뒤엉켜 있는데 갑자기 흰머리 간달프가 나타나 말하더구나. 이 새 자동차가 네 자동차냐? 내가 말했지. 아닙니다, 제 자동차는 10년 다 된 고물 자동차입니다. 오호, 정직한 사람이구나. 이 새 자동차를…….

에이, 아빠!
차 어디에 세워 놨는지 몰라서 그랬죠?
차 찾느라
온 지하 주차장 헤매고 다닌 거
다 알아요.
피이!

3 이 시에서 아이는 무엇을 하고 있는지 쓰시오.

( )

4 이 시에서 실제 일어난 일은 무엇인지 두 가지 고르시오. (,)

① 아빠가 앨리스를 만났다.
② 아빠가 차를 가지러 내려가셨다.
③ 아빠가 새 자동차를 선물받았다.
④ 아빠가 호빗이 사는 마을에 가셨다.
⑤ 아빠가 차를 어디에 세워 뒀는지 잊으셨다.

5 시 속 인물과 면담하여 느낌을 떠올려 보려고 합니다. 면담 차례에 알맞은 내용을 선으로 이으시오.

(1) 누구와 면담할지 정하기 ・ ・㉠ 자신이 예상했던 답변과 어떻게 다른지 생각해 본다.

↓

(2) 물음 만들기 ・ ・㉡ 시 속 인물 가운데에서 면담하고 싶은 사람을 고른다.

↓

(3) 면담하기 ・ ・㉢ 시 속 인물의 마음을 알아볼 수 있는 물음을 만든다.

6~7 다음을 보고 물음에 답하시오.

이 이야기는 모두가 가난했던 1960년대 후반, 풍경이 아름다운 작은 산골 마을을 배경으로 펼쳐집니다. 신나는 소풍날, 아이들의 최고의 기쁨은 맛있는 '김밥'입니다. 특히나 달걀이 들어간 김밥은 정말로 귀한 음식이었지요. 그 귀한 음식을 너무나 먹고 싶었던 한 소녀의 이야기를 소개합니다.

6 이야기의 시간적 배경은 언제인지 쓰시오.

(   )

서술형

7 이 장면을 보고 어떤 이야기가 펼쳐질지 상상해 쓰시오.

_____

_____

8~10 다음을 보고 물음에 답하시오.

❶ 동숙이는 소풍에 달걀이 들어간 김밥을 가져가고 싶었다.

❷ 동숙이는 쑥을 팔아서 달걀을 사고 싶은데 아무도 쑥을 사 주지 않았다.

❸ 저녁 식사 시간에 동숙이 아버지께서 자신의 밥그릇 안에 있던 달걀을 안 먹는다고 말씀하셨다.

❹ 김밥을 못 싸온 동숙이에게 친구가 자신의 김밥을 건넸다.

8 달걀이 들어간 김밥이 먹고 싶었던 동숙이는 장면 ❸에서 어떤 생각을 했겠습니까? (   )

① 오늘따라 달걀이 맛없어 보여.
② 아버지께서 배탈이 나신 게 아닐까?
③ 내가 저 달걀을 먹으면 얼마나 좋을까?
④ 아버지는 달걀말이를 더 좋아하시나 봐.
⑤ 아버지께서 달걀을 너무 많이 드신 걸 거야.

9 장면 ❹에서 동숙이는 친구에게 어떤 마음이 들었겠습니까? (   )

① 고마운 마음
② 언짢은 마음
③ 시원찮은 마음
④ 시큰둥한 마음
⑤ 떨떠름한 마음

10 다음 세 친구 가운데 혜리와 비슷한 생각을 가진 친구의 이름을 쓰시오.

 엄마는 집안 사정을 생각하지 않고 달걀이 들어간 김밥을 싸 달라는 동숙이를 나무라지만 그 마음도 편하지는 않았을 것 같아.
혜리

김밥을 먹고 싶어서 선생님께 도시락을 싸 가겠다고 한 동숙이의 마음을 조금은 이해할 수 있을 것 같아. 승환

딸이 원하는 음식을 만들어 주지 못했던 엄마도 많이 속상했을 것 같아. 재경

동숙이가 넘어져서 달걀이 깨지는 바람에 그토록 먹고 싶었던 달걀이 들어간 김밥을 먹지 못해 무척 억울할 것 같아. 성욱

(   )

9 단원

11~15 다음 글을 읽고 물음에 답하시오.

넓적 가자미는 하루, 이틀, 사흘, 나흘 여러 날이 걸려서 망둥 할멈이 살고 있는 서쪽 바다에 도착했어. 넓적 가자미는 망둥 할멈을 데리고 또다시 하루, 이틀, 사흘, 나흘 그렁저렁 여러 날이 걸려 동쪽 바다로 돌아왔단다. 멸치 대왕은 먹을 것을 잔뜩 준비하고, 꼴뚜기, 메기, 병어 정승 들을 불렀지. 그리고 망둥 할멈을 반갑게 맞아들였어.

하지만 넓적 가자미한테는 알은척도 하지 않고 먹을 것도 주지 않자 넓적 가자미는 잔뜩 화가 나서 토라져 버렸어. 멸치 대왕이 망둥 할멈에게 꿈 이야기를 해 주자 망둥 할멈은 벌떡 일어나 절을 하면서 "대왕마마, 용이 될 꿈입니다."라고 말했어. 그러면서 하늘을 오르락내리락 구름 속을 왔다가 갔다가 하는 것은 용이 되어서 하늘을 날아다니는 것이고, 흰 눈이 내리면서 추웠다가 더웠다가 하는 것은 용이 되어 날씨를 마음대로 다스리게 되는 것이라고 풀이해 주었어. 망둥 할멈의 꿈풀이에 멸치 대왕은 기분이 좋아 덩실덩실 춤을 추었지.

하지만 넓적 가자미는 멸치 대왕한테 용이 되는 꿈은 큰 변을 당하게 될, 아주 나쁜 꿈이라고 말했어. 그러면서 하늘을 오르락내리락 한다는 것은 낚싯대에 걸린 것이고, 구름은 모락모락 숯불 연기이고, 또 흰 눈은 소금이고, 추웠다가 더웠다가 한다는 것은 잘 익으라고 뒤집었다 엎었다 하는 것이라고 멸치 대왕의 꿈을 풀이했어.

넓적 가자미의 꿈풀이를 듣던 멸치 대왕은 화가 나 얼굴이 점점 붉어졌지. 꿈풀이를 다 듣고 난 뒤 멸치 대왕은 너무나도 화가 나 넓적 가자미의 뺨을 때렸는데 어찌나 세게 때렸던지 넓적 가자미의 눈이 한쪽으로 찍 몰려가 붙어 버리고 말았던 거야. 그 모양을 보고 있던 꼴뚜기는 자기도 뺨을 맞을까 봐 겁이 나서 자기의 눈을 떼어서 엉덩이에 찰싹 붙여 버렸고, 망둥 할멈은 너무 놀라 눈이 툭 튀어나와 버렸지.

11 등장하지 않는 인물은 누구입니까? (　　　)

① 꼴뚜기　　② 오징어　　③ 망둥 할멈
④ 넓적 가자미　⑤ 멸치 대왕

12 망둥 할멈을 데리고 온 후 넓적 가자미의 기분은 어떠했습니까? (　　　)

① 반가웠다.　　　　② 뿌듯했다.
③ 겁이 났다.　　　　④ 깜짝 놀랐다.
⑤ 잔뜩 화가 났다.

13 망둥 할멈의 꿈풀이를 들은 멸치 대왕의 모습을 실감 나게 표현한 것으로 알맞지 <u>않은</u> 것은 무엇입니까? (　　　)

① 크게 웃는다.
② 활짝 미소를 짓는다.
③ 덩실덩실 춤을 춘다.
④ 얼굴이 점점 붉어진다.
⑤ 기분이 좋은 목소리로 말한다.

14 멸치 대왕이 넓적 가자미의 뺨을 때리는 것을 본 망둥 할멈은 어떤 모습이 되었는지 쓰시오.

(　　　　　　　　　　　　　　　)

15 다음은 각각 인물의 특성을 설명한 것입니다. 빈칸에 알맞게 써넣으시오.

인물	행동	성격
멸치 대왕	넓적 가자미의 뺨을 때린다.	(1)
넓적 가자미	삐쳐서 멸치 대왕의 꿈풀이를 나쁘게 한다.	(2)
망둥 할멈	(3)	윗사람에게 아부를 잘한다.

16 이야기를 실감 나게 표현하는 방법으로 알맞은 것은 무엇입니까? (   )

① 글쓴이의 성격을 파악한다.

② 가만히 앉아서 속삭이듯 말한다.

③ 이야기의 문장을 길게 늘려 말한다.

④ 흉내 내는 말은 빼고 큰 목소리로만 말한다.

⑤ 표정과 말투, 행동 같은 인물의 특성을 생각한다.

19~20 다음 글을 읽고 물음에 답하시오.

"맞다! 예쁜 공주도 얻었으니, 애기 아부지, 노래 한 곡 해 보더라고!"

"박수!"

외할아버지는 그제야 헤벌쭉 웃으셨대요.

신바람이 난 외할아버지가 한 손을 척 들어 올리고는 노래 한 자락 하시는데요,

"쾌지나 칭칭 나네! 오늘 만난 벗님네야 쾌지나 칭칭 나네! 고맙고 고맙습니다."

외할아버지가 쾌지나 칭칭 쾌지나 칭칭 노래를 시작하자, 유랑 극단 사람들이 장구와 꽹과리를 치기 시작했어요.

"아리 아리랑 쓰리 쓰리랑 아라리가 났네! 아리랑 응응응 아라리가 났네!"

모두 함께 노래하며 어깨춤을 덩실덩실 추었대요.

기차 밖은 눈보라가 휘날렸지만, 기차 안은 후끈후끈했지요.

「기찬 딸」, 김진완

17 자신이 읽은 시 가운데 마음에 드는 시를 골라 그것에 대한 생각이나 느낌을 표현해 보시오.

(1) 내가 고른 시	
(2) 생각이나 느낌	

19 이 글을 읽고 떠오르는 장면으로 알맞은 것은 무엇입니까? (   )

① 골목에서 아이들이 노래를 하는 모습

② 사람들이 눈을 흘기며 수군덕거리는 모습

③ 동네 잔칫날 사람들이 전통놀이를 하는 모습

④ 신바람이 나게 노래를 부르며 춤을 추는 모습

⑤ 비바람이 치던 날 사람들이 언 발을 동동 구르며 기차를 기다리는 모습

18 시를 써서 그림과 함께 꾸며 보려고 할 때 가장 먼저 할 일은 무엇인지 기호를 쓰시오.

㉠ 생각이나 느낌을 시로 표현해 본다.

   – 장면과 느낌을 생생하게 표현한다.

㉡ 자신이 쓴 시의 장면에 어울리는 그림을 그려 본다.

   – 시를 쓸 때의 느낌이 잘 드러나게 꾸민다.

㉢ 시로 표현할 생각이나 느낌을 떠올려 본다.

   – 겪은 일이나 대상을 정해 느낌을 떠올려 본다.

(   )

20 이야기 속 인물들에 대한 느낌을 알맞게 말한 것의 기호를 쓰시오.

㉮ 답답해 하고 있어.

㉯ 즐거운 기분이 느껴져.

㉰ 왠지 겁을 먹은 느낌이야.

(   )

9 단원

국어 276~301쪽   국어 활동 90~109쪽

1~3

군밤

박방희

군밤 굽는 냄새가
골목길을 휘젓는다.

코가 발름거리자
목젖도 날름날름

오백 원
백동전 물고
생쥐들도 줄 서겠다.

도움말

☆ 군밤 굽는 냄새가 골목길에 퍼지면 아이들이 군밤을 먹고 싶어서 침을 삼키는 모습이 생생하게 나타나 있는 시입니다.

1 시를 읽고 어떤 장면이 떠오르는지 쓰시오.

1 시를 읽고 시의 장면을 떠올리는 것은 학생들이 시에 나오는 인물이 되어 시적 정서에 공감하며 재미와 감동을 느낄 수 있는 기초가 됩니다.

2 시와 비슷한 경험을 떠올려 쓰시오.

2 시를 읽고 자신의 경험을 떠올리는 목적은 자신의 생각과 경험, 그리고 느낌을 시에 나타난 경험이나 느낌과 비교하면서 시에 몰입하기 위함입니다.

3 시를 읽고 어떤 느낌이 들었는지 쓰시오.

3 작품에 대한 여러 생각이나 느낌을 나누면서 자신의 감정을 있는 그대로 솔직하게 드러낼 수 있습니다.

4~6

(가) 멸치 대왕이 망둥 할멈에게 꿈 이야기를 해 주자 망둥 할멈은 벌떡 일어나 절을 하면서 "대왕마마, 용이 될 꿈입니다."라고 말했어. 그러면서 하늘을 오르락내리락 구름 속을 왔다가 갔다가 하는 것은 용이 되어서 하늘을 날아다니는 것이고, 흰 눈이 내리면서 추웠다가 더웠다가 하는 것은 용이 되어 날씨를 마음대로 다스리게 되는 것이라고 풀이해 주었어. 망둥 할멈의 꿈풀이에 멸치 대왕은 기분이 좋아 덩실덩실 춤을 추었지.

(나) 넓적 가자미의 꿈풀이를 듣던 멸치 대왕은 화가 나 얼굴이 점점 붉어졌지. 꿈풀이를 다 듣고 난 뒤 멸치 대왕은 너무나도 화가 나 넓적 가자미의 뺨을 때렸는데 어찌나 세게 때렸던지 넓적 가자미의 눈이 한쪽으로 찍 몰려가 붙어 버리고 말았던 거야.

도움말

⭐ 「멸치 대왕의 꿈」은 꿈풀이를 소재로 여러 바다 생물들의 생김새에 대한 유래를 재밌게 담아 낸 옛이야기입니다.

4 멸치 대왕은 망둥 할멈과 넓적 가자미의 꿈풀이를 듣고는 어떤 말을 했을지 상상해 쓰시오.

(1) 망둥 할멈의 꿈풀이를 듣고 한 말	
(2) 넓적 가자미의 꿈풀이를 듣고 한 말	

4 이야기에 나오는 인물의 특성을 알아보고, 상황에 맞는 인물의 말을 써야 합니다.

5 글 (나)에 등장하는 인물들의 특성을 생각하며 실감 나게 표현하는 방법은 무엇인지 쓰시오.

(1) 멸치 대왕	
(2) 넓적 가자미	

5 인물의 특성을 살려 생생하게 표현하면 이야기가 더욱 실감 나게 들립니다.

9 단원

100점
예상문제

국어 4-2

3~4 학년군

1~3 「우리들」의 내용을 읽고 물음에 답하시오.

(가) 체육 시간에 피구를 하려고 편을 가르는데 선은 맨 마지막까지 선택을 받지 못한다.

(나) 언제나 혼자인 외톨이 선은 여름 방학을 시작하는 날, 전학생인 지아를 만나 친구가 된다.

(다) 지아와 선은 봉숭아 꽃물을 들이며 여름 방학을 함께 보내고 순식간에 세상 누구보다 친한 사이가 된다.

(라) 개학을 하고 학교에서 선을 만난 지아는 선을 따돌리는 보라 편에 서서 선을 외면한다.

(마) 선은 지아와 예전처럼 친해지려고 노력했지만 결국 크게 싸우고 만다.

(바) 선은 지아가 금을 밟지 않았다고 용기를 내어 친구들에게 말한다.

1. 이어질 장면을 생각해요

1 다음은 영화 「우리들」을 보고 이야기한 것입니다. 무엇을 중심으로 말했는지 ○표를 하시오.

> 피구를 하려고 편을 나눌 때 선의 표정이 점점 변해 가는 것이 가장 인상 깊었어.

(1) 가장 기억에 남는 대사 ( )

(2) 가장 인상 깊었던 장면 ( )

1. 이어질 장면을 생각해요

2 일어난 사건을 생각하며 내용을 간추려 쓰시오.

• 영화 앞부분은 선과 지아가 친하게 지내는 내용이고, 영화 뒷부분은 _____

_____

1. 이어질 장면을 생각해요

3 이 영화를 감상하고 역할극으로 나타낼 때 장면 (다)에서 선은 어떤 표정을 지어야 합니까? ( )

① 기쁜 표정
② 속상한 표정
③ 화가 난 표정
④ 부끄러운 표정
⑤ 안타까워하는 표정

4~5 「오늘이」의 내용을 읽고 물음에 답하시오.

❶ 오늘이, 야아, 여의주가 원천강에서 행복하게 산다.

❷ 수상한 뱃사람들이 야아 몰래 오늘이를 데려가다가 화살로 야아를 쏜 뒤에 원천강이 얼어붙는다.

❸ 오늘이는 원천강으로 돌아가는 길에 행복을 찾겠다며 책만 읽는 매일이를 만난다.

❹ 꽃봉오리를 많이 가졌지만 꽃이 한 송이밖에 피지 않는 연꽃나무를 만난다.

❺ 오늘이는 사막에서 비와 구름을 벗어나고 싶어 하는 구름이를 만난다.

❻ 여의주를 많이 가지고도 용이 되지 못한 이무기를 만난다.

❼ 이무기는 갈라진 얼음 사이로 떨어지는 오늘이를 구해 마침내 용이 되고, 용이 불을 뿜어 원천강이 빛을 되찾는다.

❽ 구름이는 연꽃을 꺾어서 매일이에게 주고, 둘은 행복한 시간을 보낸다.

❾ 야아와 다시 만난 오늘이는 행복하게 산다.

1. 이어질 장면을 생각해요

4 오늘이가 원천강으로 돌아가는 길에 만나지 <u>않은</u> 인물은 누구입니까? ( )

① 구름이
② 이무기
③ 매일이
④ 사냥꾼
⑤ 연꽃나무

1. 이어질 장면을 생각해요

5 등장인물과 각 인물의 고민을 선으로 이으시오.

(1) 연꽃나무 •

(2) 이무기 •

(3) 매일이 •

• ㉠ 행복이 무엇인지 알고 싶은 것

• ㉡ 여의주를 많이 가졌는데도 용이 되지 못한 까닭을 모르는 것

• ㉢ 꽃봉오리를 많이 가지고 있는데, 이상하게도 하나만 꽃이 핀 까닭을 알고 싶은 것

6~8 다음 글을 읽고 물음에 답하시오.

우리 반 친구들에게
　친구들아, 안녕?
　나 태웅이야. 오늘 운동회에서 있었던 일을 생각하면 아직도 가슴이 두근거려. 그때 그 고마운 마음을 직접 말로 전하고 싶었지만 쑥스러워서 이렇게 편지를 쓰게 되었어.
　운동회 날이 되면 나는 기쁘면서도 두려웠어. 달리기 경기를 하는 게 늘 걱정이 되었거든. 달리기를 할 때면 나는 어디론가 숨고 싶었어. 잔뜩 긴장해서 달리다가 오늘도 그만 넘어지고 말았지. 그런데 그때 너희가 달리다가 돌아와서 나를 일으켜 주었지. 내 손을 꼭 잡은 너희의 따뜻한 마음이 느껴져서 눈물이 날 것 같았어. 힘껏 달리고 싶었을 텐데 나 때문에 참았을 것 같아서 미안한 마음이 들어.
　고마워, 친구들아!
　㉠같이 달려 주고 응원해 준 너희의 따뜻한 마음 잊지 않을게.

　　　　　　　　　　20○○년 9월 12일
　　　　　　　　　　　　　　　태웅이가

2. 마음을 전하는 글을 써요

6 이 글은 누가 누구에게 쓴 글인지 쓰시오.

　(　　　　　　)가 (　　　　　　)에게(께)

2. 마음을 전하는 글을 써요

7 ㉠에 나타난 마음은 무엇입니까? (　　　　)

① 슬픔　　　② 속상함　　　③ 고마움
④ 서운함　　⑤ 미안함

2. 마음을 전하는 글을 써요

8 편지를 쓴 까닭은 무엇입니까? (　　　　)

① 설득하려고　　　② 주장을 하려고
③ 마음을 전하려고　④ 의견을 제시하려고
⑤ 본 것을 기록하려고

9~10 다음 그림을 보고 물음에 답하시오.

2. 마음을 전하는 글을 써요

9 그림 ❷에서 상을 받은 친구에게 마음을 전할 수 있는 말을 두 가지 고르시오. (　　,　　)

① 축하해!
② 정말 걱정된다.
③ 네가 자랑스러워.
④ 달리기라도 잘해서 다행이야.
⑤ 다음에는 더 잘할 수 있을 거야.

2. 마음을 전하는 글을 써요

10 그림 ❶~❹를 보고 전해야 할 마음을 보기에서 찾아 쓰시오.

보기

그리운 마음	미안한 마음
축하하는 마음	위로하는 마음

(1) 그림 ❶: (　　　　　　　　)
(2) 그림 ❷: (　　　　　　　　)
(3) 그림 ❸: (　　　　　　　　)
(4) 그림 ❹: (　　　　　　　　)

100점
예상
문제

11~13 다음 글을 읽고 물음에 답하시오.

해설: 옛날, 어느 마을에 고기 파는 일을 하던 '박 바우'라는 노인이 있었다. 어느 날, 젊은 양반 두 사람이 거의 같은 시간에 고기를 사러 왔다. 윗마을 양반은 박 노인에게 이렇게 말했다.

윗마을 양반: 바우야, 쇠고기 한 근만 줘라.

박 노인: (건성으로 대답하며) 알겠습니다.

해설: 이번에는 아랫마을 양반이 고기를 주문했다.

아랫마을 양반: (깍듯이 부탁하는 말투로) 박 서방, 쇠고기 한 근만 주게.

박 노인: (㉠ 대답하며) 아이고, 네, 조금만 기다리시지요.

해설: 박 노인은 젊은 양반들에게 각각 고기를 주는데 둘의 크기가 한눈에 봐도 다르게 보였다. 윗마을 양반이 가만히 보니 자기가 받은 것보다 ㉡아랫마을 양반이 받은 고기가 더 좋아 보이고 양도 훨씬 많아 보였다.

11 ㉠ 안에 들어갈 알맞은 말은 무엇입니까?

(   )

3. 바르고 공손하게

① 울면서 ② 웃으면서
③ 대충대충 ④ 얼렁뚱땅
⑤ 성의 없이

12 ㉡의 까닭으로 알맞은 것은 무엇입니까?

(   )

3. 바르고 공손하게

① 자신을 도와준 사람이기 때문에
② 고기값을 더 많이 주었기 때문에
③ 같은 마을에 사는 사람이기 때문에
④ 잘 알고 지내왔던 사이이기 때문에
⑤ 자신을 존중해 준 사람이기 때문에

13 이 글에 어울리는 속담은 무엇입니까? (   )

3. 바르고 공손하게

① 발 없는 말이 천 리 간다
② 호랑이도 제 말 하면 온다
③ 군말이 많으면 쓸 말이 적다
④ 가는 말이 고와야 오는 말이 곱다
⑤ 낮말은 새가 듣고 밤말은 쥐가 듣는다

14 상대가 한 말에 자신의 기분이 상했을 때 알맞은 태도는 무엇입니까? (   )

3. 바르고 공손하게

① 더 험한 말로 대꾸한다.
② 더 이상 어울리지 않는다.
③ 큰 소리로 화를 내며 말을 한다.
④ 하지 말라고 정중하게 부탁한다.
⑤ 상대가 싫어하는 별명을 부른다.

서술형

15 다음 상황에서 파란색으로 쓴 말을 예의 바른 말로 고쳐 쓰시오.

3. 바르고 공손하게

16~19 다음 글을 읽고 물음에 답하시오.

(가) ㉠어느 날 아침, 사라는 버스 앞쪽 자리가 얼마나 좋은 곳인지 알아보기로 마음먹었습니다. 사라는 자리에서 일어나 좁은 통로로 걸어 나갔습니다. 별다른 것도 없어 보였습니다. 창문은 똑같이 지저분하였고, 버스의 시끄러운 소리도 똑같았습니다. 앞쪽 자리가 뭐가 그리 대단하다는 것일까요?

(나) ㉡사라는 계속 나아갔습니다. 앞쪽 끝까지 가서 운전사 옆자리에 앉았습니다. 사라는 운전사가 기어를 바꾸고 두 손으로 커다란 핸들을 돌리는 것을 지켜보았습니다. 운전사가 성난 얼굴로 사라를 쏘아보았습니다.

"꼬마 아가씨, 뒤로 가서 앉아라. 너도 알다시피 늘 그래 왔잖니?"

사라는 그대로 앉은 채 마음속으로 말했습니다.

'뒷자리로 돌아갈 아무런 이유가 없어!'

(다) 그날은 어떤 흑인도 버스를 타지 않았습니다. 그다음 날도 마찬가지였습니다. 버스 회사는 당황했습니다. 시장도 어쩔 줄 몰라 했습니다. 그리하여 사람들은 마침내 법을 바꾸었습니다.

16 ㉠은 이야기의 구성 요소 가운데 무엇인지 보 기 에서 찾아 쓰시오.

> 보 기
>
> 인물   사건   배경

(   )

17 글 (가), (나)의 공간적 배경은 어디입니까?

(   )

① 경찰서   ② 버스 안
③ 버스 회사   ④ 사라의 방 안
⑤ 버스 정류장 앞

서술형

18 사라가 ㉡과 같이 행동한 까닭을 쓰시오.

_____

_____

19 다음은 이 글을 읽고 친구들과 묻고 답하기를 한 모습입니다. 준하가 할 수 있는 물음과 그 물음에 대한 답은 무엇인지 생각하여 쓰시오.

(1) 물음	
(2) 답	

20 사건의 흐름을 생각하며 읽는 방법으로 알맞은 것을 두 가지 고르시오. (,   )

① 사건이 일어난 차례를 살펴본다.
② 가장 짧은 문장을 떠올리며 읽는다.
③ 뜻이 비슷한 낱말을 찾아보며 읽는다.
④ 재미있는 내용의 문장을 적으며 읽는다.
⑤ 인물의 성격에 따라 인물의 행동이 어떻게 달라지는지 살펴본다.

국어 160~299쪽 국어 활동 42~109쪽

5. 의견이 드러나게 글을 써요

1 '누가', '어떠하다'로 나눈 것의 기호를 쓰시오.

㉮ 늙은 ∧농부의 세 아들은 게을렀습니다.

㉯ 늙은 농부의∧ 세 아들은 게을렀습니다.

㉰ 늙은 농부의 세 아들은 ∧게을렀습니다.

(   )

2~4 다음 글을 읽고 물음에 답하시오.

어느 날, 고양이가 다리 하나를 다쳤다. 그 다리를 맡은 목화 장수는 고양이 다리에 산초기름을 발라 주었다. 그런데 마침 추운 겨울철이라, 아궁이 곁에서 불을 쬐던 고양이의 다리에 불이 붙고 말았다. 고양이는 얼른 시원한 광 속으로 도망을 쳐서 목화 더미 위에서 굴렀다. 순식간에 목화 더미에 불이 번져 광 속의 목화가 몽땅 타 버리고 말았다.

목화 장수 네 명은 뜻하지 않게 큰 손해를 보게 되었다. 그러자 고양이의 성한 다리를 맡았던 목화 장수 세 명이 투덜투덜 불평을 늘어놓았다.

"이번 불은 순전히 고양이의 아픈 다리를 맡았던 저 사람 때문이야. 하필이면 불이 잘 붙는 산초기름을 발라 줄 게 뭐야?" / "맞아, 그러니 목홧값을 그 사람에게 물어 달라고 하자."

세 사람은 고양이의 아픈 다리를 맡았던 사람에게 목홧값을 물어내라고 했다. 억울한 그 목화 장수는 절대 목홧값을 물어 줄 수 없다며 큰 싸움을 벌였다.

"불이 붙은 고양이가 광으로 도망칠 때는 성한 세 다리로 도망쳤잖아? 그러니까 ㉠광에 불이 난 것은 순전히 너희가 맡은 세 다리 때문이야."

5. 의견이 드러나게 글을 써요

2 ㉠의 의견을 내세운 까닭은 무엇입니까? (   )

① 다리에 불이 붙은 건 고양이 잘못이다.
② 고양이를 사자고 한 것은 너희 세 사람이다.
③ 고양이의 다리를 다치게 한 사람은 따로 있다.
④ 산초기름을 발라 준 사람은 너희 세 사람이다.
⑤ 불이 붙은 고양이가 광으로 도망칠 때는 성한 세 다리로 도망쳤다.

5. 의견이 드러나게 글을 써요

3 일어난 일을 차례대로 정리해 쓰시오.

> 다친 고양이에게 산초기름을 발라 주었는데, 그만 불이 붙어서 목화가 불에 타 버렸다.

↓

목화 장수들은 _____

_____

5. 의견이 드러나게 글을 써요

4 고양이의 성한 다리를 맡은 세 목화 장수의 의견은 무엇입니까? (   )

① 고양이를 판 사람이 목홧값을 물어야 한다.
② 모두 똑같이 나누어 목홧값을 물어야 한다.
③ 고을을 맡고 있는 사또가 목홧값을 물어야 한다.
④ 광을 지키고 있던 사람이 목홧값을 물어야 한다.
⑤ 고양이의 아픈 다리를 맡고 있던 목화 장수가 목홧값을 물어야 한다.

6. 본받고 싶은 인물을 찾아봐요

5 전기문을 읽고 본받고 싶은 인물을 소개할 내용을 말하지 <u>못한</u> 친구의 번호를 쓰시오.

인물이 한 일을 쓰려고 해.

인물을 본받고 싶은 까닭을 소개할 거야.

인물이 고쳐야 할 점을 말해야지.

①   ②   ③

(   )

6~7 다음 글을 읽고 물음에 답하시오.

㈎ 김만덕은 장사를 하면서 세 가지 원칙을 지켰다. 첫째는 이익을 적게 남기고 많이 판다. 둘째는 적당한 가격에 물건을 사고판다. 그리고 셋째는 반드시 신용을 지키고 정직한 거래를 한다. 이러한 세 가지 원칙을 철저히 지켰기 때문에 김만덕의 사업은 나날이 번창하였다.

몇십 년이 흘렀다. 김만덕은 제주에서 손꼽히는 큰 상인이 되었다. 많은 돈을 벌어들여 '제주도 부자 김만덕' 하면 모르는 사람이 없을 정도였다. 그러나 김만덕은 돈이 많다고 하여 함부로 돈을 낭비하지 않았다. 오히려 더 절약하고 검소한 생활을 하였다.

㈏ '제주도 사람들을 굶어 죽게 내버려 둘 수는 없다. 내가 나서서 그들을 살려야겠다.'

김만덕은 전 재산을 들여 육지에서 곡식을 사 오게 하였다. 그 곡식은 총 오백여 석이었다.

"제가 전 재산을 들여 육지에서 사들인 곡식입니다. 굶주린 사람들에게 나누어 주십시오."

제주 목사는 김만덕의 말을 듣고 깜짝 놀랐다.

'양반도 아닌 상인이 피땀 흘려 모은 재산을 제주도 사람들을 구하겠다고 모두 내놓다니 정말 어진 사람이구나.'

6. 본받고 싶은 인물을 찾아봐요

6 김만덕이 장사를 하면서 지킨 원칙과 관련된 말이 아닌 것은 무엇입니까? ( )

① 신용을 지킨다.　　② 정직한 거래를 한다.
③ 이익을 적게 남긴다.　④ 제주도 부자가 된다.
⑤ 적당한 가격에 물건을 사고판다.

6. 본받고 싶은 인물을 찾아봐요

7 김만덕이 한 일은 무엇입니까? ( )

① 제주 목사가 되었다.
② 돈을 벌어 양반이 되었다.
③ 곡식을 사들여 비싸게 팔았다.
④ 굶주린 제주도 사람들을 구해 주었다.
⑤ 제주 부자가 되어 세계 여행을 하였다.

8 다음은 독서 감상문에서 각각 무엇을 쓴 것인지 알맞은 것을 선으로 이으시오.

(1) 책을 읽고 생각하거나 느낀 점　•　•㉠ 책은 계절의 차례대로 봄, 여름, 가을, 겨울의 세시 풍속을 소개했습니다.

(2) 책을 읽은 동기　•　•㉡ 한 가지를 볼 때 여러 가지 시각으로 봐야겠다고 생각했습니다.

(3) 책 내용　•　•㉢ 학교 도서관에서 책을 고르다가 『세시 풍속』이라는 책을 읽었습니다.

9 다음은 독서 감상문을 쓰는 과정입니다. 빈칸에 들어갈 차례는 무엇입니까? ( )

독서 감상문을 쓸 책을 고른다. ➡ ☐

➡ 인상 깊은 장면이나 내용을 정한다.

① 책 내용을 떠올린다.
② 독서 감상문을 고쳐 쓴다.
③ 인상 깊은 까닭을 생각해 본다.
④ 독서 감상문에 알맞은 제목을 붙인다.
⑤ 책에 대한 생각이나 느낌을 정리한다.

10 독서 감상문을 읽고 잘된 점이나 고칠 점을 이야기할 때 생각할 점으로 알맞지 않은 것은 무엇입니까? ( )

① 자신의 주장을 잘 펼쳤는가?
② 내용에 알맞은 제목을 붙였나?
③ 인상 깊게 읽은 부분이 나타났나?
④ 내용을 잘 전할 수 있는 형식인가?
⑤ 자신의 생각이나 느낌이 드러났나?

100점 예상 문제

11~15 다음 글을 읽고 물음에 답하시오.

(가) "쯧쯧, 당나귀를 타고 가면 될 걸 저렇게 미련해서야……"

농부의 말을 듣고 보니 정말 그렇지 않겠어요?

'맞아. 당나귀는 원래 짐을 싣거나 사람을 태우는 동물이잖아.'

아버지는 당장 아이를 당나귀에 태웠어요.

그렇게 한참을 가는데 한 노인이 호통을 쳤어요.

"아버지는 걷게 하고 자기는 편하게 당나귀를 타고 가다니. 요즘 아이들이란 저렇게 버릇이 없단 말이지!"

노인의 말을 듣고 보니 정말 그렇지 않겠어요?

(나) 아낙의 말을 듣고 보니 정말 그런 것도 같았어요. 아버지는 아이도 당나귀에 태웠어요. 아버지와 아이를 태운 당나귀는 힘에 부친 듯 비틀비틀 걸음을 옮겼어요.

시장에 거의 다다랐을 때, 그 모습을 본 청년이 말했어요.

"불쌍한 당나귀! 이 더운 날 두 명이나 태우고 가느라 힘이 다 빠졌네. 나라면 ⓐ ."

(다) 둘은 당나귀에서 내렸어요. 그러고 나서 아버지는 당나귀의 앞발을, 아이는 뒷발을 각각 어깨에 올렸지요.

이제 외나무다리 하나만 건너면 시장이에요. / "으히힝."

그때 당나귀가 버둥거리는 바람에 두 사람은 그만 당나귀를 놓치고 말았답니다. 강에 빠진 당나귀는 물살에 떠내려가고 말았어요.

"다른 사람의 말만 듣다가 결국 귀한 당나귀를 잃고 말았구나!"

11 농부의 의견은 무엇입니까? (   )

8. 생각하며 읽어요

① 아이도 함께 태워라.
② 당나귀를 타고 가라.
③ 당나귀를 메고 가라.
④ 당나귀를 시장에 팔아라.
⑤ 아버지가 당나귀에 타라.

12 글 (다)로 보아, ⓐ에 들어갈 알맞은 말을 쓰시오.

8. 생각하며 읽어요

_____

13 이 글의 내용을 시간의 흐름에 따라 정리하려고 합니다. 차례에 맞게 번호를 쓰시오.

8. 생각하며 읽어요

❶ 아버지와 아이는 시장에 가는 길에 농부, 노인, 아낙과 청년을 차례로 만났다.
❷ 결국 당나귀를 잃게 되었다.
❸ 만나는 사람마다 아버지와 아이에게 당나귀를 타는 것에 서로 다른 의견을 말해 줬다.
❹ 아버지와 아이는 다른 의견을 들을 때마다 생각 없이 행동을 바꿨다.

❶ → (   ) → (   ) → (   )

14 다른 사람의 의견을 들은 아버지와 아이는 어떻게 행동했습니까? (   )

8. 생각하며 읽어요

① 내 의견이 아니니까 무시했다.
② 판단하지도 않고 그대로 따랐다.
③ 나와 다른 생각이니 귀담아듣지 않았다.
④ 다른 사람의 의견이 적절한지 판단했다.
⑤ 다른 사람의 의견이 나와 어떻게 다른지 생각했다.

서술형

15 자신이 아버지와 아이의 처지였다면 어떻게 했을지 친구와 이야기하듯이 쓰시오.

8. 생각하며 읽어요

아무도 타지 않고 당나귀를 끌고 갔을 거야. 왜냐하면 당나귀가 힘들 들어 지치면 팔리지 않을 수 있기 때문이야.

16~17 다음 시를 읽고 물음에 답하시오.

내 스케치북에는 비행기가 날아.

필통에도
지우개에도
비행기가 날아.

조종석에는 언제나
내가 앉아 있어.

조수석에는 엄마도 앉고
동생도 앉고
송이도 앉아.
오늘은 우리 집 개가 앉았어.

난 비행기가 좋아.
비행기를 구경하는 것도
비행기를 그리는 것도
비행기를 생각하는 것도.

㉠ 커서 뭐가 되고 싶으냐고 묻지 마.
내 마음에는 비행기가 날아.

9. 감동을 나누며 읽어요

16 시에서 말하는 이는 어떤 상상을 하고 있는지 알맞은 그림에 ○표를 하시오.

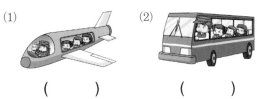

(1)   (2)

(   )   (   )

9. 감동을 나누며 읽어요

17 시에서 말하는 이가 ㉠과 같이 말한 까닭은 무엇이겠습니까? (   )

① 이미 꿈을 이뤄서
② 아무런 계획이 없어서
③ 지금 고민을 하는 중이어서
④ 자신 있게 대답할 수 없어서
⑤ 하고 싶은 것이 정해져 있어서

18~20 다음 글을 읽고 물음에 답하시오.

멸치 대왕이 망둥 할멈에게 꿈 이야기를 해 주자 망둥 할멈은 벌떡 일어나 절을 하면서 "대왕마마, 용이 될 꿈입니다."라고 말했어. 그러면서 하늘을 오르락내리락 구름 속을 왔다가 갔다가 하는 것은 용이 되어서 하늘을 날아다니는 것이고, 흰 눈이 내리면서 추웠다가 더웠다가 하는 것은 용이 되어 날씨를 마음대로 다스리게 되는 것이라고 풀이해 주었어. 망둥 할멈의 꿈풀이에 멸치 대왕은 기분이 좋아 덩실덩실 춤을 추었지.
하지만 넓적 가자미는 멸치 대왕한테 용이 되는 꿈은 큰 변을 당하게 될, 아주 나쁜 꿈이라고 말했어. 그러면서 하늘을 오르락내리락 한다는 것은 낚싯대에 걸린 것이고, 구름은 모락모락 숯불 연기이고, 또 흰 눈은 소금이고, 추웠다가 더웠다가 한다는 것은 잘 익으라고 뒤집었다 엎었다 하는 것이라고 멸치 대왕의 꿈을 풀이했어.

9. 감동을 나누며 읽어요

18 멸치 대왕이 꾼 꿈의 내용으로 알맞지 않은 것은 어느 것입니까? (   )

① 흰 눈이 내렸다.
② 추웠다가 더웠다가 했다.
③ 하늘을 오르락내리락했다.
④ 무지개를 타고 미끄러졌다.
⑤ 구름 속을 왔다가 갔다가 했다.

9. 감동을 나누며 읽어요

19 넓적 가자미의 꿈풀이는 어떠했는지 쓰시오.

• (   )(이)라고 했다.

서술형

9. 감동을 나누며 읽어요

20 멸치 대왕이 망둥 할멈의 꿈풀이를 듣고 어떤 말을 했을지 쓰시오.

_____

100점 예상 문제

1-2 「오늘이」의 내용을 보고 물음에 답하시오.

❶ 오늘이, 야아, 여의주가 원천강에서 행복하게 산다.

❷ 수상한 뱃사람들이 야아 몰래 오늘이를 데려가다가 화살로 야아를 쏜 뒤에 원천강이 얼어붙는다.

❸ 오늘이는 원천강으로 돌아가는 길에 행복을 찾겠다며 책만 읽는 매일이를 만난다.

❹ 꽃봉오리를 많이 가졌지만 꽃이 한 송이밖에 피지 않는 연꽃나무를 만난다.

❺ 오늘이는 사막에서 비와 구름을 벗어나고 싶어 하는 구름이를 만난다.

❻ 여의주를 많이 가지고도 용이 되지 못한 이무기를 만난다.

❼ 이무기는 갈라진 얼음 사이로 떨어지는 오늘이를 구해 마침내 용이 되고, 용이 불을 뿜어 원천강이 빛을 되찾는다.

❽ 구름이는 연꽃을 꺾어서 매일이에게 주고, 둘은 행복한 시간을 보낸다.

❾ 야아와 다시 만난 오늘이는 행복하게 산다.

1. 이어질 장면을 생각해요
1 「오늘이」에 등장하지 <u>않는</u> 인물은 누구입니까?
( )

① 야아 　　　② 오늘이
③ 매일이 　　④ 나무꾼
⑤ 이무기

1. 이어질 장면을 생각해요
2 등장인물의 성격에 대해 이야기를 하고 있습니다. 빈칸에 들어갈 알맞은 말을 쓰시오.

오늘이가 어려움을 이겨 내고 원천강으로 돌아간 걸 보면 용기가 있다고 생각해.

이무기는 나중에 여의주를 버리고 오늘이를 구했기 때문에 마음씨가 〔 　　　〕는 것을 알 수 있어.

( )

3-5 다음 글을 읽고 물음에 답하시오.

존경하는 김하영 선생님께
선생님 안녕하세요? 저는 전지우입니다. 그동안 잘 지내셨습니까? 선생님께 고마운 마음을 전하려고 이렇게 글을 쓰게 되었습니다.

지난 체험학습에서 도자기를 만들 때였습니다. 저는 진흙 반죽을 물레 위에 놓고 그릇 모양을 만들려고 했습니다. 그런데 생각처럼 잘되지 않았습니다. 만들고 나니 상상했던 모양과 너무 달라서 당황스러웠습니다.

제가 속상해서 어찌할 바를 모를 때 선생님께서 오셨습니다. 그리고 어떻게 모양을 내는지 시범을 보여 주셨습니다. 저는 선생님을 따라서 다시 해 보았습니다. 그랬더니 신기하게도 그릇 모양이 잘 만들어졌습니다.

그날 만든 그릇은 지금도 제 책상 위에 놓여 있습니다. 이 그릇을 보면 친절하게 가르쳐 주시던 선생님 모습이 생각납니다.

선생님, 제 마음에 드는 그릇을 만들도록 도와주셔서 고맙습니다. 안녕히 계세요.

20○○년 9월 24일
제자 전지우 올림

2. 마음을 전하는 글을 써요
3 어떤 형식의 글입니까? ( )

① 시 　　② 편지 　　③ 일기
④ 이야기 　⑤ 감상문

2. 마음을 전하는 글을 써요
4 글쓴이는 어떤 마음을 전하려고 합니까?
( )

① 고마운 마음 　　② 죄송한 마음
③ 보고 싶은 마음 　④ 축하하는 마음
⑤ 자랑하고 싶은 마음

서술형
2. 마음을 전하는 글을 써요
5 속상해하는 지우를 보고 선생님께서는 어떻게 하셨는지 쓰시오.

_____

6~7 다음 글을 읽고 물음에 답하시오.

이희정: 네, 제 의견은 "고운 말을 사용하자."입니다. 친구들이 나쁜 말을 주고받으면 사이가 안 좋아지는 것을 자주 봤기 때문입니다.

고경희: (비아냥거리며) 쳇, 친할 때 그런 말로 장난치는 것도 모르나?

이희정: (짜증 내며) 너는 그래서 날마다 친구들과 다투냐?

사회자: 모두 조용히 해 주십시오. 말할 기회를 얻지 않고 높임말도 사용하지 않은 고경희 친구 그리고 마찬가지로 말할 기회를 얻지 않고 거친 말을 사용한 이희정 친구에게 '주의'를 한 번씩 드립니다.

(효과음) 칠판에 쓰는 소리

사회자: 지금부터 주제에 대한 실천 내용을 정하도록 하겠습니다. 표결을 하기 전에 추가로 의견을 이야기할 친구는 발표해 주시기 바랍니다. 김찬민 친구가 의견을 발표해 주십시오.

김찬민: (자신 없게) 고운 말? 뭐였지? 아무튼 그 의견보다는 '이름 부르지 않기'로 정하면 좋겠습니다. 왜냐하면 우리 반 모두가 싫어할 것 같기 때문입니다.

6 경희와 희정이가 사회자에게서 주의를 받은 행동은 무엇인지 두 가지 고르시오. (　, 　)

① 큰 소리로 말하지 않았다.
② 높임말을 사용하지 않았다.
③ 자신의 의견을 말하지 않았다.
④ 말할 기회를 얻지 않고 말했다.
⑤ 다른 사람의 의견을 잘 듣지 않았다.

7 학급 회의가 잘 이루어지려면 찬민이는 어떻게 해야 합니까? (　　)

① 상대를 비난하지 않는다.
② 말하는 데 끼어들지 않는다.
③ 자신과 다른 의견도 존중한다.
④ 다른 사람의 의견을 경청한다.
⑤ 자신의 의견을 적극적으로 말한다.

8 온라인 대화를 할 때 지켜야 할 예절로 알맞은 것을 두 가지 고르시오. (　, 　)

① 얼굴을 직접 확인하며 대화한다.
② 줄임 말을 지나치게 쓰지 않는다.
③ 대화방은 인사 없이 조용히 나간다.
④ 그림말을 너무 많이 사용하지 않는다.
⑤ 재미있는 말은 뜻을 몰라도 많이 쓴다.

9 다음 말로 알 수 있는 인물의 성격으로 알맞은 것은 무엇입니까? (　　)

"싫어. 그러다가 벌레라도 손에 닿으면 어떡해?"

① 익살맞다.
② 장난스럽다.
③ 부지런하다.
④ 적극적이다.
⑤ 조심성이 많다.

10 다음은 '가게'와 어떤 관계에 있는 낱말인지 ○표를 하시오.

점포	점방	상점

(1) 뜻이 반대인 낱말 （　　）
(2) 뜻이 비슷한 낱말 （　　）
(3) 낱말의 뜻을 포함하는 낱말 （　　）

100점 예상 문제

11~12 다음 글을 읽고 물음에 답하시오.

(가) 저는 댐을 건설하는 것에 반대합니다. 우리 상수리에 댐을 건설하면 숲에 사는 동물들이 살 곳을 잃고, 우리는 만강의 물고기들을 다시는 볼 수 없게 될 것입니다. 그리고 마을 어른들께서는 평생 살아온 고향을 떠나야 한다고 말씀하십니다. 우리 마을에 댐을 건설하기로 한 계획을 취소해 주시기를 부탁합니다.

(나) 아름다운 상수리가 댐 건설로 겪게 될 어려움을 잘 압니다. 하지만 상수리 주변에 사는 주민들이 홍수로 겪은 정신적·물질적 피해는 해마다 늘어나고 있습니다.

만강에 댐을 건설하면 여름철에 폭우로 생기는 문제를 막을 수 있습니다. 비가 내리는 대로 내버려 두면, 강 하류에서는 강물이 넘쳐서 논밭이 빗물에 잠기기도 합니다.

그리고 집과 길이 부서지고 심지어 사람의 목숨까지 잃을 만큼 위험합니다. 하지만 댐을 건설하면 홍수로 인한 이런 피해를 막을 수 있습니다.

5. 의견이 드러나게 글을 써요

11 글 (가)와 (나)는 무엇에 관한 의견을 쓴 것입니까?

( )

① 마을 환경을 가꾸는 문제
② 무너진 댐을 보수하는 문제
③ 상수리에 댐을 건설하는 문제
④ 만강에 사는 동물을 보호하는 문제
⑤ 홍수로 인한 피해를 보상받는 문제

5. 의견이 드러나게 글을 써요

12 글 (나)의 글쓴이가 자신의 의견을 뒷받침하기 위해 제시한 까닭을 두 가지 고르시오.

(,)

① 홍수 피해를 막을 수 있다.
② 숲에 사는 동물들을 보호할 수 있다.
③ 폭우로 생기는 문제를 막을 수 있다.
④ 마을의 집과 길을 새롭게 만들 수 있다.
⑤ 만강의 물고기들이 안전한 곳에서 살 수 있다.

13~15 다음 글을 읽고 물음에 답하시오.

(가) 힘을 덜 들이고 크고 무거운 돌을 옮길 방법을 찾던 정약용은 서른한 살 되던 해, 마침내 거중기를 만들었어요. 도르래의 원리를 이용해 작은 힘으로도 무거운 물건을 들 수 있도록 만든 기계였지요.

거중기 덕분에 백성은 성을 짓는 일에 자주 나오지 않아도 되어 마음 편히 농사를 지을 수 있었어요.

(나) 정약용은 암행어사로 일하는 동안 지방 관리가 어떤 마음을 가져야 하는지에 대해 깊이 생각했어요. 임금이 아무리 나라를 잘 다스려도 지방 관리가 나쁜 짓을 일삼으면 백성은 어렵게 살 수밖에 없다는 것을 알게 되었거든요. 어릴 때 아버지 옆에서 보았던 백성의 어려운 삶도 머릿속을 떠나지 않았어요. 정약용은 쉰일곱 살이 되던 1818년, 이런 생각들을 자세히 담은 『목민심서』라는 책을 펴냈어요.

6. 본받고 싶은 인물을 찾아봐요

13 서른한 살 때에는 어떤 일이 일어났는지 쓰시오.

· ( )를 만들었다.

6. 본받고 싶은 인물을 찾아봐요

14 정약용이 『목민심서』를 펴낸 까닭을 쓰시오.

_____

_____

6. 본받고 싶은 인물을 찾아봐요

15 인물이 한 일을 통해 짐작할 수 있는 정약용의 가치관은 무엇입니까? ( )

① 백성은 농사를 지어야만 한다.
② 백성은 왕을 위해 일해야 한다.
③ 백성에게 도움이 되는 일을 해야 한다.
④ 백성은 나라를 위해서 성을 지어야 한다.
⑤ 백성은 지방 관리의 명령을 잘 따라야 한다.

16~17 다음 글을 읽고 물음에 답하시오.

⊙책은 계절의 차례대로 봄, 여름, 가을, 겨울의 세시 풍속을 소개했습니다. 지금 계절이 겨울이므로 겨울 부분부터 읽어 보았습니다. 겨울의 세시 풍속 가운데에서 인상 깊었던 것은 동지의 풍속입니다.

동지는 음력 십일월인데, 세시 풍속으로 팥죽을 끓여 먹습니다. 얼마 전에 학교에서 팥죽이 나온 것이 떠올라 반가워서 읽었습니다. 동짓날이 그냥 팥죽을 먹는 날인 줄만 알았는데 생각보다 재미있는 이야기가 얽혀 있었습니다. ⓒ옛날 사람들은 병을 옮기는 나쁜 귀신이 팥을 싫어한다고 믿었답니다. 그래서 동지에 팥으로 죽을 만들어 귀신이 못 오게 집 앞에 뿌렸답니다. 이 일에서 동지에 팥죽 먹는 풍습이 생겼답니다.

---

7. 독서 감상문을 써요

16 글쓴이가 인상 깊게 읽은 내용은 무엇입니까?
( )

① 팥죽을 끓이는 방법
② 급식으로 팥죽을 준 까닭
③ 여름에 여러 가지 행사를 했다는 사실
④ 조선 시대 때의 세시 풍속에 대한 설명
⑤ 동지에 팥죽을 만들어 먹는 까닭에 얽힌 이야기

---

7. 독서 감상문을 써요

17 ⊙, ⓒ은 독서 감상문에 들어가는 내용 가운데 무엇인지 **보기**에서 찾아 쓰시오.

보기

책 내용   책을 읽은 동기   책을 읽고 느낀 점

( )

---

8. 생각하며 읽어요

18 다음은 글쓴이의 의견이 적절한지 평가하는 방법입니다. 빈칸에 들어갈 말은 무엇입니까?
( )

의견이 [ ]와/과 관련 있는지 살펴본다.

① 주제   ② 배경   ③ 인물
④ 시간   ⑤ 공간

---

19 다음은 '바람직한 독서 방법'에 대한 혜원이의 의견이 담긴 글을 읽고 지우가 평가한 모습입니다. 어떤 기준으로 생각한 것입니까? ( )

혜원: 바람직한 독서 방법은 도서관의 편의 시설을 늘리는 것입니다. 휴게실을 많이 만들면 편안히 쉴 수 있습니다. 체육관이 생기면 운동을 자주 할 수 있습니다. 컴퓨터를 많이 설치하면 인터넷을 쉽게 이용할 수 있습니다. 이와 같이 올바른 독서 방법은 도서관의 편의 시설을 늘리는 것입니다.

바람직한 독서 방법은 책을 읽는 방법이나 태도와 관련된 내용이어야 하는데 혜원이의 의견은 그렇지 않아.

지우

① 뒷받침 내용이 사실인가?
② 뒷받침 내용이 믿을 만한가?
③ 의견이 주제와 관련되었는가?
④ 문제 상황을 해결할 수 있는가?
⑤ 뒷받침 내용이 의견과 관련되었는가?

서술형

9. 감동을 나누며 읽어요

20 그림 속 현이가 되어 친구들처럼 시를 읽고 느낌을 떠올리는 방법을 쓰시오.

시의 장면을 떠올리며 시를 낭독해 보면 느낌이 잘 살아날 것 같아.

시 속 인물과 면담을 해 보면 느낌을 잘 떠올릴 수 있어.

현이

100점 예상 문제

국어 36~299쪽   국어 활동 6~109쪽

1. 이어질 장면을 생각해요

1 다음은 영화를 감상하는 방법을 정리한 것입니다. 빈칸에 들어갈 말을 보기 에서 찾아 쓰시오.

- 제목, 광고지, 예고편 따위를 보고 내용을 미리 상상한다.
- 기억에 남는 [   ](이)나 인상 깊은 장면을 생각한다.
- 영화의 내용을 떠올려 보고 느낀 점을 글로 쓴다.

보기

해설   대사   지문

(   )

2~3 다음 글을 읽고 물음에 답하시오.

내 아들 필립아. 키가 크고 몸이 커지는 만큼 스스로 좋은 사람이 되려고 힘써야 한단다. 네가 어리고 몸이 작았을 때보다 더욱더 힘써야 하지. 스스로 좋은 사람이 되려고 노력하는 네 모습을 내 눈으로 직접 보고 싶구나. 너는 워낙 남을 속이지 않는 진실한 사람이라 좋은 사람이 되기도 쉬울 거란다.

좋은 사람이 되려면 진실하고 깨끗해야 해. 또 좋은 친구를 가려 사귀어야 한단다. 그게 좋은 사람이 되는 첫 번째 조건이지. 더욱 부지런해져라. 어려운 일도 열심히 견디거라.

2. 마음을 전하는 글을 써요

2 이 편지를 받는 사람은 누구인지 쓰시오.

(   )

2. 마음을 전하는 글을 써요

3 어떤 마음을 전했습니까? (   )

① 키가 커진 것을 축하하는 마음
② 남을 속이는 것을 나무라는 마음
③ 좋은 성적을 낸 것을 기뻐하는 마음
④ 부지런하지 못한 것을 걱정하는 마음
⑤ 좋은 사람이 되기 위해 힘쓰기를 당부하는 마음

4~5 다음 글을 읽고 물음에 답하시오.

재환이는 새로운 동네로 이사를 왔습니다. 재환이는 이웃들에게 인사를 하기로 했습니다. 그래서 재환이가 사는 아파트 승강기 안에 편지를 붙였답니다.

안녕하세요? 저는 12층에 이사 온 열한 살 이재환입니다.

새로 만난 이웃들에게 인사를 드리고 싶어 편지를 씁니다. 저희 가족은 엄마, 아빠, 귀여운 동생 그리고 저, 이렇게 넷입니다. 저희는 아직 이사 온 지 얼마 되지 않아 다니는 길도, 사람들도 낯설기만 합니다. 그래도 저는 나무도 많고 놀이터가 있는 이곳이 마음에 듭니다. 앞으로 여러분과 좋은 이웃이 되고 싶습니다.

이재환 올림

2. 마음을 전하는 글을 써요

4 아파트에 이사 온 재환이는 어떤 일을 했습니까?
(   )

① 승강기 안에 편지를 붙였다.
② 쪽지를 써서 현관문에 붙였다.
③ 아파트 게시판에 소개글을 붙였다.
④ 이웃들을 찾아다니며 직접 인사했다.
⑤ 새로 이사를 왔다고 안내 방송을 했다.

2. 마음을 전하는 글을 써요

5 재환이가 붙인 편지를 읽은 이웃 사람들의 마음은 어떠했겠습니까? (   )

① 당황스러웠을 것이다.
② 따스함을 느꼈을 것이다.
③ 언짢게 생각되었을 것이다.
④ 마주치고 싶지 않았을 것이다.
⑤ 안타까운 마음이 들었을 것이다.

6~7 다음을 보고 물음에 답하시오.

현영

지혜야, 내일 발표 자료 준비 잘해!^^

@.@

발표 잘할 거야.

지혜

넌 누구야?

@.@

나 영철이야.

지혜

영철이구나. 나 원래 발표 잘하잖아. ㅇㅈ?

@.@

ㅇㅈ? 이게 뭐야? 연주?

지혜

그것도 모르니? ㅋㅋㅋ

@.@

👀👀👀👀👀👀👀 ㅇㅈ?

3. 바르고 공손하게

6 이와 같은 온라인 대화의 특성으로 알맞지 않은 것은 어느 것입니까? (   )

① 줄임 말을 쓰기도 한다.
② 그림말로 기분을 나타낼 수 있다.
③ 여러 사람이 함께 대화할 수 있다.
④ 누가 누구인지 알기 힘들 때가 있다.
⑤ 직접 만나서 한 장소에 모여 대화한다.

3. 바르고 공손하게

7 영철이가 온라인 대화 예절을 잘 지키기 위해 고칠 점은 무엇입니까? (   )

① 높임말을 사용한다.
② 대화가 끝날 때만 인사를 한다.
③ 자신을 잘 표현하는 대화명을 쓴다.
④ 뜻을 모르는 말도 사람들이 쓰면 같이 사용한다.
⑤ 자신이 할 말만 짧게 하고 대화방에서 급하게 나가 버린다.

8~9 다음 글을 읽고 물음에 답하시오.

"너 왜 자꾸 여자애들 괴롭혀? 아까 일도, 지금 일도 얼른 사과해."

우진이는 작정한 듯이 굳은 얼굴로 창훈이를 다그쳤고, 창훈이는 싱글싱글 웃으며 우진이 손을 억지로 떼어 내려 했어요. 하지만 키가 한 뼘이나 더 큰 우진이를 창훈이가 어떻게 이겨 낼 수 있겠어요?

"너 지금 사과 안 하면 선생님한테 다 이를 거야."

일이 이쯤 되자 창훈이는 슬슬 웃기기 작전을 쓰기 시작했어요. 보일 듯 말 듯한 작은 새우 눈으로 눈웃음을 살살 지으며, 콧구멍을 벌름거리고 입을 펭귄처럼 쭉 내밀고는, "우진아, 한 번만 봐줘잉. 난 선생님이 제일 무서웡." 하고 콧소리를 내며 말하는 거지요.

4. 이야기 속 세상

8 우진이의 성격은 어떠합니까? (   )

① 의롭다.   ② 샘이 많다.
③ 욕심이 많다.   ④ 잘난 체한다.
⑤ 거짓말을 잘한다.

4. 이야기 속 세상

9 창훈이가 한 말과 행동에서 짐작할 수 있는 창훈이의 성격은 어떠한지 쓰시오.

5. 의견이 드러나게 글을 써요

10 다음 문장을 '누가 + 어찌하다'로 나누어 쓰시오.

목화 장수들은 사또에게 판결을 부탁했다.

(1) 누가	(2) 어찌하다

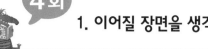
5. 의견이 드러나게 글을 써요

11 의견을 제시하는 글을 쓰는 방법을 생각하며 내용에 알맞게 선으로 이으시오.

(1) 저는 댐을 건설하는 것에 반대합니다. • • ㉠ 자신의 의견을 제시한다.

(2) 댐을 건설하면 숲에 사는 동물들이 살 곳을 잃고, 우리는 만강의 물고기들을 다시는 볼 수 없게 될 것입니다. • • ㉡ 의견을 뒷받침하는 까닭을 쓴다.

6. 본받고 싶은 인물을 찾아봐요

12 『이순신 위인전』을 소개하려고 합니다. 책 제목을 통해 떠올릴 수 있는 내용으로 알맞지 <u>않은</u> 것은 무엇입니까? (   )

① 나라를 구한 영웅의 이야기이다.
② 거북 모양의 유명한 배를 만들었다.
③ 명량 해전, 한산도 대첩으로 유명하다.
④ 적은 수의 군사로 많은 적을 물리쳤다.
⑤ 여러 학자와 함께 훈민정음을 만들었다.

6. 본받고 싶은 인물을 찾아봐요

13 다음 내용과 관계가 깊은 전기문의 특성으로 알맞은 것에 ○표를 하시오.

• 조선 시대에는 양반과 양민에 대한 신분 차별이 있었다.
• 1790년부터 제주도에 4년 동안 흉년이 들었고, 이듬해 수확을 앞두고 태풍이 몰려와서 큰 피해를 입었다.

(1) 인물이 한 일이 나타난다.   (   )
(2) 인물의 가치관이 나타난다.   (   )
(3) 인물이 살았던 시대 상황이 나타난다.

(   )

6. 본받고 싶은 인물을 찾아봐요

14 다음을 읽고 헬렌 켈러에게 본받을 점은 무엇인지 쓰시오.

헬렌은 토미가 퍼킨스 학교에 다닐 수 있도록 도와 달라는 글을 여러 사람과 신문사에 보냈습니다.

남을 도우면 큰 기쁨을 누릴 수 있다는 깨달음을 얻었습니다.

↓

자신도 장애 때문에 배우는 것이 힘든데도,
_____

7. 독서 감상문을 써요

15 글 ㈎, ㈏ 가운데 현우가 책을 읽고 생각이나 느낌을 표현한 것은 무엇인지 기호를 쓰시오.

현우 | 나는 이야기 속 주인공이 되어 하루를 보낸다면 어떤 생각을 했을지 궁금해졌어. 그래서 일기로 주인공의 생각이나 느낌을 표현하려고 해.

㈎ 『나무 그늘을 산 총각』에서 욕심쟁이 영감이 되어 쓴 일기
20○○년 11월 ○○일 날씨: 맑음
제목: 함께일 때 더 시원한 나무 그늘
나는 내 것이면 뭐든지 나 혼자 써도 된다고 생각했다. 그래서 나무 그늘도 혼자 쓰는 것이 당연하다고 여겼다. 내 것인데 다른 사람에게 왜 빌려주어야 한단 말인가? 하지만 지금 나는 그렇게 생각하지 않는다.

㈏ 『초록 고양이』를 읽고 꽃담이에게 쓴 편지
엄마를 냄새로 찾아낸 꽃담이에게
꽃담아, 안녕? 나는 얼마 전에 도서관에서 『초록 고양이』를 읽었어. 초록 고양이가 데려간 엄마를 네가 냄새로 찾아 다시 엄마와 만난다는 내용에서 감동을 받았어.

글 (   )

7. 독서 감상문을 써요

16 글을 읽고 감동적인 부분을 찾을 때 살펴보아야 할 것으로 알맞은 것을 모두 고르시오.

(, ,)

① 일어난 일 ② 인물의 행동
③ 인물의 마음 ④ 인물의 나이
⑤ 인물의 목소리

17~18 다음 글을 읽고 물음에 답하시오.

문화재를 개방해야 합니다. 문화재를 직접 관람하면 옛 조상이 살았던 때를 생생하게 느낄 수 있습니다. 저는 가족과 함께 고인돌 유적지를 보러 갔습니다. 거대한 고인돌이 생생하게 기억에 남았습니다. 누리집에서 고인돌에 대한 정보를 찾아보았고, 학교 도서관에서 고인돌에 대한 책을 빌려 읽기도 했습니다.

또 문화재를 개방해야만 문화재 훼손을 막을 수 있습니다. 20○○년 7월 ○○일 신문 기사를 보니 고궁 가운데 한 곳인 ○○궁에 곰팡이가 번식했다는 내용이 있었습니다. 장마인데 문을 닫고만 있어서 바람이 통하지 않아 곰팡이가 궁궐 안으로 퍼진 것입니다. 사람들이 드나들면서 바람이 통하게 하면 이와 같은 문제는 해결될 것입니다.

8. 생각하며 읽어요

17 무엇에 대한 의견이 나타난 글인지 쓰시오.

• 문화재를 ( )는 의견을 쓴 글

8. 생각하며 읽어요

18 다음은 글쓴이의 의견을 평가한 글입니다. 그렇게 생각한 까닭을 보고 알맞은 생각에 ○표를 하시오.

글쓴이의 의견에 대한 생각	적절합니다. / 적절하지 않습니다.
그렇게 생각한 까닭	문화재는 예전에 살았던 사람들의 모습이 담긴 것이기 때문에 관람객이 직접 체험해야 더 가치 있기 때문입니다.

19~20 다음 시를 읽고 물음에 답하시오.

지하 주차장으로
차 가지러 내려간 아빠
한참 만에
차 몰고 나와 한다는 말이

⊙ 내려가고 내려가고 또 내려갔는데 글쎄, 계속 지하로 계단이 있는 거야! 그러다 아이쿠, 발을 헛디뎠는데 아아아…… 이상한 나라의 앨리스처럼 깊은 동굴 속으로 끝없이 떨어지지 않겠니? 정신을 차려 보니까 호빗이 사는 마을이었어. 호박처럼 생긴 집들이 미로처럼 뒤엉켜 있는데 갑자기 흰머리 간달프가 나타나 말하더구나. 이 새 자동차가 네 자동차냐? 내가 말했지. 아닙니다, 제 자동차는 10년 다 된 고물 자동차입니다. 오호, 정직한 사람이구나. 이 새 자동차를…….

에이, 아빠!
차 어디에 세워 놨는지 몰라서 그랬죠?
차 찾느라
온 지하 주차장 헤매고 다닌 거
다 알아요.
피이!

9. 감동을 나누며 읽어요

19 아빠가 아이에게 ⊙처럼 변명한 까닭은 무엇이겠습니까? ( )

① 말하기 귀찮아서 ② 신기한 일이라서
③ 특별한 경험이어서 ④ 직접 겪은 일이라서
⑤ 실수를 들키고 싶지 않아서

9. 감동을 나누며 읽어요

20 시 속 나오는 인물에게 묻고 싶은 물음을 만들 때에 아이에게 할 물음을 한 가지 더 쓰시오.

• 아빠의 말을 듣고 어떤 마음이 들었습니까?

• _____

교과서에 실린 작품

실린 단원	영역	제재 이름	지은이	나온 곳
1. 이어질 장면을 생각해요	국어	우리들	아토	『우리들』, 아토, 2015.
		오늘이	디앤엠커뮤티케이션	『오늘이』, 디앤엠커뮤니케이션, 2003.
	국어 활동	독도 수비대 강치	경상북도문화콘텐츠진흥원 · (주)픽셀플레넷	『독도 수비대 강치』, 경상북도문화콘텐츠진흥원, 2017.
		임금님 귀는 당나귀 귀	한국방송공사	『배추 도사 무 도사의 옛날 옛적에』 제1화, 한국방송공사, 1990.
2. 마음을 전하는 글을 써요	국어	안창호의 편지	오주영 엮음	『세상에서 가장 유명한 위인들의 편지』, 채우리, 2014.
	국어 활동	좋은 사람과 사귀려면 좋은 인상을 주어라	필립 체스터필드	『아들아, 너는 미래를 이렇게 준비하렴』, 도서출판 글고은, 2006.
4. 이야기 속 세상	국어	사라, 버스를 타다	윌리엄 밀러	『사라, 버스를 타다』, ㈜사계절출판사, 2004.
		우진이는 정말 멋져!	강정연	『콩닥콩닥 짝 바꾸는 날』, 시공주니어, 2009.
		젓가락 달인	유타루	『젓가락 달인』, 바람의아이들, 2014.
	국어 활동	주인 잃은 옷	원유순	『100년 후에도 읽고 싶은 한국 명작 동화 Ⅱ』, ㈜예림당, 2015.
		비 오는 날(「초코파이」)	김자연	『두고두고 읽고 싶은 한국 대표 창작 동화 3』, ㈜계림북스, 2006.
5. 의견이 드러나게 글을 써요	국어 활동	함께 사는 다문화, 왜 중요할까요?	홍명진	『함께 사는 다문화 왜 중요할까요?』, 나무생각, 2012.
6. 본받고 싶은 인물을 찾아봐요	국어	김만덕	신현배	『5000년 한국 여성 위인전1』, 홍진피앤엠, 2007.
		정약용	김은미	『정약용』, ㈜비룡소, 2010.
		헬렌 켈러(「사흘만 볼 수 있다면 그리고 헬렌 켈러 이야기」)	신여명	『사흘만 볼 수 있다면 그리고 헬렌 켈러 이야기』, 두레아이들, 2013.
	국어 활동	임금님을 공부시킨 책벌레	마술연필	『우리 조상들은 얼마나 책을 좋아했을까?』, 보물창고, 2015.
		시인 허난설헌(「글방 동무」)	장성자	『초희의 글방 동무』, 도서출판 개암나무(주), 2014.
		중국에서 먼저 주목 받은 『난설헌집』	장성자	『초희의 글방 동무』, 도서출판 개암나무(주), 2014.
7. 독서 감상문을 써요	국어	어머니의 이슬 털이	이순원	『어머니의 이슬 털이』, 북극곰, 2013.
		투발루에게 수영을 가르칠 걸 그랬어!	유다정	『투발루에게 수영을 가르칠 걸 그랬어!』, 미래아이, 2008.
	국어 활동	멋진 사냥꾼 잠자리	안은영	『멋진 사냥꾼 잠자리』, 길벗어린이(주), 2005.
8. 생각하며 읽어요	국어 활동	1번 광고	남광민, 양희원	『여기가 맞을 텐데…?』, 한국방송광고진흥공사, 2017.
		자유가 뭐예요?	오스카 브르니피에	『자유가 뭐예요?』, 상수리, 2008.
9. 감동을 나누며 읽어요	국어	군밤	박방희	『우리 속에 울이 있다』, 푸른책들, 2018.
		온통 비행기	김개미	『쉬는 시간에 똥 싸기 싫어』, 토토북, 2017.
		지하 주차장	김현욱	『지각 중계석』, ㈜문학동네, 2015.
		김밥	한국교육방송공사	『TV로 보는 원작 동화: 김밥』, 한국교육방송공사, 2011.
		멸치 대왕의 꿈	천미진	『멸치 대왕의 꿈』, 도서출판 ㈜키즈엠, 2015.
	국어 활동	제기차기	김형경	『고학년을 위한 동요 동요집』, 상서각, 2008.
		기찬 딸	김진완	『기찬 딸』, 시공주니어, 2011.

선생님이 강력 추천하는

개념 PLUS

단원평가

정답과 풀이

4·2

3~4학년군

교육의 길잡이·학생의 동반자
(주)교학사

정답과 풀이

---

1 이어질 장면을 생각해요

개념을 확인해요
13쪽

1 상상 2 대사 3 내용 4 장면 5 등장 6 차례 7 사건 8 역할 9 정확 10 역할

개념을 다져요
14~15쪽

1 ② 2 ② 3 ②, ③, ④ 4 ③ 5 ③ 6 **예** 임금님은 큰 귀를 백성의 소리에 귀를 기울이는 어진 임금이 되라는 뜻으로 받아들였다.

1 만화 영화나 영화의 제목 글자들의 첫 자음자를 살펴보면 '검정 고무신'임을 알 수 있습니다.
2 등장인물의 마음을 생각해 보는 것은 영화를 감상하는 데 도움이 되지만 등장인물의 수를 세어 보는 것은 영화를 감상하는 방법과 관계가 없습니다.
3 등장인물의 말과 말투, 표정과 몸짓을 주의 깊게 살펴보면 등장인물의 특성을 알 수 있습니다.
4 이어질 내용은 앞 내용과 잘 어울리도록 사건의 흐름을 생각하며 써야 합니다.
5 인물의 마음을 먼저 생각한 후 그에 어울리는 몸짓과 표정으로 말해야 연기가 실감 납니다.
6 줄거리를 떠올려 보고 앞으로 어떤 일이 일어날지 생각하며 써 봅니다.

1회 단원 평가 <도전>
16~19쪽

1 「니모를 찾아서」 2 (2) ○ 3 ④ 4 ④ 5 **예** 누리집에 들어가서 등장인물에 대한 설명을 읽어 본다. 6 ⑤ 7 ③ 8 (2) ○ 9 ② 10 **예** 주인공에게 편지로 쓴다. / 시로 쓴다. / 그림으로 나타낸다. 11 ①, ②, ③ 12 ㉴ 13 ⑤ 14 (1) ㉣ (2) ㉮ (3) ㉯ (4) ㉰ 15 ④ 16 (2) ○ 17 ㉰, ㉮, ㉲, ㉴ 18 **예** 자신이 맡은 역할을 충분히 이해한다. 19 ① 20 ②, ③

풀이

1 그림 ❸을 살펴보면 알 수 있습니다.
2 딸은 아빠 물고기가 니모를 많이 걱정한다고 생각합니다.
3 잎에 잔톱니가 있고 잎겨드랑이에서 나온 꽃자루 끝에 꽃이 핀 봉숭아 사진입니다.

더 알아볼까요!

봉숭아

7~10월에 잎겨드랑이에서 나온 2~3개의 가는 꽃자루 끝에 붉은색, 흰색, 분홍색, 누런색 따위의 꽃이 아래로 늘어져서 핍니다. 열매는 익으면 탄성에 의하여 다섯 조각으로 갈라져 누런 갈색의 씨가 튀어 나와 먼 곳까지 퍼져 나갑니다. 꽃잎을 따서 백반, 소금 따위와 함께 찧어 손톱에 붉게 물을 들이기도 합니다. 인도, 동남아시아가 원산지로 전 세계에서 관상용으로 재배합니다.

4 영화 제목과 광고지나 예고편을 보고 어떤 내용이 펼쳐질지 상상해 보면 영화를 재미있게 감상할 수 있습니다.
5 인터넷에서 영화 안내 누리집을 찾을 수 있습니다.
6 선은 자기 이름이 언제 불릴까 기대하는 마음을 가졌다가 이름이 불리지 않자 실망하는 마음이 들었을 것입니다.
7 '여름 방학'이라는 시간을 나타내는 말이 들어가야 합니다. 시간을 나타내는 말은 일이 일어난 때를 알게 해 주는 말입니다.
8 가장 기억에 남는 대사에 대하여 이야기하고 있습니다.
9 다른 친구들 때문에 여름 방학을 함께 보내고 순식간에 세상 누구보다 친한 사이가 되었던 선에게 거짓말을 한 것은 비겁한 행동입니다.
10 여러 가지 방법으로 표현할 수 있습니다.
11 등장인물의 표정, 몸짓, 말투에서 성격을 알 수 있습니다.
12 책을 읽는 몸짓을 해야 할 인물은 ㉴입니다. 그림은 책을 쌓아 놓고 읽는 모습입니다.
13 어려운 일에도 결코 포기하지 않고 목표를 이루어 내는 성격임을 알 수 있습니다.
14 매일이의 고민 내용은 행복이 무엇인지 알고 싶어 하는 것이고, 이무기의 고민 내용은 많은 여의주를 가졌는데도 용이 되지 못한 까닭을 모르는 것입니다.

15 인물의 성격이나 하는 일에 따라 이야기의 전개가 달라지며, 이야기의 사건은 시대나 장소와 매우 밀접한 관계가 있습니다.

16 오늘이에게 웃음을 찾아 주고자 용이 된 이무기가 오늘이를 등에 태우고 여행을 떠난다는 내용을 만들고 싶어 합니다.

17 역할극을 발표하기 전에, 역할극을 하기에 가장 적절한 것을 고르고 역할극을 만들고 연습합니다.

18 적절한 표정, 몸짓, 말투로 정성을 다해 연기하고, 또박또박 정확하게 발음을 해서 듣는 사람들이 대사를 알아들을 수 있게 합니다.

19 강치의 눈물방울에 대한 장면이어야 합니다.

20 만화 영화의 줄거리를 떠올려 보고 앞으로 어떤 일이 일어날지 생각합니다.

2회 단원 평가 실전
20~23쪽

1 ①　　2 「니모를 찾아서」에 나오는 아빠 물고기
3 ①, ③　　4 예 봉숭아를 찧어서 손톱에 물을 들였다.　　5 예 외톨이인 선의 친구가 되는 것이 두려웠기 때문이다.　　6 ①　　7 예 사이가 나빠져 힘들어하는　　8 ②　　9 ①, ②　　10 ③　　11 예 이어질 장면을 알아맞힌다.　　12 ②　　13 구름이　　14 ③　　15 ④　　16 ②　　17 오늘이　　18 예 연꽃이 꺾어지자마자 송이송이 다른 꽃들이 피기 시작했다.　　19 ③
20 ⑤

풀이

1 장면 ❶의 "학교 다녀오겠습니다."로 등굣길임을 알수 있습니다.

2 장면 ❸을 살펴보면 알 수 있습니다.

3 선과 지아가 친구가 되어 가는 과정이 나타난 영화입니다.

4 장면 ❸에서 지아와 선은 봉숭아 꽃물을 들인 것을 알 수 있습니다.

5 지아는 친구들이 선과 친하게 지내는 것을 알면 따돌릴지도 모른다고 생각했을 것입니다.

6 자기 이름이 언제 불릴까 기대하는 마음을 가졌다가 맨 마지막까지 이름이 불리지 않아 실망하는 마음이 들었을 것입니다.

7 영화 앞부분인 장면 ❶~❸은 선과 지아가 친하게 지내는 내용입니다.

8 용기를 내어 당당하게 말한 것으로 보아 용감한 성격임을 알 수 있습니다.

9 가장 기억에 남는 대사와 가장 인상 깊은 장면을 이야기한 모습입니다.

10 제목, 광고지, 예고편 따위를 보고 내용을 미리 상상할 수 있고, 기억에 남는 대사나 인상 깊을 장면을 생각할 수 있습니다.

11 영화에 나오는 옥에 티 찾기, 영화에 나오는 인물의 표정 찾기, 소품과 배경 찾기 등이 있습니다.

12 장면 ❶을 보면 오늘이, 야아, 여의주가 원천강에서 행복하게 살았다고 하였습니다.

13 장면 ❺를 살펴봅니다.

14 매일이는 행복이 무엇인지 알고 싶어 계속해서 책을 읽었습니다.

15 이무기는 많은 여의주를 가지고도 용이 되지 못한 인물입니다.

16 매일이는 오늘이에게 원천강으로 가는 길을 알려 주는 것으로 보아 친절한 성격이며, 열심히 책을 읽는 것으로 보아 성실합니다.

17 오늘이는 원천강으로 가고 싶어 합니다.

18 연꽃나무는 많은 꽃봉오리를 가지고 있는데 이상하게 하나만 꽃을 피워서 왜 그런지 알고 싶어 합니다.

19 역할극을 해 보면 그냥 감상할 때보다 등장인물의 마음이 더 잘 느껴집니다.

20 그림으로 보아, 임금님은 숲으로 숨어 버리거나 사람들을 피해 다니지 않았습니다.

창의서술형 평가

24~25쪽

1 니모를 찾아서, 예 아빠 물고기가 니모를 지나치게 보호하면서 키우는 내용일 것이다. 2 (1) 예 아빠 물고기가 니모를 많이 걱정한다. (2) 예 아빠 물고기가 니모를 무척 사랑한다. 3 예 원천강으로 돌아가 행복하게 살고 싶어서이다. 4 예 친절하다. 5 (1) 예 오늘이 (2) 예 오늘이의 친구인 매일이의 병을 고치려고 치료법 책을 찾아야 하는 일이 생긴다.

풀이

1 아빠 물고기가 니모를 사랑하고 걱정하는 내용의 「니모를 찾아서」입니다.

상	만화 영화 제목을 찾아 썼고, 그 내용을 짐작하여 썼다.
중	두 가지 질문 가운데 한 가지만 썼다.
하	만화 영화 제목과 내용을 쓰지 못했다.

더 알아볼까요!

흰동가리

흰동가리는 2003년 개봉한 앤드류 스탠튼 감독의 영화 「니모를 찾아서」에 나오는 '니모'입니다. 흰동가리는 얕은 수심의 산호초 해역에서 말미잘과 공생하며 암컷이 죽으면 무리에 있는 수컷 중 한 마리가 암컷으로 성을 전환합니다.

2 대화를 나누는 아버지와 딸은 만화 영화에 나오는 아빠 물고기에 대해 서로 다르게 생각하고 있습니다.

상	등장인물에 대한 생각에 각각 맞게 잘 찾아 썼다.
중	두 가지 질문 가운데 한 가지만 썼다.
하	등장인물의 생각을 파악하지 않았고, 쓰지 못했다.

3 오늘이는 원천강에서 행복하게 살았습니다. 오늘이는 그런 원천강으로 돌아가고 싶어 합니다.

상	등장인물이 처한 상황을 파악하여 썼다.
중	등장인물이 그렇게 행동한 까닭을 알고 있으나 제대로 쓰지 못했다.
하	등장인물에게 어떤 일이 일어나는지 파악하지 못했다.

4 오늘이에게 원천강으로 가는 길을 알려 주는 것으로 보아 친절한 성격입니다.

상	등장인물이 한 말이나 행동을 보고 성격을 짐작해 썼다.
중	등장인물의 성격을 짐작했으나 잘 쓰지 못했다.
하	등장인물의 성격을 짐작하지 못해 쓰지 못했다.

더 알아볼까요!

등장인물이 지닌 성격 알기
• 등장인물이 한 말이나 행동을 보고 성격을 알아봅니다.
• 등장인물의 표정과 몸짓, 말투에서 성격을 짐작해 봅니다.

5 중심인물을 누구로 하고 싶은지, 중심인물에게 어떤 일이 생기는지 상상하여 써 봅니다.

상	이어질 이야기가 「오늘이」 내용과 자연스럽게 이어지도록 계획해 썼다.
중	이어질 내용에 맞게 간단히 개요를 썼다.
하	앞 이야기와 관련지어 이어질 이야기를 계획하지 못했다.

더 알아볼까요!

이어질 이야기 쓰기
• 일이 일어난 차례를 생각하며 씁니다.
• 앞의 내용과 잘 어울리도록 내용을 씁니다.
• 인물의 성격이나 하는 일을 생각해 씁니다.
• 인물이 처한 상황을 고려해 이어질 이야기를 상상해 씁니다.

뒷이야기를 쓸 때에 생각할 점
• 중심인물을 누구로 하고 싶나요?
• 중심인물에게 어떤 일이 생기나요?
• 중심인물은 그 일을 어떻게 해결하나요?

2   마음을 전하는 글을 써요

개념을 확인해요
27쪽

1 마음 2 마음 3 생각 4 마음 5 마음 6 마음 7 읽는 8 마음 9 정직 10 배려

개념을 다져요
28~29쪽

1 (1) 전시 해설사 선생님 (2) ⑩ 고마운 마음 2 ③
3 ④ 4 (1) ⑩ 미안한 (2) ⑩ 축하하는 5 (2) ○ (3) ○ 6 (1) ○ (2) ○ (3) ○

풀이

1 마음을 전할 사람과 전하고 싶은 마음을 모두 바르게 써 봅니다.

2 마음을 전하는 글을 쓸 때에는 자신의 마음이 잘 드러나게 쓰고 그러한 마음을 갖게 된 까닭이나 상황을 함께 써야 합니다.

3 마음을 드러내는 표현을 써야 합니다.

4 어떤 목적으로 글을 쓰고 싶어 하는지 생각해 봅니다.

5 자신의 마음을 정직하게 표현해야 합니다.

6 편지를 쓸 때 고려한 점은 무엇인지, 어떤 마음을 전했는지, 무엇이라고 표현했는지 마음을 전하는 글을 쓸 때 확인해 봅니다. 글쓴이의 마음을 느낄 수 있어야 하며, 그에 맞는 표현을 사용해야 합니다. 낱말의 수는 중요하지 않습니다.

1회 단원 평가 도전
30~33쪽

1 (가) 2 (1) 태웅 (2) 반 친구들 3 ① 4 ②, ③, ④
5 (1) ⓒ (2) ㉮ (3) ㉯ 6 ③ 7 ④, ⑤ 8 ④, ⑤
9 ⑤ 10 (1) 마음 (2) 표현 (3) 짐작 (4) 일 11 (1) 홍콩 (2) 아들 (필립) 12 ⑤ 13 ② 14 ④ 15 (1) ⑩ 안부를 묻고 당부할 말 (2) ⑩ 좋은 사람이 되기 위해 힘쓰기를 당부함.(걱정하는 마음) 16 ⑩ 미안한 마음 17 ④ 18 ④ 19 ④ 20 ③

풀이

1 친구가 멀리 이사를 가게 되면 아쉽고 슬픈 마음이 들 것입니다.

2 태웅이가 반 친구들에게 쓴 편지입니다.

3 태웅이가 반 친구들에게 고마운 마음을 전하려고 쓴 편지입니다.

4 '쑥스러워서, 미안한, 고마워'입니다.

5 '어디론가 숨고 싶다.'는 것은 부끄러울 때 쓰는 표현입니다.

6 지우는 선생님께 고마운 마음을 전하려고 편지를 썼습니다.

7 지우가 당황했던 까닭은 도자기를 만들 때 생각처럼 잘되지 않았고, 만든 도자기가 상상했던 모양과 너무 달랐기 때문입니다.

8 지우는 선생님께 자기 마음에 드는 그릇을 만들도록 도와주셔서 고맙다고 말하였습니다.

9 ㉠과 ㉡은 높임말을 쓰지 않고 예사말을 쓴 경우입니다. '~선생님께', '~올림'으로 써야 합니다.

10 전하고 싶은 마음을 정하고, 글을 읽는 사람의 마음이 어떠할지 짐작하며 씁니다.

더 알아볼까요!

안창호

독립운동가(1878~1938). 호는 도산(島山). 신민회, 청년 학우회, 흥사단을 조직하고, 평양에 대성 학교를 설립하였습니다. 3·1 운동 후 상하이 임시 정부의 내무 총장이 되어 독립운동을 하  였습니다. 선생은 1924년 12월에 미국을 방문기간 동안 흥사단과 대한인국민회 동지들을 만나 독립운동 방략을 논의하고 이상촌 건설의 지원과 임시정부에 인두세를 내 줄 것을 미주 교민들에게 호소하였습니다. 13개월간의 방문을 마치고 1926년 4월 22일 선생은 홍콩에 도착하였습니다.

11 '내 아들 필립아.'로 받는 사람을 알 수 있으며, '1920년 8월 3일 홍콩에서'로 편지를 쓴 곳을 알 수 있습니다.

12 '힘써야 한다. / 너를 믿는다.' 등의 표현을 사용하여 좋은 사람이 되기 위해 힘쓰기를 당부하고 있습니다.

13 좋은 사람이 되려면 진실하고 깨끗해야 한다고 하였습니다.

14 좋은 책을 가려보라고 당부하면서 좋은 사람들의 이야기가 담겨 있어 본받을 수 있는 책과 공부에 필요한 지식을 얻기 위한 책을 읽으라고 하였습니다.

15 좋은 사람이 되려면 진실하고 깨끗해야 한다고 말하는 등 아버지가 아들을 걱정하는 마음이 담겨 있습니다.

16 그림 ㈎는 별명을 부르며 놀려서 미안하다고 말하는 상황입니다.

17 남자아이는 여자아이에게 싫어하는 별명을 부르며 놀려서 미안하다고 하였습니다.

18 아픈 친구의 병문안을 간 상황이므로 위로하는 마음을 전해야 합니다.

19 낱말만 간단히 쓰면 자신의 마음을 드러내지 못하므로 배려하는 글쓰기가 되기 힘듭니다.

더 알아볼까요!

> **학급 온라인 게시판 이용하기**
> • 친구들에게 전할 소식을 학급 온라인 게시판에 씁니다.
> • 친구가 쓴 소식을 읽고 전하고 싶은 마음을 댓글로 씁니다.
> • 다른 친구가 쓴 댓글도 읽어 봅니다.

20 엄마가 딸들을 사랑하는 마음을 느낄 수 있는 편지입니다.

2회 단원 평가 실전
34~37쪽

1 ⑤ 2 ⑤ 3 ② 4 **예** 네가 좋은 기억을 얻게 돼서 너무 기뻐. 5 (2) ○ 6 선생님, **예** 고마운 7 ④ 8 ② 9 아버지, 아들 필립 10 ④, ⑤ 11 ② 12 ② 13 ① 14 고마운 마음 15 ② 16 ⑤ 17 ①, ② 18 ①, ② 19 ③ 20 **예** 상대에게 좋은 인상을 주는 방법을 알려 주기 위해서이다.

풀이

1 태웅이가 반 친구들에게 고마운 마음을 전하고 있습니다.

2 부끄러운 마음을 나타낸 표현입니다.

3 태웅이는 고마운 마음을 직접 말로 전하고 싶지만 쑥스러워서 편지를 쓰게 되었다고 하였습니다.

4 마음을 드러내는 여러 가지 표현을 생각해 봅니다.

5 "그랬구나, 어쩌지?", "내가 깜빡했어. 많이 속상했겠다." 등 친구의 마음을 헤아리는 표현을 써야 합니다.

6 지우가 체험학습 때 도자기 만드는 것을 도와주신 선생님께 고마운 마음을 전하려고 쓴 편지입니다.

7 지우는 선생님을 따라서 다시 해 보았더니 그릇 모양이 잘 만들어졌다고 하였습니다.

8 마음을 전하는 글에는 일어난 일에 대한 생각이나 느낌을 씁니다.

9 받는 사람은 '사랑하는 아들 필립'입니다. 아버지가 아들에게 쓴 편지입니다.

10 다친 일을 걱정하는 마음과 한 학년 올라간 일을 축하하는 마음을 전하고 있습니다.

11 상을 받았으므로 축하하는 마음을 표현해야 합니다.

12 달리기 대회에서 상을 받은 여자아이에게 축하하는 말을 해야 합니다.

13 ①을 제외한 것들은 '무섭다'와 관련된 마음입니다. 여자아이는 친구와 장난감을 갖고 놀던 생각을 하고 있습니다.

14 남자아이는 어머니께, 여자아이는 보건 선생님께 고마운 마음을 전하고 싶어 합니다.

15 마음을 전할 사람, 전하려는 마음, 있었던 일, 마음을 나타내는 표현이 들어가야 합니다.

16 ⑤는 그리운 마음을 담은 편지를 쓰고 나서 살펴볼 점과 거리가 멉니다.

더 알아볼까요!

> **자신의 마음을 잘 표현했는지 점검하기**
>
> | 마음을 전하는 글의 내용을 자세히 썼나요? |
> | --- |
> | – 표현하고 싶은 마음, 일어난 일, 그 일에 대한 생각이나 느낌을 쓴다. |
>
> | 마음을 잘 드러낼 수 있는 표현을 사용했나요? |
> | --- |
> | – 고마운 마음, 미안한 마음, 놀란 마음 따위를 드러내는 표현을 찾아 쓴다. |
>
> | 읽는 사람의 마음을 잘 고려해 썼나요? |
> | --- |
> | – 만약 자신이 읽는 사람이라면 어떤 기분이 들지 생각하며 쓴다. |

17 재환이의 편지에는 새로운 곳으로 이사 온 기대감이 드러나 있습니다.

18 자신의 소식을 알리고, 이사 와서 이웃에게 인사하려고 편지를 붙였습니다.

19 승강기를 탄 이웃 사람들이 재환이의 편지를 보고 마음을 담은 쪽지를 붙였습니다.

20 아들이 좋은 인상을 주는 사람이 되기를 바라는 마음을 전했습니다.

정답과 풀이

창의서술형 평가

38~39쪽

1 (1) ㉠ (2) ㉢ (3) ㉡　**2** 예 너와 헤어진다고 생각하니 아쉽고 섭섭하지만 어딜 가든 잘 지내고 잊지 말자.　**3** 예 언니, 나랑 잘 놀아 줘서 고마워.　**4** (1) 예 소방관 (2) 예 고마운 마음 / 자랑스러운 마음 (3) 예 우리 동네에 있는 가게에 불이 났는데, 소방관님께서 불을 끄고 사람들을 안전하게 구해 주셨다. (4) 예 감사합니다 / 자랑스럽습니다　**5** 예 소방관님께 안녕하세요? 저는 ○○초등학교 4학년 한찬울이라고 합니다. 며칠 전 우리 동네 가게에 불이 났을 때 소방관님께서 오셔서 불을 끄고 사람들을 구해 주시는 모습을 보았습니다. 위험한 곳에서 사람들을 위해 일하시는 모습이 정말 대단해 보였고 자랑스러웠습니다. 저도 커서 소방관님처럼 다른 사람을 돕는 훌륭한 일을 하는 사람이 되고 싶습니다. 감사합니다. 20○○년 ○○월 ○○일 한찬울 올림

풀이

1 그림 ㈎는 전시 해설사 선생님 덕분에 많은 것을 알게 되어 고마운 마음, ㈏는 친구가 멀리 이사 가게 되어 슬픈 마음, ㈐는 언니와 함께 잠자리를 잡아서 즐거운 마음을 전해야 합니다.

상	그림 ㈎~㈐의 상황에 맞게 전해야 하는 마음을 선으로 이었다.
중	세 가지 상황 가운데 한 가지를 잘못 이었다.
하	각 그림과 마음을 선으로 잇지 못했다.

더 알아볼까요!

마음을 나타내는 말

좋다	괜찮다, 사랑하다, 반하다, 아끼다
기쁘다	즐겁다, 반갑다, 흐뭇하다, 행복하다
슬프다	속상하다, 서럽다, 안타깝다, 우울하다

2 섭섭하고 아쉬운 마음을 드러내는 표현을 써 봅니다.

상	마음을 전하고 싶은 일을 떠올려 보고, 마음을 드러내는 표현을 사용해 친구에게 할 말을 썼다.
중	글에 친구와 헤어질 때의 마음이 드러나지 않았다.
하	그림의 상황을 파악하지 않아서 제대로 쓰지 못했다.

3 편지에 사용할 수 있는 마음을 나타내는 말을 떠올려 봅니다.

상	고마운 마음을 나타내는 낱말을 사용해 편지를 이어 썼다.
중	마음을 나타내는 낱말을 사용에 편지를 썼다.
하	편지를 이어 쓰지 못했다.

더 알아볼까요!

마음을 전하는 글을 쓰는 방법
• 마음을 전하고 싶은 일을 떠올립니다.
• 글에서 전하려는 마음을 생각합니다.
• 마음을 잘 나타낼 수 있는 표현을 사용합니다.
• 글을 읽는 사람의 마음이 어떠할지 짐작하며 씁니다.

4 상대에게 전하고 싶은 마음이나 일어난 일, 그 마음을 전하는 까닭 등을 정리해 봅니다.

상	마음을 전할 사람, 전하고 싶은 마음, 있었던 일, 마음을 나타내는 표현을 모두 잘 정리해 썼다.
중	네 가지 중 한 가지를 쓰지 못했다.
하	네 가지 중 두 세 가지를 쓰지 못했다.

5 떠올린 사람에게 전하고 싶은 마음을 정리해서 마음을 나타내는 말로 전하고 싶은 마음이 잘 드러나게 편지를 써 봅니다.

상	문제 4번의 정리한 내용을 바탕으로 전하고 싶은 마음이 잘 드러나게 편지 형식을 고려해 글을 썼다.
중	문제 4번의 정리한 내용을 그대로 편지에 표현했다.
하	정리한 내용과 다른 내용의 편지를 썼다.

3 바르고 공손하게

41쪽

개념을 확인해요

1 기분   2 눈   3 귓속   4 배려   5 발표   6 높임
7 손   8 공손   9 대화   10 그림

개념을 다져요

42~43쪽

1 아랫마을 양반   2 ④   3 ②   4 ⑤   5 (2) ○ (3)
○   6 (1) ○ (3) ○ (4) ○

1 아랫마을 양반이 자신을 더 존중해 주는 느낌이 들었을 것입니다.
2 웃어른께 '내가'라는 표현을 사용하고, "수고하셨어요."라고 말씀드리는 것은 예절에 어긋납니다.
3 다른 사람의 의견을 존중하고 다른 사람의 말을 귀기울여 들어야 합니다.
4 예의를 갖추어 공손한 말투를 사용합니다.
5 대화 예절과 관련지어 떠오르는 생각을 정리하고 중요한 내용을 간추려서 표어로 만들어야 합니다. 또한, 다른 사람이 쓴 자료를 활용할 때에는 출처를 정확하게 밝혀야 합니다.
6 다른 사람이 말하는 중에 끼어들지 않으며, 다른 사람이 하는 말을 끝까지 듣습니다.

1회 단원 평가 도전

44~47쪽

1 (1) 바우 (2) 박 서방   2 ⑤   3 아랫마을 양반   4
⑤   5 ④   6 (2) ○   7 ①   8 ③   9 ⑤   10 ⑤
11 ②   12 예 "그래, 다른 친구부터 하고 나서 할
게."   13 ⑤   14 예 찬우가 말하는 도중에 끼어들
었기 때문이다.   15 ⑤   16 ⑤   17 예 자신의 이
름을 사용하지 않아 누구인지 알기 힘들 때가 있다.
18 예 처음 봐서 뜻을 모르기 때문이다.   19 ㉢
20 ⑤

풀이

1 윗마을 양반은 박 노인에게 높임말을 쓰지 않았습니다.
2 박 노인은 기분이 좋지 않을 것입니다.
3 자신을 존중해 준 아랫마을 양반에게 좋은 고기를 많이 주었습니다.
4 윗마을 양반은 예사말을 썼고, 아랫마을 양반은 높임말을 써서 박 노인은 높임말을 쓴 아랫마을 양반에게 좋은 고기를 더 많이 준 것입니다.
5 말을 잘한 양반이 좋은 고기를 얻었다는 내용과 관계 있는 속담을 찾아봅니다.
6 남자아이가 '내가'라고 말한 부분은 대화 예절에 어긋나는 부분입니다.
7 '나'는 예사말로 예사말은 또래나 아랫사람에게 써야 하는 말입니다.
8 여자아이처럼 '제가'로 자신을 낮추어 표현해야 합니다.
9 친구들은 신유 어머니께 인사를 제대로 하지 않고 집 안으로 뛰어들어 갔습니다.
10 어른께 고마운 일이 있을 때에는 '고맙습니다.' 또는 '감사합니다.' 라고 말합니다.
11 사슴은 토끼가 이야기하는 도중에 끼어들었고, 토끼는 할 말을 다 하지 못했습니다.
12 다른 사람과 대화할 때 상대방의 이야기를 끝까지 다 듣고 나서 자신의 이야기를 하는 것이 예의 바른 행동입니다.
13 서로 존중하고 인정하며 예절을 지키면서 대화를 하면 사이가 더 좋아질 것입니다.
14 찬우는 말하는데 끼어들었습니다.
15 학급 회의가 잘 이루어지려면 다른 사람이 발표할 때 끼어들지 않아야 합니다.
16 대화하는 사람들이 직접 만나지 않고도 이야기할 수 있습니다.
17 온라인 대화에서는 자신의 이름을 대화명으로 사용하기도 합니다.
18 자음자만 써서 영철이가 무슨 말인지 이해하지 못하였습니다.
19 ㉠과 ㉡은 높임말을 사용하지 않았기 때문에 대화 예절에 맞지 않습니다.
20 '어머니'에 맞는 높임 표현인 '께서', '가져다드리라고', '하셨어요' 등을 사용하여 말해야 합니다.

1 ①   2 ④   3 (1) ㉑ (2) ㉮   4 ⑤   5 예 미안해. 다음부터는 네 이름으로 부를게.   6 ④   7 ❷   8 (1) ○   9 ⑤   10 (1) 예 "미안해. 네가 끝날 때까지 기다릴게." (2) 예 "기분을 상하게 해서 미안해. 이제 그만할게."   11 ④   12 ④   13 ③   14 (1) ㉡ (2) ㉠   15 예 손을 들어 말할 기회를 얻고 발표한다. / 높임말을 사용한다.   16 @.@   17 ④   18 ⑤   19 (1) 예 뜻을 모르는 표현을 사용했다. (2) 예 자신이 할 말만 하고 대화방에서 나가 버렸다.   20 예 상대의 얼굴이 보이지 않으므로 자기 위주로만 말을 하게 되기 때문이다.

풀이

1 박 노인은 건성으로 대답하며 고기를 대충 잘라 주었고, 양반이 화를 내며 그 이유를 묻자 바우 놈이 자른 것이라고 말한 것에서 짐작할 수 있습니다.

2 자기에게 공손하게 대한 사람에게 고기를 더 많이 주었다는 뜻입니다.

3 '키다리'라는 별명을 부른 친구는 영철이고, '민수'라고 이름을 부른 친구는 채은이입니다.

> **더 알아볼까요!**
>
> **대화할 때 지켜야 할 예절**
> • 바르게 인사합니다.
> • 이름을 따뜻하게 불러 줍니다.
> • 알맞은 높임말을 사용합니다.

4 민수는 기분이 나빴습니다.

5 자신이 한 말 때문에 상대가 기분이 상했다고 말하면 사과해야 합니다.

6 친구의 부탁을 들어줄 때에는 높임말을 사용할 필요가 없습니다.

7 그림 ❶처럼 웃어른께 "수고하셨어요."라고 말씀드리는 것은 예절에 어긋납니다.

8 웃어른께 "수고하셨어요."라고 말씀드리는 것은 예절에 어긋나며, "고맙습니다."라고 마음을 직접적으로 표현하는 것이 알맞습니다.

9 사슴이 토끼가 이야기하는 도중에 끼어들어 토끼는 할 말을 다 하지 못했습니다.

10 자신이 한 말 때문에 상대가 기분이 상했다고 말하면 사과하는 것이 올바른 대화 예절입니다.

11 사회자가 친구들과 사이좋게 지내려면 실천해야 할 일이 무엇인지 발표해 달라고 한 것으로 보아 알 수 있습니다.

12 박태영의 의견은 "듣기 싫은 별명으로 부르지 말자."입니다.

13 강찬우는 이희정의 발표가 다 끝나지도 않았는데 중간에 끼어들어 말하였습니다.

> **더 알아볼까요!**
>
> **회의를 할 때 지켜야 할 예절**
> • 자신과 다른 의견도 귀담아듣습니다.
> • 친구가 말할 때 끼어들지 않습니다.
> • 상대에게 거친 말을 하지 않습니다.

14 강찬우는 "심한 장난을 하지 말자."는 의견을, 이희정은 "고운 말을 사용하자."는 의견을 발표하였습니다.

15 경희와 희정이는 말할 기회를 얻지 않고 말했으며 공식적인 상황에서 높임말을 사용하지 않았습니다.

16 영철이가 쓴 대화명은 @.@입니다.

17 생각을 정확하게 표현하기 더 어려워질 것입니다.

18 현영이는 "어휴, 정신없네. 너희 지금 장난하니?"라고 말하였습니다.

19 뜻을 몰라도 사람들이 사용하면 같이 사용하기 때문에 오해가 생기기도 합니다.

> **더 알아볼까요!**
>
> **온라인 대화를 할 때 지켜야 할 예절**
> • 상대에게 불쾌감을 주는 대화를 하지 않습니다.
> • 바른 말, 고운 말을 씁니다.
> • 주제에 맞는 대화를 합니다.
> • 사실과 다른 내용을 올리지 않습니다.
> • 시간과 상황에 어울리는 대화를 합니다.
> • 상대의 정보를 다른 곳에서 이야기 하지 않습니다.
> • 다른 사람이 인터넷에 올린 정보를 인용할 때에는 반드시 출처를 밝힙니다.
> • 다른 사람의 실수를 이해합니다.
> • 대화를 시작하고 끝낼 때 인사합니다.
> • 상대가 원하지 않는 행동을 강요하지 않습니다.

20 온라인 대화는 말하는 이의 말투, 몸짓, 표정을 알 수 없기 때문에 듣는 이가 오해하지 않도록 해야 합니다.

창의서술형 평가

1 두 양반이 박 노인에게 **2** ⑩ 손님 것은 바우 놈이 자른 것이고, 이분 것은 박 서방이 자른 것이기 때문이랍니다. **3** ⑩ 가는 말이 고와야 오는 말이 곱다 / 말 한마디에 천 냥 빚도 갚는다 **4** ⑩ 불쾌할 것이다. 나는 중요한 일인데 상대는 장난을 하는 것 같기 때문이다. **5** ⑩ 상대가 모를 수도 있으니 줄임 말은 사용하지 않는 것이 좋겠다.

풀이 ▶

1 해설을 살펴보면 양반들은 젊다는 것을 알 수 있습니다.

상	윗마을 양반과 아랫마을 양반이 박 노인에게 높임말을 써야 한다고 썼다.
중	박 노인에게 높임말을 써야 한다는 내용을 썼다.
하	박 노인에게 높임말을 써야 한다는 것을 쓰지 못했다.

2 윗마을 양반과 아랫마을 양반은 박 노인을 각각 다르게 불렀습니다.

상	박 노인이 고기를 다르게 준 까닭을 재치 있는 표현을 사용해 대답하는 말로 잘 썼다.
중	박 노인이 고기를 다르게 준 까닭을 대답하는 말로 썼다.
하	박 노인이 고기를 다르게 준 까닭을 쓰지 못했다.

더 알아볼까요!

두 양반이 하는 말을 들은 박 노인의 기분

- 그림 ❶의 박 노인은 짜증 난 표정이고, 그림 ❷의 박 노인은 즐거운 표정입니다.
- 똑같은 이야기라도 말하는 사람 말투에 따라 듣는 사람 태도가 많이 달라집니다.

3 말의 중요성에 대해 교훈을 주는 속담을 생각해 봅니다.

상	남에게 말이나 행동을 좋게 해야 남도 자기에게 좋게 한다는 뜻의 속담을 썼다.
중	말을 좋게 해야 한다는 뜻의 속담을 썼다.
하	말의 중요성에 대해 교훈을 주는 속담을 쓰지 못했다.

더 알아볼까요!

「박바우와 박 서방」 이야기에 어울리는 속담

가는 말이 고와야 오는 말이 곱다	자기가 남에게 말이나 행동을 좋게 하여야 남도 자기에게 좋게 한다는 말.
말 한마디에 천 냥 빚도 갚는다	말만 잘하면 어려운 일이나 불가능해 보이는 일도 해결할 수 있다는 말.
말로 온 공을 갚는다	말을 잘 하면 모든(온) 마음의 빚도 다 갚을 수 있다는 말.
말이 고마우면 비지 사러 갔다가 두부 사 온다	상대편이 말을 고맙게 하면 제가 생각하였던 것보다 훨씬 더 후하게 해 주게 된다는 말.

4 온라인 대화를 할 때 줄임말이나 그림말을 받게 되면 기분이 어떠했는지 좋았거나 불편했던 적은 없는지 생각하여 써 봅니다.

상	온라인 대화를 할 때 줄임 말이나 그림말을 받게 되어 기분이 좋았거나 불편했던 적을 까닭을 들어 썼다.
중	온라인 대화를 할 때 줄임 말이나 그림말을 받게 되면 기분이 어떠할지 썼다.
하	줄임 말이나 그림말을 사용하면 좋은 점과 나쁜 점을 알지 못했다.

5 온라인 대화에 쓰이는 표현의 특징을 생각하여 씁니다.

상	온라인 언어 예절을 생각해 꼭 필요한 경우에만 적절하게 사용해야 한다는 것을 썼다.
중	줄임 말과 그림말을 사용할 때 주의할 점을 알고 썼다.
하	온라인 대화에서 줄임 말이나 그림말을 쓸 때의 문제점을 알지 못했다.

정답과 풀이

✏️개념을 확인해요

55쪽

1 인상 2 인물 3 사건 4 배경 5 시간적 6 말 7 행동 8 관심 9 일 10 차례

개념을 다져요

56~57쪽

1 ④ 2 어느 날 아침, 버스 안 3 ③ 4 (1) ○ (2) ○ (3) ○ 5 ① 6 ⑤

풀이 ▶

1 글쓴이에게 일어난 일이 아니라 등장인물에게 일어난 일을 정리해야 합니다.

2 시간적 배경은 어느 날 아침, 공간적 배경은 버스 안입니다.

3 인물이 한 말이나 행동으로 인물의 성격을 짐작할 수 있습니다.

4 사건이 일어난 차례를 살펴보고, 인물의 성격에 따라 인물의 행동이 어떻게 달라지는지 살펴볼 수 있습니다.

5 표지를 어떻게 꾸밀지에 대해 생각한 것입니다.

6 사건의 흐름을 정리하는 방법은 사건이 일어난 차례에 따라 정리할 수 있으며 인물의 성격에 따른 사건의 흐름을 생각해 봐야 합니다.

1회 단원 평가 도전

58~61쪽

1 옆자리 2 ①, ③ 3 ⑤ 4 ⑤ 5 ⑩ 뒷자리로 돌아갈 까닭이 없었기 때문이다. 6 ①, ④ 7 ① 8 (3) ○ 9 ⑩ 창훈이가 다른 아이들이랑 장난치며 뛰다가 윤아와 부딪쳤기 때문이다. 10 ④, ⑤ 11 우진 12 ⑩ 창훈이는 기다렸다는 듯이 엉덩춤을 실룩실룩 추더니 휭 하고 자리를 떴어요. 13 ① 14 ③ 15 ⑩ 그림을 보니 젓가락질을 연습하는 내용이 있을 것 같아. 16 ④ 17 주은 18 ③ 19 (1) 상점, 점포, 점방 (2) 야채 20 (1) 할머니의 몸 위 (2) ⑩ '나'는 바람을 타고 할머니의 몸 위에 내려앉았다.

풀이 ▶

1 사라는 글 ㈎에서 백인들이 앉는 자리와 구분된 뒷자리에 앉았다가 글 ㈏에서는 앞쪽 끝까지 가서 운전사 옆자리에 앉았습니다.

2 사라와 어머니는 흑인이라는 이유로 차별을 받고 있습니다.

3 사라는 버스의 앞쪽 자리에 특별한 게 있는지 궁금하였습니다.

4 사람들은 사라에게 버스 뒷자리로 돌아가라고 하였습니다.

5 사라는 뒷자리로 돌아갈 아무런 이유가 없다고 생각하였습니다.

6 과거, 현재, 미래를 나타내는 말이 무엇이 있을지 각 문단의 맨 앞부분을 중심으로 찾아봅니다.

7 사라는 자신의 생각을 당당하게 말하고 행동으로 실천하였습니다.

8 "저는 버스 앞자리에 타면 안 되나요?"를 참고하여 고릅니다.

9 "김창훈! 너 때문에 내 공기 알이 사물함 밑으로 들어갔잖아!"를 보면 알 수 있습니다.

10 인물이 한 말이나 행동으로 인물의 성격을 짐작할 수 있습니다.

11 우진이가 창훈이한테 '나'와 윤아에게 사과하라고 말한 것을 보면 우진이의 성격이 의롭다는 것을 알 수 있습니다.

12 창훈이가 애교를 부리는 것을 보면 장난을 좋아한다는 것을 짐작할 수 있습니다.

13 '이런 우진이를 어떻게 안 좋아할 수 있겠어요?'라는 말은 우진이를 좋아한다는 말입니다.

14 ③을 제외한 나머지는 우진이와 비슷한 의로운 성격이라서 남자아이들과의 관계보다 옳고 그름을 따져 묻는 행동입니다.

15 이야기를 읽기 전 이야기 속 장면을 살펴보고 어떤 내용의 이야기일지 활동하는 과정입니다.

16 우봉이는 젓가락 달인이 되려고 할아버지와 계속 연습하고 있습니다.

17 장면 ❺에서 우봉이와 주은이가 젓가락 달인 결승전에서 겨루게 된 것을 알 수 있습니다.

18 장면 ❷, ❸에서 공간적 배경이 우봉이네 집에서 시장으로 바뀌었습니다.

19 낱말 사이의 관계를 생각하며 뜻이 비슷한 낱말을 떠올려 봅니다.

20 '나'는 할머니의 몸 위에 사뿐히 내려앉았고 그제야 세상에서 가장 값진 옷이 될 수 있었다는 내용입니다.

이야기의 구성 요소
• 이야기의 재료가 되는 인물, 사건, 배경을 이야기의 구성 요소라고 합니다.
• 인물, 사건, 배경은 이야기를 구성하는 데 꼭 필요한 요소입니다. 이 세 가지가 어울려야 한 편의 이야기가 만들어집니다.

인물	이야기에서 어떤 일을 겪는 사람이나 사물
사건	이야기에서 일어나는 일
배경	이야기가 펼쳐지는 시간과 장소

• 시간적 배경: '언제'에 해당하는 것
• 공간적 배경: '어디에서'에 해당하는 것

2회 단원 평가 실전

62~65쪽

1 ②   2 예 혼란스러웠다.   3 ②   4 ④   5 예 흑인이든 백인이든 버스에서 원하는 자리에 앉을 수 있게 바꾸었을 것이다.   6 ②   7 예 사람들은 마침내 법을 바꾸어서 사라는 버스에 올라 앞자리에 앉을 수 있게 되었습니다.   8 공기놀이   9 ①   10 ①, ③   11 ⑤   12 예 "이걸로 꺼내 보자."/우진이는 어디서 가져왔는지 기다란 자를 들고 나타났어요. 그러고는 바닥에 납작 엎드려 자로 사물함 밑을 더듬거렸어요.   13 예 다정다감하다.   14 ⑤   15 ③   16 ③, ⑤   17 ⑤   18 ㉮   19 초코파이   20 ①

풀이

1 '피부색', '어떤 흑인도~'에서 흑인임을 알 수 있습니다.

2 '사라는 몹시 혼란스러웠습니다.'를 참고하여 씁니다.

3 ㉡ '법'은 흑인은 버스 앞자리에 타면 안 된다는 법을 가리킵니다.

4 잘못된 법을 따르고 싶지 않고, 바꾸고 싶었기 때문입니다.

5 흑인인 사라에게 있었던 일을 이해하고 그에 맞게 바뀐 법의 내용을 쓰면 됩니다.

---

6 버스를 타고 앞자리로 나갔던 일부터 시작해서 경찰서, 다시 버스 까지 이동 장소에 따라 내용을 전개하였습니다.

7 각각의 장소에서 일어난 사건을 차례대로 정리한 내용을 살펴봅니다.

8 "나 공기놀이 그만 할래."라는 말로 보아 공기놀이를 하고 있다는 것을 알 수 있습니다.

9 우진이가 윤아를 칭찬하자 심통을 부리며 공기놀이를 그만 하겠다고 하는 것으로 보아 샘이 많은 성격임을 알 수 있습니다.

10 인물의 성격은 인물의 말이나 행동을 통하여 파악할 수 있습니다.

11 우진이는 어디서 가져왔는지 기다란 자를 들고 나타나서 "이걸로 꺼내 보자."라고 하였습니다.

12 우진이는 적극적이고 다정다감한 성격입니다.

13 먼지를 툴툴 털어 내고 공기 알과 나비 핀을 내미는 우진이의 행동에서 다정하고 따뜻한 성격임을 짐작할 수 있습니다.

14 우진이의 성의를 무시하고 우진이가 건넨 핀을 더럽다며 면박을 준 윤아가 얄미웠기 때문입니다.

15 윤아를 한 대 콩 쥐어박고 싶었다고 한 것으로 보아 얄미워한다는 것을 알 수 있습니다.

16 실제로 있는 일같이 생각하도록 이야기를 자연스럽게 꾸며 쓰고, 인물, 사건, 배경이 서로 어울리게 바꿔야 합니다.

17 앞의 인물, 사건, 배경과 어울리는 내용을 상상하여야 합니다.

18 이 글 바로 전 내용이 ㉯입니다. 영란이는 아버지가 데리러 온 것을 알고도 뒷문으로 간 것으로 보아 아버지 몰래 혼자 집으로 돌아왔을 것입니다.

사건의 흐름 정리하기
• 이야기 속 인물이 한 일을 떠올려 봅니다.
• 인물이 한 일의 차례를 생각해 봅니다.

19 어머니는 아버지 바지 호주머니에서 으깨진 초코파이를 발견하셨습니다.

20 영란이는 아버지가 자신을 위해 좋아하는 초코파이를 먹지도 않고 호주머니에 둔 것을 보고 고맙고 죄송한 마음이 들었을 것입니다. 초코파이를 통해 아버지의 사랑이 느껴집니다.

66~67쪽

1 ⑩ 그전에는 백인과 흑인의 차별이 더 심했기 때문이다.   2 ⑩ 백인이 흑인보다 우월하다고 생각한다. / 흑인을 차별한다.   3 ⑩ 사라에게 또 나쁜 일이 생기지 않도록 하기 위해서이다.   4 (1) ⑩ 우봉이가 젓가락왕이 되려고 열심히 노력한 것처럼 나도 내가 목표한 일에 최선을 다하고 싶다. (2) ⑩ 자신과 다른 문화를 지닌 사람을 쉽게 이해하지 못했던 우봉이의 행동을 보며 나와 다른 문화도 이해하는 태도를 길러야겠다.   5 ⑩ 주은이 어머니께 인사를 하고 주은이 어머니께서 드시던 카오리아오를 같이 손으로 먹어 보았을 것이다.

풀이

1 백인과 흑인은 늘 차별을 받아 왔기 때문입니다.

상	글을 읽고 백인과 흑인의 차별을 알았으며, 그 내용을 참고하여 까닭을 썼다.
중	글을 읽고 흑인이 어머니가 하신 말씀의 뜻을 파악하여 썼다.
하	글을 읽었지만 이해하지 못해서 그 까닭을 쓰지 못했다.

더 알아볼까요!

일어나요, 로자
• 「사라, 버스를 타다」의 모티프가 된 실제 사건을 다룬 글입니다.
• 1955년 12월 1일, 미국 앨라배마주 몽고메리에서 버스 좌석에 앉아 있다가 백인 자리이므로 비키라는 운전사의 요구를 거절한 로자 파크스가 체포되는 사건이 발생했습니다. 사건은 대대적인 버스 승차 거부 운동으로 이어졌고, 그 운동을 26세의 젊은 목사인 마틴 루터 킹이 주도하게 됩니다. 1년간 지속된 운동은 결국 1956년 미 연방대법원으로부터 인종 분리가 불법이라는 판결을 이끌어냈습니다.

2 백인과 흑인은 늘 차별을 받아 왔기 때문입니다.

상	옛날 미국에서는 사람을 피부색에 따라 차별하는 일이 있었다는 것을 알고 사회적 분위기를 파악해 썼다.
중	흑인이 차별 받는 시대였음을 알고 그와 비슷한 내용을 썼다.
하	글을 읽고 사회적 분위기를 파악하지 못했다.

3 흑인이라는 이유만으로 버스 앞자리에 못 앉는 것은 옳지 못하다는 생각도 담긴 행동입니다.

상	글을 읽고 사라가 한 행동을 참고하여 사라와 어머니가 걸어가게 된 까닭을 짐작해 썼다.
중	글을 읽고 사라와 어머니가 걸어가게 된 까닭을 썼다.
하	사라와 어머니가 걸어가게 된 까닭을 짐작하지 못했다.

4 우봉이의 행동에 대한 자신의 생각을 써 봅니다.

상	각 장면에 대한 인물의 행동을 알고, 자신의 생각을 썼다.
중	한 장면에 대한 인물의 행동을 알고, 자신의 생각을 썼다.
하	인물의 행동에 대한 생각을 하지 못해 글을 정리하지 못했다.

5 우봉이는 융통성 없는 성격 때문에 시장에서 손으로 음식을 드시는 주은이 어머니를 보고 좋지 못하다고 생각했습니다.

상	인물이 한 말과 행동으로 성격을 짐작해 보고, 인물의 성격에 따른 사건의 흐름을 생각해 썼다.
중	인물의 성격이 태도나 생각 따위가 거리낌 없이 열려 있으면 내용이 어떻게 전개될지 썼다.
하	'개방적'의 뜻을 이해하지 못해 일어날 사건을 쓰지 못했다.

더 알아볼까요!

「젓가락 달인」에서 인물의 성격에 따른 사건의 흐름 살펴보기
• 우봉이가 융통성 없는 성격 때문에 일어난 일: 우봉이는 시장에서 손으로 음식을 드시는 주은이 어머니를 보고 야만인이 하는 행동이라고 생각합니다.
→ 그 사건의 결과: 우봉이는 주은이와 눈이 마주칠까 봐 다른 사람 뒤로 얼른 숨었습니다.
• 우봉이가 다른 문화에 대한 편견이 없는 개방적인 성격이었다면 일어날 일: 우봉이가 주은이 어머니께 인사를 하고 주은이 어머니께서 드시던 카오리아오를 같이 손으로 먹어 보았을 것 같습니다.
→ 주은이에게 어머니께 화를 내거나 어머니를 창피해하면 안 된다고 말해 주었을 것입니다.

| 5 | 의견이 드러나게 글을 써요 |

69쪽

✏️개념을 확인해요

1 어찌하다　2 어떠하다　3 두　4 한　5 상황
6 까닭　7 예의　8 문제　9 의견　10 읽는

개념을 다져요

70~71쪽

1 (1) 어찌하다 (2) 어떠하다　2 ④　3 (1) 목화 장수
들은 (2) 고양이 때문에 큰 손해를 입어 투덜거렸다.
4 상수리에 댐을 건설해야 합니다.　5 (1) ○ (2) ○
(4) ○　6 ③

풀이 ▶

1 '어찌하다'는 움직임을 나타내고, '어떠하다'는 '무엇
이'의 성질이나 상태를 나타냅니다.

2 ① '누가+무엇이다', ② '누가+어떠하다', ③ '누가
+어찌하다', ⑤ '누가+어찌하다'로 알맞게 나누어
졌습니다. ④도 '누가+어떠하다'의 짜임이 되려면
'내 친구 현서는+부지런합니다.'로 나누어야 알맞
습니다.

3 문장은 '누가/무엇이'에 해당하는 부분과 '무엇이다/
어찌하다/어떠하다'에 해당하는 부분으로 나눌 수
있습니다.

4 상수리에 댐을 건설하자는 글쓴이의 의견이 제시되
어 있습니다.

5 의견을 제시하는 글은 문제 상황을 제시해야 하고
자신의 의견과 그렇게 생각한 까닭을 써야 합니다.
새로운 낱말의 사용 여부는 관계가 없습니다.

6 친구들과 만드는 학급 신문에는 주제에 어울리는 신
문 이름, 친구들의 의견, 그리고 의견을 뒷받침할 자
료인 적절한 사진이나 그림이 들어가면 좋습니다.

🔍더 알아볼까요!

학급 신문을 만들 계획 세우기
❶ 학급 신문의 주제를 정한다. → ❷ 학급 신문의 이름을 정한다.
→ ❸ 자신의 의견을 뒷받침할 자료를 찾는다. → ❹ 자신의 의견과
의견을 뒷받침하는 까닭을 종이에 적는다. → ❺ 각자가 적은 종이
를 모둠별로 학급 신문에 붙인다. → ❻ 모둠별 학급 신문을 완성
한다.

1회 단원 평가

72~75쪽

1 ③　2 ⑤　3 (3) ○　4 ❸　5 (1) 예 내 친구는 겁
이 많습니다. (2) 예 선생님께서 큰 소리로 웃으셨습니
다.　6 ①　7 ④　8 고양이의 아픈 다리를 맡았던
목화 장수　9 ④　10 ④　11 ④　12 예 댐을 건설
하는 것에 반대한다.　13 ②, ③　14 ②　15 ②
16 ③　17 ⑤　18 ④　19 (1) 빈 수레가 / 요란하
다. (2) 발 없는 말이 / 천 리 간다.　20 (1) 사과는
맛있다. (2) 맛있는 것은 바나나이다.

풀이 ▶

1 '어떠하다'는 '누가/무엇이'의 성질이나 상태를 나타
냅니다.

2 ①, ③, ④는 '무엇이다', ②는 '어떠하다'에 해당합니
다.

3 '세 아들은'은 '누가', '밭으로 달려갔습니다'는 '어찌
하다'에 해당합니다.

4 '가을 하늘이 초등학교 4학년이다.'는 어색한 문장입
니다.

5 '어떠하다'는 성질이나 상태는 나타내고, '어찌하다'
는 움직임을 나타내는 말입니다. 그림에 어울리게
써 봅니다.

6 ②~⑤ 모두 고양이가 다리 하나를 다치면서 시작된
일입니다.

7 다리에 불이 붙은 고양이가 광 속에 있는 목화 더미
위에 굴러 순식간에 목화가 몽땅 타 버려서 목화 장
수 네 명은 큰 손해를 보게 되었습니다.

8 목화 장수 세 명은 고양이의 아픈 다리를 맡았던 사
람에게 목홧값을 물어내라고 하였습니다.

9 목화 장수 세 명은 산초기름에 불이 붙어 고양이가
이를 끄려고 목화 광으로 들어갔으므로 아픈 다리를
맡았던 장수가 불이 난 것에 책임이 있다고 말했습
니다.

10 세 사람은 고양이의 아픈 다리를 맡고 있던 사람에
게 목홧값을 내라며 싸움을 벌였는데 싸워도 해결이
나지 않자, 사또를 찾아가 판결을 해 달라고 부탁하
였습니다.

11 어제 댐 건설 담당자가 만강에 댐을 건설할 수 있는
지 알아보기 위해 글쓴이의 마을을 방문하였습니다.

12 글쓴이는 마을에 댐을 건설하는 것에 반대하는 입장입니다.

13 글쓴이는 숲과 강에 사는 동물들을 볼 수 없게 되고 마을 사람들이 정든 고향을 떠나야 하기 때문에 댐 건설을 반대합니다.

14 여름철에 폭우로 생기는 문제를 막을 수 있기 때문에 댐을 건설해야 한다는 글입니다.

15 댐 건설 담당자는 폭우로 생기는 문제를 막기 위해, 홍수 피해를 막기 위해 상수리에 댐을 건설해야 한다는 의견을 말하고 있습니다.

16 그림 ㉮는 화단에 쓰레기가 버려져 있는 모습입니다.

17 그림 ㉯는 아이가 휴대 전화를 쳐다보면서 횡단보도를 건너는 위험한 모습입니다.

18 의견을 제시하는 글을 쓸 때에는 문제 상황을 제시했는지, 그것에 대한 의견과 까닭이 잘 드러났는지 살펴보아야 합니다. 꾸며 주는 말을 넣어 재미있게 쓰는 것과는 거리가 멉니다.

19 '요란하다'는 성질이나 상태를 나타내는 '어떠하다'에 해당합니다. '천 리 간다'는 움직임을 나타내는 '어찌하다'에 해당합니다.

20 '사과는'+'맛있다'로 나눌 수 있습니다.

2회 단원 평가 실전

76~79쪽

1 ①　　2 (1) 아버지께서 밭에 묻어 두신 보물은 (2) 주렁주렁 열린 포도송이였습니다.　　3 ②　　4 (1) 친절합니다. (2) 예 친구를 잘 도와줍니다.　　5 ①　　6 예 고양이의 다친 다리를 맡았던 목화 장수에게 목홧값을 물어내라고 했다.　　7 ③　　8 ④　　9 ⑤　　10 예 목홧값을 고양이의 성한 다리를 맡았던 목화 장수 세 명이 물어야 한다. 왜냐하면 불이 붙은 고양이가 광으로 도망칠 때는 성한 다리로 도망쳤기 때문이다.　　11 ⑤　　12 ④　　13 ④　　14 상수리 마을 주민들의 협조　　15 예 나는 글쓴이의 의견에 반대한다. 홍수로 인한 피해를 막기 위해서는 나무를 심는 방법도 있는데 굳이 댐을 건설하여 마을 사람들에게 피해를 줄 필요는 없기 때문이다.　　16 (1) ㉡ (2) ㉢ (3) ㉠　　17 ①　　18 ④　　19 다문화　　20 ③

풀이 ▶

1 '늙은 농부는'은 '누가'이며, '세 아들에게 ~ 말해 주었습니다.'는 '어찌하다'입니다.

2 문장은 '누가/무엇이'에 해당하는 부분과 '무엇이다/어찌하다/어떠하다'에 해당하는 부분으로 나눌 수 있습니다.

3 '어찌하다'는 '무엇이'의 움직임을 나타내는 말인데, ②는 상태나 성질을 나타내는 '어떠하다'에 해당하는 말입니다.

4 (1)은 '친절한'이 나올 수 있도록 '친절합니다'를 써야 하며, (2)는 움직임을 나타내는 문장을 써야 합니다.

5 문장의 짜임을 알면 아무리 긴 문장도 앞뒤 연결을 생각하며 읽을 수 있어서 문장의 내용을 이해하기 쉽습니다.

6 사건의 흐름을 생각하며 내용을 간추린 뒤에 문장의 짜임에 맞는지 살펴봅니다.

7 목화 장수들은 궁리 끝에 광에 고양이를 기르기로 하고 똑같이 돈을 내어 고양이를 샀습니다.

8 세 사람은 고양이의 아픈 다리를 맡고 있던 사람에게 목홧값을 내라며 싸웠습니다.

9 고양이의 아픈 다리를 맡았던 목화 장수는 불이 붙은 고양이가 광으로 도망칠 때는 성한 세 다리로 도망갔기 때문에 목홧값을 물어 줄 수 없다고 하였습니다.

10 정답이 정해져 있는 것은 아니므로 적절한 까닭을 들어 의견을 제시할 수 있으면 됩니다.

11 효은이는 마을에 댐을 건설하는 것을 반대하는 입장입니다.

12 글쓴이는 숲과 강에 사는 동물들을 볼 수 없게 되고 마을 사람들이 정든 고향을 떠나야 하는 까닭을 타당하게 들어 의견을 내세우고 있습니다.

13 비가 많이 오면 강 하류에서는 강물이 넘쳐 여러 가지 문제가 발생합니다. '비가 내리는 대로 ~ 위험합니다.'에 그 내용이 있습니다.

14 글쓴이는 댐 건설과 관련하여 모든 비용을 지원할 것이므로 상수리 마을 주민들이 협조해 주기를 바라고 있다.

15 홍수로 인한 피해를 막기 위하여 마을에 댐을 건설해야 한다는 글쓴이의 의견에 대하여 어떻게 생각하는지 그렇게 생각한 까닭을 근거로 제시하여 의견을 씁니다.

16 그림 ㈎~㈐는 모두 의견 제시가 필요한 상황으로, 그림 ㈎는 화단에 쓰레기가 버려져 있는 상황, 그림 ㈏는 숙제를 할 때 인터넷에 올라와 있는 글을 보고 베껴 쓰는 상황, 그림 ㈐는 횡단보도를 건너면서 휴대 전화를 보는 상황입니다.

17 그림 ㈑에 적절한 그림은 의견 제시가 필요한 상황이어야 합니다.

18 이 글의 제목은 '함께 사는 다문화, 왜 중요할까요?'로 글쓴이는 선진국의 예를 들어 다문화를 받아들이는 방법에 대해 말하고 있습니다.

19 우리는 지금부터 다문화 사회를 준비하는 마음가짐을 가져야 한다고 하였습니다.

20 다문화를 받아들이는 방법은 나와 다른 사람을 특별 대우 하는 것이 아니라고 하였습니다.

창의서술형 평가

80~81쪽

1 예 다리에 불이 붙은 고양이가 목화 더미 위에서 굴렀기 때문이다.　2 예 이번 불은 순전히 고양이의 아픈 다리에 불이 잘 붙는 산초기름을 발라 준 저 사람 때문이야. 그러니 목홧값은 저 사람이 물어야 해.　3 예 불이 붙은 고양이가 광으로 도망칠 때에는 성한 세 다리로 도망쳤으니 광에 불이 난 것은 순전히 너희가 맡은 세 다리 때문이야.　4 (1) 상수리에 댐을 건설하는 것을 반대한다. (2) 예 숲에 사는 동물들이 살 곳을 잃기 때문이다. / 만강의 물고기들을 다시는 볼 수 없기 때문이다. / 마을 어른들께서는 평생 살아온 고향을 떠나야 하시기 때문이다. (3) 예 상수리에 댐을 건설해야 한다. (4) 예 폭우로 생기는 문제를 막을 수 있다. / 홍수 피해를 막을 수 있다.　5 예 장점과 단점을 비교해 더 좋은 의견을 채택할 수 있기 때문이다.

풀이

다리에 불이 붙은 고양이가 목화 더미 위에서 굴러 광 속의 목화가 몽땅 타 버리고 말았습니다.

상	글을 읽고 광 속의 목화가 타 버린 까닭을 파악해 썼다.
중	광 속의 목화가 몽땅 타 버린 까닭을 찾아서 썼다.
하	광 속의 목화가 몽땅 타 버린 까닭을 쓰지 못했다.

2 고양이의 성한 다리를 맡았던 목화 장수 세 명이 한 말을 찾아 씁니다.

상	고양이의 성한 다리를 맡았던 목화 장수 세 명의 의견과 고양이의 아픈 다리를 맡았던 목화 장수의 의견을 구별했고, 파악해 썼다.
중	고양이의 성한 다리를 맡았던 목화 장수 세 명의 의견을 알고 썼다.
하	고양이의 성한 다리를 맡았던 목화 장수 세 명의 의견을 찾아 쓰지 못했다.

3 고양이의 아픈 다리를 맡고 있던 목화 장수의 입장이 되어 의견을 써 봅니다.

상	고양이의 아픈 다리를 맡았던 목화 장수가 되어 고양이의 성한 다리를 맡았던 목화 장수 세 명에게 자신의 의견을 대화하듯이 썼다.
중	고양이의 아픈 다리를 맡았던 목화 장수의 의견을 썼다.
하	고양이의 아픈 다리를 맡았던 목화 장수의 의견을 찾아 쓰지 못했다.

4 의견과 의견을 뒷받침하는 까닭을 찾아 써 봅니다.

상	효은이의 의견과 댐 건설 기관 담당자의 의견을 까닭과 함께 찾아 썼다.
중	효은이의 의견과 댐 건설 기관 담당자의 의견, 까닭 가운데 한 가지만 제대로 썼다.
하	효은이의 의견과 댐 건설 기관 담당자의 의견도 까닭도 파악해 쓰지 못했다.

5 의견을 비교하면 좋은 점은 무엇일지 생각해 봅니다.

상	사람마다 생각이 달라서 의견이 다양하게 나오기 때문이다. 좋은 점과 나쁜 점을 비교해 더 좋은 의견을 채택할 수 있기 때문이다 등을 썼다.
중	의견을 비교하는 까닭을 조리 있게 썼다.
하	의견을 비교하는 까닭을 쓰지 못했다.

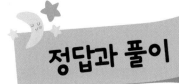

정답과 풀이

개념을확인해요

83쪽

1 인물 2 시대 3 기록 4 사실 5 시대 6 가치
관 7 시대 8 가치관 9 일 10 극복

개념을다져요

84~85쪽

1 ③ 2 (1) ㉠ (2) ㉢ (3) ㉡ 3 ㉠, ㉣, ㉢, ㉡ 4 (1)
○ (2) ○ (3) ○ 5 ② 6 예 대체 에너지 개발이 필
요해진다.

풀이

1 헬렌 켈러는 자신이 가진 장애의 어려움을 딛고 극
복하여 다른 장애를 가진 사람들을 돕는 일을 하였
습니다.
2 전기문에는 인물이 살았던 시대 상황, 인물이 한 일,
인물이 겪은 일, 인물의 가치관 따위가 나타나 있습
니다.
3 전기문에 드러난 시간을 나타내는 말을 통해 일어난
일을 차례대로 요약할 수 있습니다.
4 인물이 살았던 시대 상황, 인물이 한 일, 짐작할 수
있는 인물의 가치관을 생각하며 읽어야 합니다.
5 인물의 생각이나 가치관과 같은 인물의 본받을 점을
생각하며 전기문을 읽습니다.
6 20년 뒤에 자신이 어떤 시대 상황에 있을지 상상해
써 봅니다.

1회 단원 평가 도전

86~89쪽

1 '역사' 책꽂이 2 ⑤ 3 ④ 4 ③ 5 예 우리글
을 쉽게 배울 수 있도록 문법을 연구했다. 6 ①, ②,
⑤ 7 ① 8 ③ 9 ⑤ 10 ④ 11 지방 관리
12 (대) 13 ⑤ 14 ④ 15 ④ 16 예 앤 설리번
선생님을 만난 날이기 때문이다. 17 ① 18 예 설
리번 선생님은 헬렌이 공부할 수 있도록 도와주었고,
헬렌은 선생님을 믿고 잘 따랐을 것이다. 19 ④
20 ④

풀이

1 아이들은 도서관에서 대화를 하고 있으며, 전기문을
찾기 위해 '역사' 책꽂이로 가 보자고 했습니다.
2 전기문은 인물의 삶을 사실대로 기록한 글로, 어떤
인물의 생애와 업적, 언행, 성품 등이 담겨 있습니
다.
3 세종 대왕은 한자가 너무 어려워 많은 백성이 자신
의 생각을 표현하지 못했기 때문에 훈민정음을 만들
었습니다.
4 한글을 쉽게 배울 수 있도록 문법을 연구하고 우리
말 사전을 편찬하는 데 큰 공을 세우신 분은 주시경
선생님입니다.
5 주시경 선생님의 노력 덕분에 우리글을 쉽게 배울
수 있게 되었습니다. 주시경 선생은 누구나 쉽게 배
울 수 있도록 문법을 연구하셨습니다.
6 자신이 본받고 싶은 인물을 소개할 때에는 인물이
한 일과 본받고 싶은 까닭, 인물이 살았던 시대 상황
등을 이야기합니다.
7 이익을 적게 남기고 많이 팔 것, 적당한 가격에 물건
을 사고팔 것, 반드시 신용을 지키고 정직한 거래를
할 것입니다.
8 김만덕의 행동을 통해 신용, 정직한 거래 등의 가치
관을 알 수 있습니다. 인물의 가치관은 인물이 살았
던 시대 상황이나 인물이 한 일을 근거로 짐작할 수
있습니다.
9 김만덕은 제주도 사람들이 굶주린 모습을 보고 자신
의 전 재산을 들여 곡식을 사서 나누어 주었습니다.
10 인물의 말, 행동, 업적 등을 통하여 가치관을 파악할
수 있습니다.
11 지방 관리가 어떤 마음을 가져야 하는지 깊이 생각
했습니다.
12 전기문에는 인물이 살아온 과정이 차례대로 나와 있
습니다.
13 거중기 덕분에 백성은 성을 짓는 일에 자주 나오지
않아도 되어 마음 편히 농사를 지을 수 있었습니다.
14 당시의 백성들 중에서 살림살이가 어려워 세금을 내
지 못해 남의 집 머슴살이를 하는 사람도 많았던 것
은 어린 정약용의 눈에 비친 모습입니다.
15 백성의 어려운 삶을 지켜보면서 백성에게 도움이 되
려고 맡은 일을 열심히 했습니다.
16 헬렌은 여덟 살 때 설리번 선생님을 만났고, 앤 설리

번 선생님을 통해 글자를 배우게 됩니다.

17 앤은 헬렌의 손이 곧 눈이라는 것을 바로 알아차렸습니다.

18 '앤은 헬렌의 손이 ~ 줄 것입니다.'를 통해 앤 설리번 선생님이 헬렌에게 새로운 삶을 살게 해 줄 것임을 짐작할 수 있습니다.

19 제주도 유배지에서 그동안 미뤄 두었던 책을 읽으며 책 속에서 오류를 발견한 유희춘을 불러들인 선조는 관직을 내주었고 책들의 오류를 바로잡아 새로 찍어 낼 수 있게 하였습니다.

20 유희춘은 이미 편찬된 책들의 오류를 바로잡고 새로이 찍어 냈습니다.

2회 단원 평가 실전

90~93쪽

1 ③ **2** ④ **3** ③ **4** (1) 예 세종 대왕 (2) 예 한자를 어려워하는 백성들을 위해 훈민정음을 만들어 쉽게 익히게 하였다. **5** ④ **6** ③ **7** ① **8** ② **9** 예 자신의 전 재산을 들여 다른 사람들을 살리려고 한 따뜻한 마음을 본받아야겠다. **10** ④ **11** (1) 거중기 (2) 암행어사 (3) 『목민심서』 **12** ③ **13** ⑤ **14** ㉡ **15** ②, ⑤ **16** (1) 태극기 (2) 독립 만세 **17** 예 나라를 사랑하는 마음을 본받고 싶다. **18** ④ **19** 예 사람은 누구나 글공부를 해야 하기 때문이다. **20** (2) ○

풀이

1 전기문은 본받고 싶은 인물에 대한 업적과 시대 상황 등이 나타난 글입니다.

2 인물이 살았던 시대는 어떠했는지, 인물이 한 일은 무엇인지를 통해 전기문에 나오는 인물을 알 수 있습니다.

3 인물이 살았던 시대 상황을 함께 소개해야 합니다.

4 본받고 싶은 인물을 떠올려 보고 인물의 업적을 간단히 씁니다.

5 제주도의 포구에 객줏집을 연 것은 기생의 신분에서 벗어난 뒤입니다.

6 제주도 사람들을 굶어 죽게 내버려둘 수 없어 자기의 재산으로 육지에서 곡식을 사 왔습니다.

7 양민의 신분으로는 임금을 만날 수 없었다는 말에서 신분 차별이 있었다는 것을 알 수 있습니다.

8 전 재산을 내놓아 제주도 사람을 살린 김만덕의 행동으로 보아 돈보다 사람의 목숨을 중요하게 생각했음을 알 수 있습니다.

9 김만덕의 행동을 통해 '박애 정신'을 느낄 수 있습니다. 자기의 생활을 그것과 비교하여 쓰거나 본받고 싶은 점을 써 봅니다.

10 전기문은 인물이 살았던 시대 상황, 인물이 한 일, 짐작할 수 있는 인물의 가치관을 알 수 있는 특성이 있습니다. 이 글에 나타난 요소는 인물이 살았던 시대 상황입니다.

11 서른한 살 때 임금의 명으로 거중기를 만들었고, 서른세 살 때 정조의 비밀 명령을 받고 암행어사가 되었습니다. 쉰일곱 살 때 『목민심서』라는 책을 펴냈습니다.

12 정약용은 암행어사로 일하는 동안 지방 관리가 어떤 마음을 가져야 하는지에 대해 깊이 생각했습니다.

13 헬렌은 토미가 퍼킨스학교에 다닐 수 있도록 도와 달라는 글을 여러 사람과 신문사에 보냈으며, 사치스러운 물건을 사지 않고 돈을 보탰습니다. ②, ④의 내용은 알 수 없습니다.

14 헬렌은 자신도 장애가 있어 힘든데도 자신보다 형편이 어려워 교육을 받지 못하는 다른 장애인을 도왔습니다.

15 일본이 만세 운동을 하는 사람들에게 총칼을 휘두르고, 강제로 학교 문을 닫게 했습니다.

16 '어려움을 이겨 내려는 노력' 부분을 보고 알맞은 낱말을 써 봅니다. 고향에 돌아와서 태극기를 만들고, 아우내 장터에 모인 사람들과 독립 만세를 외쳤습니다.

17 유관순은 어려움을 극복하며 나라를 위해 독립 만세를 외쳤습니다.

18 초희는 꿈인지 생시인지 분간이 되지 않았다고 했습니다.

19 사람은 누구나 글공부를 하여 사람다운 사람이 되어야 한다고 하였습니다.

20 "어머니께서 누이는 여자라 글공부하면 안 된다 하였습니다." 라는 말을 통해 시대 상황을 짐작할 수 있습니다.

창의서술형 평가

1 ⓔ 이듬해 수확을 앞두고 태풍이 몰려와서 큰 피해를 입었다. 2 ⓔ 전 재산을 들여 곡식을 사 오게 했고 그것을 제주도 사람들에게 나누어 주었다. 3 ⓔ 자신이 가진 것을 나누고 베푸는 삶을 중요하게 생각한다. 4 ⓔ 앤 선생님이 헬렌에게 물을 만지게 했다. / ⓔ 헬렌이 앤 선생님에게 'w-a-t-e-r'라고 여러 번 써 보여 주었다. 5 ⓔ 모든 것이 새롭고 배우는 것에 재미를 느낄 것 같다.

풀이

1 태풍이 몰려와서 그동안 애써 가꾸어 놓은 농산물이 모두 심한 피해를 입었습니다.

상	1790년부터 제주도에 4년 동안 흉년이 들었고, 이듬해 수확을 앞두고 태풍이 몰려와서 큰 피해를 입었다는 시대 상황을 썼다.
중	태풍이 몰려와서 큰 피해를 입었다는 내용을 썼다.
하	글을 읽고 시대 상황을 파악하지 못했다.

더 알아볼까요!

전기문의 특성
• 전기문은 인물의 삶을 사실에 근거해 쓴 글입니다.
• 전기문에는 인물이 살았던 시대 상황이 나타나 있습니다.
• 전기문에는 인물이 한 일과 인물의 가치관이 나타나 있습니다.
• 전기문을 요약할 때에는 인물의 생각, 인물이 한 일에서 인물의 가치관을 짐작하면 좋습니다.

2 자신이 가진 전 재산을 내어 굶주린 제주도 백성을 먹일 식량을 육지에서 사서 제주도로 들여오게 했습니다.

상	제주도에 흉년이 들어 사람들이 굶어 죽을 위기에 처했을 때 전 재산을 들여 곡식을 사 오게 했고 그것을 제주도 사람들에게 나누어 주었다 것을 썼다.
중	글을 읽고 제주도 사람들의 위해 김만덕이 한 일을 썼다.
하	김만덕이 한 일을 파악하지 못했다.

3 김만덕은 전 재산을 들여 곡식을 사 오게 하였습니다. 그것으로 보아, 김만덕의 가치관은 자신이 가진 것을 나누고 베푸는 삶입니다.

상	김만덕의 말과 행동에서 '자신이 가진 것을 나누고 베푸는 삶'을 알고, 인물의 가치관을 생각해 썼다.
중	김만덕이 자신이 가진 것을 나누고 베풀었다는 것을 썼다.
하	인물의 말과 행동으로 인물의 가치관을 파악하지 못했다.

더 알아볼까요!

김만덕(1739~1812)

  김만덕은 자신이 쌓은 부를 사회에 환원함으로써 임금(정조)의 칭송을 한 몸에 받았고, 명예직이었으나 '의녀반수'라는 여성으로서는 최고의 벼슬에 이르러 주변부에서부터 중심부로 우뚝 서게 되었습니다. 특히 정조가 그의 업적을 치하하기 위해 소원을 물었을 때 만덕은 주저 없이 금강산 구경이라고 대답하였습니다. 당시 여성은 육지에 갈 수 없다는 법이 있었으므로, 자유를 요구하였던 것입니다.

4 헬렌이 자기 손에 쏟아지는 물을 나타내는 낱말이 'water'라는 것을 알게 된 과정을 차례대로 써 봅니다. 앤 선생님이 펌프를 이용해 '물'이라는 낱말의 관계를 실감 나게 알려 주려고 헬렌을 펌프가로 데려간 일이 이 글의 시작입니다.

상	글을 읽고 헬렌 켈러가 낱말과 사물의 관계를 알게 된 과정을 차례대로 썼다.
중	글을 읽고 내용의 흐름에 맞게 차례대로 썼다.
하	글을 읽고 내용의 흐름을 파악하지 못했다.

5 헬렌 앞에 빛의 세계가 열렸고, 배우고 싶다는 뜨거운 마음이 생겼으며 하루 종일 글을 쓰고는 했다는 것으로 짐작해 써 봅니다.

상	세상의 모든 것은 각각 이름을 가지고 있다는 것을 깨닫게 되었다. 배우고 싶은 뜨거운 마음이 생겼다 따위를 썼다.
중	글을 읽고 헬렌 켈러의 마음을 상상하여 썼다.
하	글을 읽고 인물의 마음을 짐작하지 못했다.

7 독서 감상문을 써요

✏️ 개념을 확인해요 　　　　　　　97쪽

1 내용　**2** 생각　**3** 제목　**4** 내용　**5** 느낌　**6** 경험
7 생각　**8** 까닭　**9** 내용　**10** 읽는

개념을 다져요 　　　　　　　98~99쪽

1 ②　**2** (1) ⓒ (2) ⓛ (3) ㉠　**3** ②　**4** ⑤　**5** (2) ○
6 ⑩ 책을 읽고 생각하거나 느낀 점을 여러 가지 형식으로 표현할 수 있다.

풀이▶

1 『견우와 직녀』는 까치, 까마귀가 놓은 오작교(烏鵲橋)에서 견우와 직녀가 만난다는 내용의 설화입니다.

더 알아볼까요!

재미있게 읽은 책의 목록 ⑩

견우와 직녀	옥황상제 때문에 은하수를 사이에 두고 다시 만나지 못한 견우와 직녀를 까치, 까마귀 들이 도와주는 내용
김구 위인전	우리나라의 독립을 위해 평생을 바친 김구 선생의 이야기
레 미제라블	빵 한 조각을 훔친 죄로 오랫동안 감옥살이를 한 장 발장이 우연히 만난 신부의 도움으로 새로운 삶을 사는 내용
금도끼 은도끼	나무꾼이 나무를 하다가 도끼를 연못에 빠뜨리자 산신령이 나타나 정직한 나무꾼에서 금도끼 은도끼까지 주는 내용
갈매기의 꿈	단지 먹이를 구하기 위해 하늘을 나는 다른 갈매기와는 달리 비행 자체를 사랑하는 갈매기 조나단이 비상의 꿈을 꾼다는 내용

2 독서 감상문을 쓰려면 가장 먼저 독서 감상문을 쓸 책을 골라야 합니다. 그리고 책 내용을 떠올려 인상 깊은 장면이나 내용을 정하고 그 까닭을 생각해 본 후, 책에 대한 생각이나 느낌을 정리합니다.

3 독서 감상문을 쓴다고 글쓴이와 대화할 수 있는 것은 아닙니다.

4 일어난 일, 인물의 행동, 인물의 마음 따위에서 자신이 인상 깊게 느끼는 부분이 있는지 생각해 쓰고 감동받은 까닭을 쓸 때 자신의 생각이나 느낌이 잘 드러나도록 구체적으로 씁니다.

5 도깨비 그림이 재미있어서 책을 선택하게 된 동기(까닭, 이유)가 나타나 있습니다.

6 책에 대한 생각이나 느낌을 표현할 수 있는 여러 가지 형식을 이야기한 모습입니다.

1회 단원 평가 　　100~103쪽

1 ⑤　**2** ②　**3** ②　**4** ①, ⑤　**5** ④　**6** ⑩『이순신 위인전』, ⑩ 힘들, ⑩ 용기를 주는　**7** ⑩ 동지는 낮이 길어지기 시작하는 날이기 때문이다.　**8** ㉠　**9** ②　**10** (1) ⑩ 내가 몰랐던 동지 (2) ⑩ 동지와 관련해 내가 몰랐던 내용을 새롭게 알 수 있었기 때문이다.　**11** ⑩ 인상 깊은 장면에 대한 까닭도 잘 드러났다.　**12** ❶, ❹, ❸, ❺　**13** ⑩ 이슬을 털며 아들보다 앞에 서서 산길을 걸었다.　**14** ③　**15** ②　**16** ⑤　**17** ④　**18** ⑤　**19** ③　**20** ④

풀이▶

1 친구들은 각자가 읽은 책에 대한 생각이나 느낌을 말하고 있는데 특히 인상 깊은 부분에 대한 내용이 나타나 있습니다.

2 『이순신 위인전』을 읽었습니다.

3 읽은 책 제목(『갈매기의 꿈』)과 가장 인상 깊었던 장면(진정한 자유를 얻는 장면), 등장인물(조나단)을 알 수 있으며 인상 깊은 장면을 말한 것 자체가 읽은 책에 대한 생각이나 느낌입니다.

4 놀이 방법 ②번에서 책 내용이나 인상 깊은 장면을 떠올린다고 하였습니다.

5 '거북 모양의 배'는 곧 거북선을 뜻하는 것이므로『이순신 위인전』이 알맞습니다.

6 자신이 읽은 책에 대한 생각이나 느낌을 한 문장으로 써 봅니다.

7 밤이 가장 길고, 낮이 가장 짧은 날이라고 생각했는데 태양의 기운이 회복되면서 낮이 길어지는 것이라고 선조들은 생각했다고 하였습니다.

8 ㉠은 책 내용입니다.

9 독서 감상문에 제목을 붙일 때에는 책 제목이 드러나게 붙이거나 책을 읽고 생각한 점이 나타나게 제목을 붙일 수 있습니다.

정답과 풀이

10 책 제목이나 내용, 생각이나 느낌과 관련하여 제목을 붙이고, 그렇게 붙인 까닭을 알맞게 이야기합니다.

11 앞부분에는 책을 읽은 까닭도 잘 드러났으며, 책을 읽고 난 뒤의 생각이나 느낌이 잘 드러나 있습니다.

12 독서 감상문을 쓰려면 가장 먼저 독서 감상문을 쓸 책을 골라야 합니다. 그리고 책 내용을 떠올려 인상 깊은 장면이나 내용을 정하고 그 까닭을 생각해 본 후, 책에 대한 생각이나 느낌을 정리하고 알맞은 제목을 붙여 완성합니다.

13 아들의 옷에 이슬이 묻지 않도록 이슬을 털며 아들 앞에 서서 산길을 걸었다.

14 일어난 일, 인물의 행동, 인물의 마음 따위에서 인상 깊게 느끼는 부분이 있는 것을 찾습니다.

15 왠지 눈물이 날 것 같았다는 내용에서 어머니에게 죄송한 마음을 느끼고 있다는 것을 짐작할 수 있습니다.

16 감동받은 부분을 찾을 때에는 일어난 일, 인물의 행동, 인물의 마음 따위에서 자신이 인상 깊게 느끼는 부분이 있는지 생각해 봅니다.

17 독서 감상문을 쓸 책으로는 기억에 남는 내용이 있거나 남에게 알리고 싶은 생각이 들었던 책을 고를 수 있습니다. 독서 감상문을 쓸 책이 같더라도 책을 고른 까닭은 다를 수 있습니다.

18 ⑤는 독서 감상문을 쓸 준비를 할 때 떠올릴 점입니다.

19 책을 읽고 생각한 앞으로의 다짐, 책을 읽은 동기, 책 내용, 책 내용과 관련해 자신을 되돌아보는 내용을 썼습니다.

20 ①은 기행문, ②는 주장하는 글, ③은 광고문, ⑤는 설명하는 글입니다.

2회 단원 평가 실전

104~107쪽

1 (1) ⓒ (2) ⓝ (3) ⓛ **2** ① **3** ③ **4** ⓝ **5** ⑤
6 ④ **7** ②, ⑤ **8** (1) × **9** ③ **10** 새 양말, 새 신발 **11** 예 아들에게 좋은 것만 주고 싶은 어머니의 마음이 느껴졌기 때문이다. **12** ⑤ **13** ①
14 (1) 초록 고양이 (2) 냄새 **15** (1) ㉮ (2) ㉯ **16** ③ **17** ⑤ **18** 예 만화를 이용해서 투발루와 로자가 헤어질 때 아쉬워하는 마음을 나타내고 싶다.
19 ①, ④ **20** ②

풀이 ▶

1 ㉡은 등장인물이 견우와 직녀입니다. 주인공의 이름이 제목인 책입니다.

2 책 제목 알아맞히기 활동으로, 주인공 심청이가 아버지의 눈을 뜨게 하기 위하여 공양미 삼백 석을 받고 인당수에 빠졌습니다.

3 거중기를 만든 사람은 정약용입니다.

4 ㉡, ㉢은 책 내용입니다.

5 동지에 팥죽을 먹는 풍습은 옛날 사람들은 병을 옮기는 나쁜 귀신이 팥을 싫어한다고 믿었고 그래서 동지에 팥으로 죽을 만들어 귀신이 못 오게 집 앞에 뿌린 것에서 생겼습니다.

6 인상 깊은 까닭을 생각해 보고 책에 대한 생각이나 느낌을 정리해야 합니다.

7 ①, ③은 고쳐 쓸 때, ④는 쓸 책을 정할 때의 방법입니다.

8 ⑴은 일기를 쓰는 까닭입니다.

9 '나'는 공부도 재미가 없고, 학교 가는 것도 재미가 없다고 말했습니다.

10 어머니께서는 아침 이슬에 흥건히 젖은 아들의 양말과 신발을 품속에 넣어 온 새것으로 바꾸어 주었습니다.

11 자신의 생각이나 느낌이 잘 드러나도록 구체적으로 써 봅니다.

12 등수만 중요한 줄 알았는데 더 큰 것이 있었다고 하였습니다. 등수가 아닌 것을 생각해 봅니다. ⑤를 제외하고는 모두 등수와 관련이 있습니다.

13 내 것이면 뭐든지 나 혼자 써도 되는 줄 알았고, 내 것을 다른 사람에게 왜 빌려줘야 하는지 몰랐다고 하였습니다.

14 초록 고양이가 데려간 엄마를 꽃담이가 냄새로 찾아 다시 엄마와 만난다는 내용에서 감동을 받았다고 하였습니다.

15 글 ㉯는 『나무 그늘을 산 총각』에서 욕심쟁이 영감이 되어 쓴 일기입니다.

16 글 ㉰는 『초록 고양이』를 읽고 꽃담이에게 쓴 편지입니다. 편지는 안부, 소식 따위를 상대방에게 전달하기 위해 대화하듯이 쓴 글입니다.

17 글 속의 사건을 내가 경험해 본 것이나 공감이 갈 때 인상 깊은 장면으로 꼽을 수 있습니다.

18 글에 대한 생각이나 느낌을 여러 가지 형식으로 표현하면 읽는 사람이 재미있게 읽을 수 있고 자신의 생각이나 느낌을 제대로 표현할 수 있습니다.

19 잠자리 눈에는 작은 눈이 2만 개가 넘게 모여 있으며, 먹이를 쫓을 땐 정말 빠릅니다. 다리에 뾰족한 가시가 나 있지만 다리 자체가 뾰족하지는 않습니다.

20 책을 읽고 내용을 생각해 써야 하며, 글에 대한 생각이나 느낌을 여러 가지 형식으로 표현할 수 있습니다.

창의서술형 평가

108~109쪽

1 『아낌없이 주는 나무』 2 예 자신이 좋아하는 사람들에게 기쁨을 주는 사람이 되고 싶다고 생각했다. 3 (1) 예 『금도끼 은도끼』 (2) 예 연못에서 산신령이 나타나는 부분에서 큰 재미를 느꼈습니다. 산신령이 정직한 나무꾼에게 상으로 도끼 세 개를 모두 주는 장면이 인상 깊었기 때문입니다. 나도 앞으로 정직한 사람이 되어야겠다고 생각했습니다. 4 (1) 예 『지구와 달』 (2) 예 표지에 있는 지구와 달 사진을 보고 책 내용에 관심이 생겼기 때문이다. 5 (1) 예 달의 크기 (2) 예 표지에 있는 지구와 달 사진을 보고 책 내용에 관심이 생겼다. (3) 예 지구와 달에 대한 여러 가지 사실을 더 많이 알고 싶다.

풀이

1 『아낌없이 주는 나무』를 읽고 쓴 독서 감상문입니다.

상	'저는 『아낌없이 주는 나무』를 읽었습니다.'를 찾아 무엇을 읽고 쓴 독서 감상문인지 썼다.
중	『아낌없이 주는 나무』에 대한 독서 감상문임을 파악했다.
하	글을 읽고 독서 감상문의 제목을 찾지 못했다.

2 "이 책을 읽고 나서 ~ 생각이 들었습니다."에 나와 있습니다.

상	글을 읽고 '저도 제가 좋아하는 사람에게 기쁨을 주는 사람이 되고 싶다는 생각이 들었습니다.'를 찾아 알맞게 썼다.
중	글을 읽고 글쓴이의 생각을 파악해 썼다.
하	글을 읽고 글쓴이의 생각을 파악하지 못했다.

더 알아볼까요!

『아낌없이 주는 나무』의 내용
사과나무와 소년은 친구입니다. 소년은 어른이 되어 가는 과정에서 돈이 필요했고 나무는 자신의 열매를 주었습니다. 어른이 된 아이는 집이 필요했고 나뭇가지를 모두 가져갔습니다. 시간이 흐르면서 남자는 멀리 가고 싶었고, 나무줄기를 이용해서 배를 만들었습니다. 노인이 된 남자는 쉴 곳이 필요했고 나무 위에 걸터앉았습니다. 나무는 행복한 삶을 살았습니다.

3 자신이 재미있게 읽을 책을 떠올려 보고, 읽은 책에 대한 생각이나 느낌을 자세히 써 봅니다.

상	자신이 재미있게 읽은 책의 제목과 생각이나 느낌을 알맞게 썼다.
중	자신이 재미있게 읽은 책의 제목과 생각이나 느낌을 썼다.
하	자신이 재미있게 읽은 책에 대한 생각이나 느낌을 쓰지 못했다.

4 독서 감상문을 쓸 책으로는 기억에 남는 내용이 있거나 남에게 알리고 싶은 생각이 들었던 책을 고를 수 있습니다.

상	그림 속 친구들이 독서 감상문을 쓸 책을 어떻게 정했는지 알고, 자신이 독서 감상문으로 쓸 책을 정해 썼다.
중	독서 감상문을 쓸 책 제목과 책을 고른 까닭을 썼다.
하	독서 감상문을 쓸 책 제목과 책을 고른 까닭을 쓰지 못했다.

5 독서 감상문에서 나타내고 싶은 생각을 떠올려 본 뒤, 정한 형식의 짜임에 맞게 쓸 내용을 생각해 봅니다.

상	독서 감상문에 쓸 내용인 제목, 처음에 쓸 내용, 처음에 쓸 내용, 끝에 쓸 내용을 떠올려 썼다.
중	독서 감상문에 쓸 내용을 썼다.
하	독서 감상문에 쓸 내용을 제대로 쓰지 못했다.

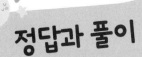
개념을 확인해요 111쪽

1 생각 2 판단 3 주제 4 뒷받침 5 출처 6 문제 7 의견 8 문제 9 의견 10 주제

개념을 다져요 112~113쪽

1 ④ 2 (1) 사실 (2) 주제 (3) 문제 상황 3 ④ 4 적절합니다 5 ① 6 (1) 예 즐겁고 행복한 학교를 만들기 위해 비속어를 쓰지 않는다. (2) 예 말싸움을 하다가 다른 큰 싸움으로 번지는 경우가 많기 때문이다.

풀이

1 명확한 판단을 할 수 없기 때문에 의견이 적절한지 판단해야 합니다.

2 뒷받침 내용이 사실이고, 믿을 만한지 확인합니다.

3 만화 영화는 사실을 근거로 만든 것이 아니므로 뒷받침 내용이 믿을 만한지 알아보는 방법으로 알맞지 않습니다.

더 알아볼까요!

뒷받침 내용이 믿을 만한지 알아보는 방법
자료를 찾아 뒷받침 내용으로 쓸 때에는 출처를 반드시 확인하고, 그 출처가 믿을 만한지도 점검해야 합니다.

책을 찾아본다.

인터넷을 검색해 정보를 얻는다.

전문가에게 물어본다.

4 뒷받침 내용이 믿을 만하다고 한 것으로 보아, 적절하다고 생각합니다.

5 주제와의 관련성, 의견과 뒷받침 내용의 관련성, 뒷받침 내용의 사실 여부를 확인해야 합니다.

6 의견에 대한 까닭이 적절한지, 주제와의 연관성과 실천 가능성을 생각해 보고 문제 해결이 될 수 있는 의견을 제시하도록 합니다.

1 ④ 2 (1) 예 당나귀를 메고 가야 한다. (2) 예 시장에 가기 전에 당나귀가 지쳐 쓰러질 것이다. 3 ③ 4 ⑤ 5 예 적절하지 않다. 다른 사람의 의견을 받아들이기 전에 그 의견이 적절한지 판단해 보지 않았기 때문이다. 6 예 다른 사람의 의견이 적절한지 판단해야 한다. 7 ② 8 글 ㈎ 9 (1) 바람직한 독서 방법은 여러 분야의 책을 읽는 것이다. (3) × 10 ④ 11 ①, ④ 12 ① 13 (1) ○ 14 ③, ④, ⑤ 15 ② 16 (1) 예 적절하다고 생각한다. (2) 예 문화재는 우리가 알고 가꾸어 나가며 후손에게 전해 주어야 할 소중한 민족의 자산이기 때문이다. 17 ② 18 ② 19 (1) 예 숲을 보호합시다. (2) • 자원의 낭비를 막아야 합니다. • 나무를 베어 낸 숲은 다시 가꾸어야 합니다. • 숲의 파괴를 최소화해야 합니다. 20 ④

풀이

1 아낙의 말을 듣고 아버지는 아이도 당나귀에 태운 것으로 보아 둘 다 타고 가야 한다고 말했을 것입니다.

2 "나라면 당나귀를 메고 갈 텐데.", 라는 청년의 말을 통해 의견을 알 수 있습니다.

3 당나귀를 메고 가라는 청년의 말이 맞는 것 같아서 아버지와 아이는 당나귀를 메고 갔습니다.

4 아버지는 남의 말을 무조건 따른 것이 잘못되었다는 것을 깨달았습니다.

5 다른 사람의 의견을 들은 아버지와 아이는 다른 사람이 말할 때마다 그것이 좋은지 판단하지도 않고 그대로 따랐습니다.

6 사람마다 생각이 다를 수 있으니 더 나은 의견을 선택하기 위해서는 의견이 적절한지 판단해야 합니다.

7 글 ㈎~㈐ 모두 바람직한 독서 방법에 대한 의견이 나타난 글입니다.

8 글 ㈎의 주제인 바람직한 독서 방법과 도서관 편의 시설을 늘리는 것은 관련이 매우 적기 때문입니다.

9 민서의 뒷받침 내용 1은 믿을 만하다고 생각하는데 뒷받침 내용 2는 개인적인 경험일 뿐 그렇지 않다고 생각하는 사람도 많기 때문에 믿을 만하지 못합니다.

10 자신이 좋아하는 분야의 책만 읽어야겠다고 생각하면 다른 분야의 책은 전혀 읽지 않을 것이기 때문

준우의 의견은 적절하지 않습니다. ⊙은 준우의 의견입니다.

11 ②, ③, ⑤는 바람직한 독서 방법에 대한 내용이 아닙니다.

12 문화재를 개방해야 한다는 것입니다.

13 가족과 함께 고인돌 유적지를 보러 갔다고 했습니다.

14 '옛 조상이 살았던 때를 생생하게 느낄 수 있다.', '여름 장마철에 생기는 문화재 훼손을 막을 수 있다.', '문화재를 개방하면 자신이 체험한 문화재를 보호하려고 노력하는 사람이 늘어날 것이다.'입니다.

15 글쓴이의 의견을 평가할 때에는 상황을 해결할 수 있는지, 주제와 밀접한지, 의견과 뒷받침 내용이 관련되어 있는지, 내용이 사실이고 믿을 만한지 살펴보아야 합니다.

16 문화재를 개방해야 한다는 글쓴이의 의견에 대한 적절성을 타당한 까닭과 함께 판단해 봅니다.

17 영양사는 과학적으로 식생활의 영양에 관한 지도를 하는 사람을 말합니다.

18 ①, ③은 '편식하지 말아야 한다.'라는 의견에 대한 뒷받침 내용으로 알맞습니다.

19 숲을 보호하자는 의견이 나타난 글입니다.

20 주제와 밀접한지, 자신의 의견이 명료하게 드러났는지, 뒷받침하는 내용이 사실인지, 내용의 출처가 믿을 만한지 판단해야 합니다.

2회 단원 평가 실전

118~121쪽

1 ⑩ 아이를 당나귀 등에 태웠다.   2 원래 짐을 싣거나 사람을 태우는 동물   3 (1) ㉯ (2) ㉰ (3) ㉠ (4) ㉮
4 ⑩ 다른 사람의 의견을 무조건 받아들였기 때문이다.   5 ③   6 ④   7 바람직한 독서 방법   8 글 ㉯
9 (1) ○   10 (1) 예 / ⑩ 학교에서 공부하는 분야가 다양하므로 여러 내용을 미리 책으로 공부하면 학교 공부에 도움이 될 것이다. (2) 아니요 / ⑩ 민서의 개인적인 경험이라고 생각한다.   11 ④, ⑤   12 (1) ㉰ (2) ㉯ (3) ㉮   13 문화재를 개방해야 합니다.   14 ①, ④   15 ②   16 ④   17 ④   18 ①   19 ① 20 ②

풀이

1 아버지는 당장 아이를 당나귀에 태웠습니다.

2 '맞아, 당나귀는 원래 짐을 싣거나 사람을 태우는 동물이잖아.' 라고 생각했습니다.

3 노인은 아이 대신 아버지가 당나귀를 타고 가야 한다고 하였고, 아낙은 둘 다 당나귀를 타고 가야 한다고 하였습니다.

4 아버지는 다른 사람의 의견이 적절한지 판단하지도 않고 무조건 받아들이다가 결국 당나귀를 잃게 되었습니다.

5 아버지와 아이는 다른 의견을 들을 때마다 생각 없이 행동을 바꿨습니다.

6 사람마다 생각이 다를 수 있으니 더 나은 의견을 선택하기 위해서는 의견이 적절한지 판단해야 합니다.

7 혜원, 민서, 준우가 생각하는 바람직한 독서 방법이 나타난 글입니다.

8 민서는 여러 분야의 책을 읽으면 배경지식이 풍부해지고, 풍부한 배경지식은 학교 공부를 하는 데 도움을 준다는 의견을 뒷받침 내용으로 내세웠습니다.

9 혜원이의 의견은 주제와 관련이 매우 적습니다.

10 민서의 뒷받침 내용 1은 믿을 만하다고 생각하는데, 뒷받침 내용 2는 개인적인 경험일 뿐 그렇지 않다고 생각하는 사람도 많기 때문에 믿을 만하지 못합니다.

11 글 ㉰에서 바람직한 독서 방법에 대한 준우의 의견은 자신이 좋아하는 책만 읽는 것이라고 하였습니다. 그것에 이어지는 뒷받침 내용을 살펴봅니다.

12 의견이 적절한지 판단할 때 고려해야 할 네 가지 기준을 모두 따져 가며 의견을 살펴보아야 합니다.

13 글쓴이는 이 글을 통해 문화재 개방에 대한 의견을 내세우고 있습니다.

14 글쓴이는 자신의 의견을 뒷받침하는 내용으로 문화재 관람을 통해 옛 조상이 살았던 때를 생생하게 느낄 수 있다는 것과 문화재 훼손을 막을 수 있다는 것을 들고 있습니다.

15 의견을 뒷받침하는 내용은 사실에 근거하여 신뢰성을 주어야 믿을 만한 것입니다. 뒷받침 내용의 출처가 믿을 만한 곳이라는 것을 알려 줍니다.

16 문화재 개방에 찬성하는 글쓴이의 의견을 뒷받침해야 하므로 글쓴이의 의견을 지지하는 내용을 찾습니다.

17 '편식을 해도 된다.'는 의견을 뒷받침하는 내용을 찾습니다.

정답과 풀이

18 말싸움에 대한 까닭을 들었으므로 말로 일어날 수 있는 ①번이 알맞습니다.

19 글쓴이는 숲을 보호하자는 의견에 대한 뒷받침 내용으로 숲을 덜 파괴해야 한다는 것을 제시하고 있습니다.

20 뒷받침 자료는 의견과 밀접한 관련이 있어야 하고, 무엇보다 사실에 근거해야 하며 신뢰할 만한 것이어야 합니다.

창의서술형 평가

1 ⑩ 학교 안전사고를 예방하려면 사전 안전 교육을 실시해야 한다는 것이다.　**2** ⑩ 사전 안전 교육을 받으면 충분히 예방할 수 있는 사고이기 때문이다.　**3** ⑩ 의견과 뒷받침 내용을 생각해 본다.　**4** ⑩ 한 가지 문제만 생각해 다양한 사고를 할 수 없다.　**5** ⑩ 적절하지 않다. 자신이 좋아하는 분야의 책만 읽어야겠다고 생각하면 다른 분야의 책은 전혀 읽지 않을 것이기 때문이다. 다양한 독서를 해야 우리가 살아가는 삶이나 세상을 더 많이 알 수 있다.　**6** ⑩ 바람직한 독서 방법은 관련성이 있는 책들을 연결해서 읽어 나가는 것이라고 생각한다. 주제에 대해 쓴 다양한 책을 비교해 가며 읽으면 배경지식이 풍부해질 것이다. 그리고 비슷한 내용이 반복되다 보니 집중력이 좋아질 것이다.

풀이

1 학교 안전사고를 예방하려면 학생들에게 '사전 안전 교육'을 실시해야 합니다.'라고 하였습니다.

상	글을 읽고 '학교 안전사고를 예방하려면 사전 안전 교육을 실시해야 한다.'는 의견을 썼다.
중	글을 읽고 글쓴이의 의견을 파악해 썼다.
하	글을 읽고 글쓴이의 의견을 파악하지 못했다.

2 안전에 대한 사전 교육으로 학교 안전사고를 예방해야 한다고 하였습니다.

상	글쓴이의 의견에 대한 까닭을 두 가지 다 찾았고, 예시로 나온 것을 제외한 한 가지를 썼다.
중	글쓴이의 의견에 대한 까닭을 찾아 썼다.
하	글쓴이의 의견에 대한 까닭을 찾지 못했다.

3 의견과 뒷받침 내용을 생각해 보고, 의견과 뒷받침 내용이 믿을 만한지 생각해 봅니다.

상	글쓴이의 의견이 적절한지 평가하려면 의견과 뒷받침 내용을 생각해 보고, 뒷받침 내용이 믿을 만한지 따위를 썼다.
중	글쓴이의 의견이 적절한지 평가하는 방법을 알고 썼다.
하	글쓴이의 의견이 적절한지 평가하는 방법을 모른다.

4 준우는 바람직한 독서 방법은 자신이 좋아하는 책만 읽는 것이라고 하였습니다.

상	준우의 의견대로 책을 읽을 경우에는 어떤 문제가 생길지 생각해 썼다.
중	준우의 의견을 파악했고, 생길 문제를 짐작해 썼다.
하	준우의 의견만 파악했고, 생길 문제를 쓰지 못했다.

5 그 의견을 따랐을 때 생길 문제점을 고려해 봐야 합니다.

상	의견이 주제와 관련 있는지, 문제 상황을 해결할 수 있는지, 의견과 뒷받침 내용이 관련 있는지 뒷받침 내용이 사실인지 따져 썼다.
중	준우의 의견은 바람직한 독서 방법과 관련 있으나, 좋아하는 책만 읽으면 문제가 생길 수 있음을 썼다.
하	준우의 의견이 적절한지 판단해 쓰지 못했다.

6 글쓴이의 의견이 적절한지 판단할 때 고려해야 할 점을 떠올리며 자신의 의견을 써 봅니다.

상	바람직한 독서 방법은 사람마다 다를 수 있기 때문에 다양한 의견이 제시될 수 있음을 생각해 쓴다.
중	바람직한 독서 방법을 썼다.
하	바람직한 독서 방법을 쓰지 못했다.

9 감동을 나누며 읽어요

125쪽

개념을 확인해요

1 경험 **2** 장면 **3** 인물 **4** 경험 **5** 특성 **6** 상황 **7** 강조 **8** 생각 **9** 장면 **10** 실감

개념을 다져요

126~127쪽

1 ⑩ 비행기를 조종하는 인물의 모습 **2** ③ **3** ②
4 ④, ⑤ **5** (1) ○ **6** ④

풀이

1 이 시는 『온통 비행기』라는 시로, 시에서 말하는 이의 머릿속에 비행기가 날아다닌다고 할 정도로 비행기를 좋아하는 모습이 표현되어 있습니다.

2 시에 대한 느낌을 생생하게 떠올리는 방법으로 시에 나오는 낱말을 국어사전에서 찾는 것은 알맞지 않습니다. 시를 읽을 때에는 시의 내용을 떠올려 내가 느낀 감상이 중요하지 낱말의 뜻을 찾아보는 게 중요한 것은 아닙니다.

3 시 「지하 주차장」을 읽고 시 속 인물인 '아빠'에게 묻고 싶은 내용을 질문으로 만들어 면담을 하는 방법입니다.

더 알아볼까요!

시 속 인물과 면담하여 느낀 떠올리기

누구와 면담할지 정하기	시 속 인물 가운데에서 면담하고 싶은 사람을 골라요.
↓	
물음 만들기	시 속 인물의 마음을 알아볼 수 있는 물음을 만들면 좋아요.
↓	
면담하기	자신이 예상했던 답변과 어떻게 다른지 생각해 봐요.

4 이야기를 보고 인물의 행동에 대해서 자신은 어떻게 생각하는지 글로 써 봅니다.

5 멸치 대왕은 화가 나고 분노하는 큰 목소리가 알맞습니다.

6 지금까지 읽었던 시 가운데에서 자신이 좋아하는 시를 정합니다.

1회 단원 평가 도전

128~131쪽

1 ④ **2** ⑩ 많은 생각을 하지 않고 비행기를 좋아하는 것이다. / 비행기와 관련된 일이다. **3** ③ **4** ③
5 (1) ⑩ 여행, 바다, 캠핑, 동물, 방학 (2) ⑩ 겨울 방학 때 가족 여행을 가기로 했는데 기대가 되어서 가족 여행이 떠올랐다. **6** ⑤ **7** ⑤ **8** ③, ⑤ **9** ④
10 (2) × **11** ⑤ **12** ④ **13** ③ **14** ④ **15** ⑤
16 ⑩ 그토록 먹고 싶었던 달걀이 들어간 김밥을 먹지 못해 무척 억울할 것 같다. **17** ① **18** (1) ⑩ 용이 될 꿈이다. (2) ⑩ 큰 변을 당하게 될, 아주 나쁜 꿈이다. **19** ③ **20** ⑩ 아이들이 제기를 차고 있는 모습

풀이

1 '내'가 비행기 조종석에 앉아 있다는 내용을 통해 비행기를 타고 나는 꿈을 상상하고 있다는 것을 알 수 있습니다.

2 말하는 이는 비행기와 관련된 일을 하고 싶어 합니다.

3 비행기를 그리는 일, 비행기를 구경하는 일, 비행기를 가지고 신나게 노는 일 등이 떠오릅니다.

4 하고 싶은 것들, 좋아하는 것들에 대한 경험이 시의 내용과 어울립니다.

5 자신이 관심을 기울이는 일을 떠올려 봅니다.

6 "지하 주차장으로 / 차 가지러 내려간 아빠"라는 내용을 통해 알 수 있습니다.

7 이 시에서 아이는 차를 가지러 지하 주차장으로 가신 아빠를 기다렸습니다.

8 아빠께서 이번에만 그러신 것이 아니라 이런 일이 자주 있었음을 알 수 있고, 아빠의 이야기가 말도 안 되는 변명이라고 생각한다는 것을 알 수 있습니다.

9 시에 대한 느낌을 그림으로 나타내거나 만들기를 통해 나타낼 수도 있습니다.

10 아빠가 빨리 나오기를 기다린 아이의 마음이 느껴지는 시입니다.

11 시에 담긴 상황과 인물이 겪은 일을 파악하고 인물의 마음을 알아볼 수 있는 물음을 만들어야 합니다.

12 동숙이는 소풍에 달걀이 들어간 김밥을 가져가고 싶었습니다.

13 아무도 쑥을 사 주지 않아서 속상할 것 같습니다.

정답과 풀이

14 장면 ③에서 동숙이는 아버지의 병원비로 달걀을 사 오다가 넘어졌고, 김밥에 넣을 달걀이 없어서 선생님 것만 겨우 싸 오게 되었습니다.

15 김밥을 못 먹고 있는 동숙이가 안쓰러워서 동숙이에게 자신의 김밥을 주려고 하셨기 때문입니다.

16 투정을 부린 동숙이의 행동이 잘못되었다고 생각하는 사람도 있을 것이며, 동숙이가 안타깝다고 생각하는 사람도 있을 것입니다.

17 멸치 대왕은 자신이 꾼 꿈이 무슨 꿈인지 몹시 궁금해했습니다.

18 망둥 할멈과 넓적 가자미는 멸치 대왕의 꿈을 각각 다르게 풀이했습니다.

19 아이들이 신나게 제기를 차는 모습이 떠오르는 시이므로, 고요한 느낌은 알맞지 않습니다.

20 이 시의 말하는 이는 아이들이 신나게 제기를 차고 있는 모습을 보고 있음을 알 수 있습니다.

2회 단원 평가 실전

132~135쪽

1 ③   2 ⑤   3 ⑩ 차를 가지러 가신 아빠를 기다린다.   4 ②, ⑤   5 (1) ⓒ (2) ⓒ (3) ㉠   6 1960년대 후반   7 ⑩ 아이들이 소풍 갈 때 김밥을 싸 가는 내용일 것 같다.   8 ③   9 ①   10 재경   11 ②   12 ⑤   13 ④   14 ⑩ 너무 놀라 눈이 툭 튀어나와 버렸다.   15 (1) ⑩ 화를 참지 못하고 기분이 쉽게 변한다. (2) ⑩ 속이 좁다. (3) ⑩ 멸치 대왕의 꿈풀이를 좋게 한다.   16 ⑤   17 (1) ⑩ 「놀이터」 (2) ⑩ 엄마와 아빠가 안 계셔서 외로워하는 장면이 떠오른다. 나도 그런 경험이 있어서 더 마음에 와 닿았다.   18 ⓒ   19 ④   20 ⑪

풀이

1 5연을 통해 말하는 이는 비행기를 구경하는 것도, 비행기를 그리는 것도, 비행기를 생각하는 것도 모두 좋아한다고 했습니다.

2 비행기를 그리는 말하는 이의 모습, 비행기를 상상하며 웃음 짓는 얼굴과 같이 시의 내용에 어울리는 모습을 생각합니다.

3 이 시에서 아이는 차를 가지러 지하 주차장으로 가신 아빠를 기다렸습니다.

4 아빠는 차를 가지러 지하 주차장으로 내려가셨는데 차를 어디에 세워 뒀는지 잊으셔서 헤매고 다니시느라 늦게 오셨음을 짐작할 수 있습니다.

5 시에 나오는 인물들에게 묻고 싶은 내용을 만들어 보면 시의 내용을 이해하는 데 도움이 될 수 있습니다.

6 일이 일어나는 때는 1960년대 후반입니다. '작은 산골 마을'은 공간적 배경입니다.

7 「김밥」의 내용입니다. 내용 설명과 그림을 보고 상상해 써 봅니다.

8 동숙이는 쑥을 팔아서 달걀을 사고 싶을 만큼 달걀을 먹고 싶어 합니다.

9 동숙이는 김밥을 준 친구가 고맙게 느껴질 것 같습니다.

10 혜리는 엄마의 행동에 대한 생각을 말했으며, 승환이와 성욱이는 동숙이의 행동에 대한 자신의 생각을 말했습니다.

11 이 글에는 멸치 대왕, 넓적 가자미, 망둥 할멈, 꼴뚜기, 메기, 병어가 등장합니다.

더 알아볼까요!

「멸치 대왕의 꿈」에 나오는 인물

12 힘들게 데리고 온 망둥 할멈한테만 먹을 것을 주고 넓적 가자미한테는 아는 척도 하지 않아 잔뜩 화가 나서 토라져 버렸습니다.

13 망둥 할멈의 꿈풀이를 들은 멸치 대왕은 기분이 좋아 덩실덩실 춤을 추었고, 넓적 가자미의 꿈풀이를 들은 멸치 대왕은 얼굴이 점점 붉어졌습니다.

14 그 모양을 보고 있던 꼴뚜기는 자기도 뺨을 맞을까봐 겁이 나서 자기의 눈을 떼어서 엉덩이에 찰싹 붙

여 버렸고, 망둥 할멈은 너무 놀라 눈이 툭 튀어나와 버렸습니다.

15 이야기에 나타난 인물의 행동을 통해 성격 파악이 가능합니다.

16 표정과 말투, 행동 같은 인물의 특성을 생각하며 표현하면 이야기를 더욱 생생하고 실감 나게 말할 수 있습니다.

17 시의 내용을 떠올려 보고 말하는 이가 느끼는 마음과 비슷한 감정을 느껴 공감이 되는 부분이나 인상 깊은 부분에 대해 자유롭게 생각이나 느낌을 표현해 봅니다.

18 시를 써서 그림과 함께 꾸미기를 할 때에는 먼저 겪은 일이나 대상을 정해 느낌을 떠올려 본 후 생각이나 느낌을 시로 표현하고 꾸밉니다.

19 눈보라가 휘날리는 기차 안의 모습입니다. 기차 안에서 사람들은 아기가 태어나서 기뻐하며 축하해 주고 있습니다.

20 '신바람', '쾌지나 칭칭 나네', '어깨춤을 덩실덩실' 과 같은 말을 통해 글의 분위기와 느낌을 짐작할 수 있습니다.

창의서술형 평가
136~137쪽

1 ⓔ 군밤 냄새를 맡고 아이들이 몰려드는 장면이 떠오른다. 2 ⓔ 추운 날 길거리에서 파는 군밤이 먹고 싶어서 어머니께 사 달라고 한 적이 있다. 3 ⓔ 생쥐들도 동전을 물고 줄을 서겠다는 표현에서 맛있는 군밤을 먹고 싶어 하는 아이들의 마음을 느꼈다. 4 (1) ⓔ "오, 아주 훌륭한 꿈풀이로다! 하하하, 아주 마음에 든다." (2) ⓔ "뭐라고? 너 이놈! 감히 그런 꿈풀이를 하다니. 괘씸하다!" 5 (1) ⓔ 분노해 큰 목소리로 말한다. (2) ⓔ 울먹거리며 뺨을 부여잡고 말한다.

풀이

1 시를 읽은 뒤에 시에 나오는 장면과 관련해 기억에 남는 일을 생각해 봅니다.

상	시를 읽고 시에 나오는 인물이 되어 떠오르는 장면을 썼다.
중	시를 읽고 떠오르는 장면을 썼다.
하	시를 읽고 떠오르는 장면을 쓰지 못했다.

2 시에 나오는 장면을 떠올려 보고 떠오르는 경험을 생각해 써 봅니다.

상	시를 읽고 자신의 생각과 경험, 그리고 느낌을 시에 나타난 경험이나 느낌을 떠올려 썼다.
중	시를 읽고 시와 비슷한 경험을 썼다.
하	시를 읽고 시와 비슷한 경험을 쓰지 못했다.

3 시에 대한 자신의 생각이나 느낌을 써 봅니다.

상	시를 읽고 시에 대한 자신의 느낌을 썼다.
중	시를 읽고 느낌을 썼다.
하	시를 읽고 느낌을 쓰지 못했다.

4 상황에 맞는 인물의 말을 써 봅니다.

상	상황에 맞는 인물의 말을 상상해 썼다.
중	인물의 말을 상상해 썼다.
하	상황에 맞는 인물의 말을 쓰지 못했다.

5 멸치 대왕에게 뺨을 맞은 넓적 가자미는 정말 아팠을 것입니다.

상	인물들의 특성을 생각하며 다른 사람에게 이야기를 실감 나게 표현하는 방법을 썼다.
중	이야기를 실감 나게 표현하는 방법을 썼다.
하	이야기를 실감 나게 표현하는 방법을 알지 못했다.

1 (2) ○　　2 예 선과 지아가 사이가 나빠져 힘들어하는 내용이다.　　3 ①　　4 ④　　5 (1) ⓒ (2) ⓛ (3) ⓙ
6 태웅이, 반 친구들　　7 ③　　8 ③　　9 ①, ③　　10 (1) 미안한 마음 (2) 축하하는 마음 (3) 위로하는 마음 (4) 그리운 마음　　11 ②　　12 ⑤　　13 ④　　14 ④
15 예 기분을 상하게 해서 미안해. 이제 그만할게.
16 배경　　17 ②　　18 예 버스의 앞쪽 자리가 얼마나 좋은 곳인지 알아보기 위해서이다.　　19 (1) 예 그날 이후 흑인들이 버스를 타지 않은 까닭은 무엇일까?(2) 예 잘못된 법을 바꾸고 싶었기 때문이야.　　20 ①, ⑤

풀이

1 인상 깊었던 장면에 대한 것으로 등장인물의 표정에 대하여 이야기하고 있습니다.

2 영화에서 일어나는 사건의 변화에 따라 이야기를 간추려 봅니다.

3 언제나 혼자인 외톨이 선이 지아를 만나 세상 누구보다 친한 사이가 되었으므로 기쁜 표정을 짓는 것이 알맞습니다.

4 매일이, 연꽃나무, 구름이, 이무기를 만났습니다.

5 매일이는 행복을 찾고 있었으며, 이무기는 용이 되지 못한 까닭을 모르고, 연꽃나무는 꽃이 한 송이만 핀 까닭을 알고 싶어 합니다.

6 태웅이가 반 친구들에게 쓴 편지입니다.

7 태웅이는 반 친구들에게 고마운 마음을 전하려고 편지를 썼습니다.

8 태웅이는 친구들에게 마음을 전하는 글을 썼습니다.

9 상을 받은 친구에게는 축하하는 마음을 표현해야 합니다.

10 그림 ❶은 "미안해."라고 말하고 있으며, 그림 ❷는 상 받은 것을 축하해야 하는 상황입니다.

11 박 노인은 기분이 좋았을 것입니다.

12 높은 신분의 양반임에도 불구하고 나이 많은 자신을 존중해 준 양반에게 좋은 고기를 더 많이 준 것입니다.

13 말을 잘한 양반이 좋은 고기를 얻었다는 내용과 관계 있는 속담을 찾아봅니다. ① '발 없는 말이 천리 간다.'는 말은 아주 멀리까지 순식간에 퍼지기 마련이니 항상 조심해야 한다는 뜻. ② '호랑이도 제 말하면 온다'는 당사자가 그 자리에 없다고 함부로 이

야기해서는 안 된다는 뜻. ③ '군말이 많으면 쓸 말이 적다'는 말을 이것저것 많이 늘어놓아도 군말이면 쓸 만한 말은 별로 없으니 말을 삼가라는 뜻. ⑤ '낮말은 새가 듣고 밤말은 쥐가 듣는다'는 아무리 비밀스럽게 한 말이라도 반드시 남의 귀에 들어가게 되니 늘 말 조심해야 한다는 뜻입니다.

14 상대가 한 말에 자신의 기분이 상했다면 기분이 나쁜 까닭을 말하고 앞으로 그런 말을 하지 말라고 정중하게 부탁하거나 차분하게 말합니다.

15 친구를 배려할 수 있는 예의 바른 말을 생각하여 써 봅니다.

더 알아볼까요!

예의 바르지 않은 말을 고쳐 쓰기 예

16 이야기를 읽으면서 이야기가 펼쳐지는 시간과 장소를 배경이라고 합니다.

17 버스 앞쪽 자리, 운전사 등으로 버스 안이라는 것을 알 수 있습니다.

18 사라는 뒷자리로 돌아갈 아무런 이유가 없다고 생각했습니다.

19 운전사가 사라를 쏘아본 까닭, 흑인들이 버스를 타지 않은 까닭, 법을 바꾼 까닭 등 다양한 질문을 할 수 있습니다.

20 일이 일어난 차례, 인물의 행동에 따라 이어질 이야기가 어떻게 달라질지 예측하며 읽습니다.

더 알아볼까요!

사건의 흐름을 생각하며 읽는 방법
• 사건이 일어난 차례를 살펴봅니다.
• 인물의 성격에 따라 인물의 행동이 어떻게 달라지는지 살펴봅니다.
• 인물의 행동에 따라 이어질 이야기가 어떻게 달라질지 예측하며 읽습니다.

2회 100점 예상문제

144～147쪽

1 ㉣ 2 ⑤ 3 예 서로 자기 잘못이 아니라며 목홧값을 물어내라고 했다. 4 ⑤ 5 ③ 6 ④ 7 ④
8 (1) ㉡ (2) ㉢ (3) ㉠ 9 ① 10 ① 11 ② 12 예 당나귀를 메고 갈 텐데. 13 ❸, ❹, ❷ 14 ② 15 예 아이를 태우고 갈 거야. 왜냐하면 아직 어리기 때문에 먼 길을 걸어가기가 힘들기 때문이야. 16 (1) ○ 17 ⑤ 18 ④ 19 예 큰 변을 당할 아주 나쁜 꿈 20 예 "오, 훌륭한 꿈풀이로다. 하하하, 아주 마음에 든다."

풀이

1 이 문장에서 '누가'에 해당되는 부분은 '늙은 농부의 세 아들은'입니다.

2 불이 붙은 고양이가 광으로 도망칠 때는 성한 세 다리로 도망쳤기 때문에 광에 불이 난 것은 순전히 성한 세 다리 때문이라고 하였습니다.

3 고양이의 아픈 다리를 맡았던 목화 장수와 성한 다리를 맡았던 목화 장수들은 서로 자기 잘못이 아니라고 말하며 싸움을 벌였습니다.

4 세 사람은 고양이의 아픈 다리를 맡았던 사람에게 목값을 물어내라고 했습니다.

5 자신이 본받고 싶은 인물을 소개할 때에는 인물의 출생, 인물의 활동과 업적, 인물이 살았던 시대 상황 등을 이야기합니다.

6 김만덕은 장사를 하면서 이익을 적게 남기고 많이 파는 것, 적당한 가격에 물건을 사고파는 것, 반드시 신용을 지키고 정직한 거래를 하는 것과 같은 원칙을 지켰습니다.

7 김만덕은 전 재산을 들여 굶주린 제주도 사람들에게 곡식을 나누어 주었습니다.

8 글쓴이가 쓴 독서 감상문에는 책을 읽은 동기, 책 내용, 책을 읽고 생각하거나 느낀 점이 적절하게 잘 드러나 있어야 합니다.

9 가장 먼저 독서 감상문을 쓸 책을 고르고 책 내용을 떠올려 인상 깊은 장면이나 내용을 정하여 그 까닭을 생각해 본 후, 책에 대한 생각이나 느낌을 정리하고 알맞은 제목을 붙여 완성합니다.

10 주장을 펼쳐야 하는 글은 주장하는 글입니다.

11 ①은 아낙의 의견, ③은 청년의 의견, ⑤는 노인의 의견입니다.

12 글 ㉣에서 아버지와 아이는 당나귀를 메고 갔습니다.

13 등장인물과 사건의 흐름에 따라 이야기가 어떻게 전개되어 나가는지 정리하여 씁니다.

14 아버지와 아이는 다른 사람이 말할 때마다 그것이 좋은지 판단하지도 않고 무조건 받아들였습니다.

더 알아볼까요!

의견이 적절한지 판단해야 하는 까닭
• 사람마다 생각이 다르기 때문입니다.
• 잘못된 판단을 할 수 있기 때문입니다.
• 문제를 해결하지 못할 수 있기 때문입니다.
• 뜻하지 않게 잘못된 결과가 나올 수 있기 때문입니다.

15 아버지와 아이의 행동은 적절한지 생각해 보고, 나라면 어떻게 했을지 까닭을 들어 써 봅니다.

16 조수석에는 우리 집 개가 앉았고, '나'는 조종석에 앉아 있다고 했습니다.

더 알아볼까요!

「온통 비행기」에 나오는 장면 떠올리기 예
• 구름 하나 없이 맑은 날 비행기가 떠다니는 장면입니다.
• 시에서 말하는 이의 머릿속에 비행기가 떠다니는 장면입니다.
• 비행기를 조종하는 인물의 모습이 떠오릅니다.

17 시에서 말하는 이는 비행기를 무척 좋아하고 온통 비행기 생각만 하고 있기 때문에 커서 뭐가 되고 싶은지 묻지 않아도 무엇을 할 것인지 알 수 있습니다.

18 망둥 할멈과 넓적 가자미의 꿈풀이 내용을 통해 짐작할 수 있습니다. 하늘을 오르락내리락, 구름 속을 왔다가 갔다가, 그러다가 갑자기 흰 눈이 펄펄 내리더니 추웠다가 더웠다가 하는 꿈을 꾸었습니다.

19 망둥 할멈과 넓적 가자미는 멸치 대왕의 꿈을 각각 다르게 풀이했습니다.

20 망둥 할멈의 꿈풀이를 듣고 매우 기분이 좋은 멸치 대왕이 어떤 말을 하였을지 상상하여 씁니다.

3회 100점 예상문제

148~151쪽

1 ④ 2 예 착하다 3 ② 4 ① 5 예 어떻게 모양을 내는지 시범을 보여 주셨다. 6 ②, ④ 7 ④ 8 ②, ④ 9 ⑤ 10 ⑵ ○ 11 ③ 12 ①, ③ 13 거중기 14 예 지방 관리가 어떤 마음을 가져야 하는지 말하고 싶었기 때문이다. 15 ③ 16 ⑤ 17 책내용 18 ① 19 ③ 20 예 시에 나오는 인물에게 묻고 싶은 물음을 만들어 보면 도움이 될 수 있어.

풀이

1 오늘이, 여의주, 야아, 매일이, 연꽃나무, 구름이, 이무기가 등장합니다.

2 이무기는 자신의 욕심을 버리고 남을 위해 희생했습니다.

더 알아볼까요!

「오늘이」에 나오는 등장인물의 성격

오늘이	낯선 사람들이 원천강에서 오늘이를 먼 곳으로 데려다 놓았는데 여러 사람의 도움으로 다시 원천강으로 돌아가는 것으로 보아 어려운 일에도 결코 포기하지 않고 목표를 이루어 내는 성격임을 알 수 있다.
매일이	오늘이에게 원천강으로 가는 길을 알려 주는 것으로 보아 친절한 성격이다.
이무기	여의주를 많이 가진 것으로 보아 욕심이 많지만 나중에 여의주를 버리고 오늘이를 구했기 때문에 마음씨가 착하다는 것을 알 수 있다.

3 제자 전지우가 김하영 선생님께 쓴 편지입니다.

4 '선생님께 고마운 마음을 전하려고 이렇게 글을 쓰게 되었습니다.'라고 하였습니다.

5 지우는 선생님께 자기 마음에 드는 그릇을 만들도록 도와주셔서 고맙다고 말하였습니다.

6 사회자가 지적한 말을 보면 알 수 있습니다.

7 회의를 할 때에는 다른 사람의 의견을 경청해야 합니다.

8 줄임 말과 그림말은 상대가 잘 이해할 수 있을 정도로만 적절하게 사용합니다.

9 벌레라도 손에 닿을지 모른다고 말하는 것으로 보아 깔끔하고 조심성이 많다는 것을 짐작할 수 있습니다.

10 뜻이 비슷한 낱말은 서로 바꾸어 써도 뜻이 통하는 낱말입니다.

11 ㈎와 ㈏는 상수리에 댐을 건설하는 문제에 관한 의견을 쓴 편지글입니다.

12 글 ㈏의 글쓴이는 만강에 댐을 건설하면 여름철에 폭우로 생기는 문제와 홍수로 인한 피해를 막을 수 있다고 하였습니다.

13 서른한 살 때, 거중기를 만들었습니다.

더 알아볼까요!

거중기

조선 후기 정약용이 도르래의 원리를 이용하여 작은 힘으로도 무거운 물건을 들어 올릴 수 있도록 하기 위해 만든 장치입니다. 수원 화성을 만드는 데 사용되어 공사 기간을 단축하고 공사비를 줄이는 데 공헌하였습니다.

14 정약용은 지방 관리가 어떤 마음을 가져야 하는지 깊이 생각하여 『목민심서』라는 책을 펴냈습니다.

15 '거중기'와 '암행어사', 『목민심서』와 관련된 내용을 통해 정약용은 백성의 어려운 삶을 지켜보면서 백성에게 도움이 되려고 맡은 일을 열심히 했다는 것을 짐작할 수 있습니다.

16 동짓날이 그냥 팥죽을 먹는 날인 줄만 알았는데 생각보다 재미있는 이야기가 얽혀 있었다고 하였습니다.

17 책이 어떤 내용으로 구성되었는지를 알 수 있습니다. ㉠, ㉡은 책에 소개된 내용, 책을 읽고 새로 알게 된 점입니다.

18 의견이 주제와 밀접하게 관련 있어야 합니다.

19 의견이 주제와 관련이 매우 적습니다.

20 시에서 인물에게 일어난 일과 비슷한 경험을 떠올려 보면 느낌이 잘 떠오를 수 있습니다. 또, 역할놀이를 해 볼 수도 있습니다.

더 알아볼까요!

「지하 주차장」을 읽고 느낌을 떠올리는 방법 말하기 예

시의 장면을 떠올리며 시를 낭독해 보면 느낌이 잘 살아날 것 같아.

아버지와 아이가 되어 역할놀이를 해 보면 그 마음이 잘 느껴질 거야.

시 속의 인물과 면담해 보면 느낌을 잘 떠올릴 수 있어.

4회 100점 예상문제

152~155쪽

1 대사 **2** 아들 (필립) **3** ⑤ **4** ① **5** ② **6** ⑤
7 ③ **8** ① **9** ⑩ 애교를 부리는 것을 보면 장난을 좋아하는 것 같다. **10** ⑴ 목화 장수들은 ⑵ 사또에게 판결을 부탁했다. **11** ⑴ ㉠ ⑵ ㉡ **12** ⑤ **13** ⑶ ◯ **14** ⑩ 남을 도와주는 것을 기뻐했습니다.
15 ⑺ **16** ①, ②, ③ **17** ⑩ 개방하자 **18** 적절합니다. **19** ⑤ **20** ⑩ 아빠가 한참 동안 나타나지 않았을 때 어떤 마음이 들었습니까?

풀이

1 기억에 남는 대사나 인상 깊은 장면을 생각합니다.

2 '내 아들 필립아.'라고 하였습니다.

3 좋은 사람이 되기 위해 힘쓰기를 당부하고 있습니다.

더 알아볼까요!

안창호 선생이 아들에게 쓴 편지
· 받는 사람은 아들입니다.
· 안부를 묻고 당부할 말을 전하기 위해 썼습니다.
· 다친 일을 걱정하는 마음, 한 학년 올라간 일을 축하하는 마음을 전했습니다.
· 좋은 사람이 되기 위해 힘쓰기를 당부했습니다.

4 재환이는 이웃들에게 인사를 하기로 했습니다. 그래서 재환이가 사는 아파트 승강기 안에 편지를 붙였습니다.

5 재환이가 가족을 소개하고 이웃에게 인사하는 내용의 편지를 붙여서 반갑고 훈훈한 마음이 들었을 것입니다.

6 온라인 대화는 대화 참여자들이 공간의 제약 없이 같은 장소에 있지 않아도 대화할 수 있습니다.

7 자신을 나타내는 대화명을 사용하고 그림말을 너무 많이 사용하지 않습니다.

8 우진이가 여자애들을 괴롭히는 창훈이한테 사과하라고 말한 것을 보면 우진이의 성격은 의롭습니다.

9 창훈이는 선생님께 이른다는 말에 화를 내거나 겁을 내지 않고 한 번만 봐 달라고 애교를 부렸습니다.

10 '누가'는 '목화 장수들은'입니다.

11 의견과 의견을 뒷받침하는 까닭을 썼습니다.

12 '거북 모양의 배'는 곧 거북선을 뜻하는 것이므로 『이순신 위인전』이야기로 알맞습니다. ⑤는 '세종 대왕'에 대한 이야기입니다.

13 '조선 시대', '신분 차별', '1790년부터'와 같은 낱말을 통해 인물이 살았던 시대를 알 수 있습니다.

14 헬렌 켈러는 자신도 장애 때문에 배우는 것이 힘든데도, 장애를 지닌 어린이를 돕는 일에 나섰습니다.

15 글 ⑺는 이야기 속 주인공이 되어 쓴 일기 형식의 감상문입니다.

16 일어난 일, 인물의 행동, 인물의 마음 등에서 자신이 인상 깊게 느끼는 부분이 있는지 생각합니다.

17 이 글은 문화재를 개방하자는 의견을 쓴 글입니다.

18 글쓴이의 의견에 찬성하고 있습니다.

더 알아볼까요!

의견의 적절성을 평가하는 기준
· 주제와 밀접한 관련이 있는지 살펴봅니다.
· 의견을 뒷받침하는 내용이 사실이고, 믿을 만한지 살펴봅니다.
· 문제 상황을 해결할 수 있는지 고려해야 합니다.

19 아이에게 실수를 들키고 싶지 않았던 아빠의 속마음이 느껴집니다.

20 시 속 인물의 마음을 알아볼 수 있는 물음을 만들어 봅니다.

더 알아볼까요!

「지하 주차장」에 나오는 인물과 면담하기
· 「지하 주차장」의 인물 가운데에서 누구와 면담하고 싶은지 정해 봅니다.
· 인물에게 궁금한 점을 생각하며 물음을 만들어 봅니다.

아빠	지하 주차장에서 겪었다는 일이 정말입니까? 어제 무슨 일이 있었기에 주차한 곳을 못 찾은 겁니까?
아이	아빠의 말을 듣고 어떤 마음이 들었습니까? 아빠가 한참 동안 나타나지 않았을 때 어떤 마음이 들었습니까?

· 친구들과 함께 역할을 정해 시 속의 인물과 면담해 봅니다.

「지하 주차장」에 나오는 아빠가 상상한 모습
· 이상한 나라의 앨리스처럼 깊은 동굴
· 호빗이 사는 마을
· 호박처럼 생긴 집들
· 흰머리 간달프

메모 Memo

변형 국배판 / 1~6학년 / 학기별

★ 디자인을 참신하게 하여 학습 효율성을 높였습니다.

★ 단원 평가에 완벽하게 대비할 수 있도록 전 범위를 수록하였습니다.

★ 교과 내용과 관련된 사진 자료 등을 풍부하게 실어 학습에 흥미를 느낄 수 있도록 하였습니다.

★ 수준 높은 서술형 문제를 실었습니다.

국어

정답과 풀이

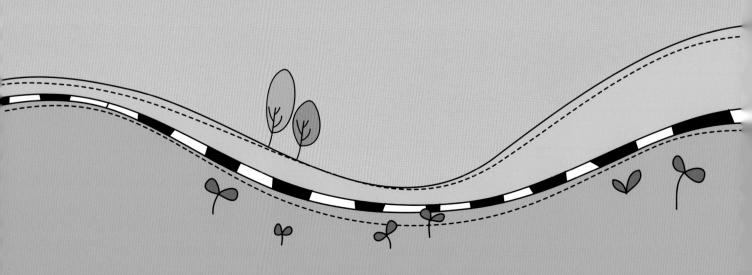

국어 활동 **차례**

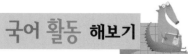

☆ 만화 영화를 감상할 수 있는지 확인해 봅시다

1 「독도 수비대 강치」를 보고 일어난 일을 정리해 봅시다.

등장인물	아무르, 부하, 갈매기	장소	잠수함
일어난 일	예 아무르와 부하는 불타는 얼음을 차지하려고 독도로 가는 길에 갈매기에게 공격을 당함.		

등장인물	강치와 친구들, 사철나무, 갈매기들	장소	독도
일어난 일	예 강치와 친구들이 독도에 와서 사철나무 어르신을 만남.		

등장인물	강치	장소	독도
일어난 일	예 강치가 아무르와 싸워서 불타는 얼음을 되찾음.		

2 「독도 수비대 강치」를 보고 인상 깊었던 장면을 써 봅시다.

인상 깊었던 장면	예 불타는 얼음에 강치의 눈물방울이 떨어지는 장면
그 까닭	예 강치의 눈물방울이 불타는 얼음에 떨어지자 죽었던 독도의 생물이 다시 살아나게 되어서 다행이라는 생각이 들었기 때문이다.

> 만화 영화를 보고 감동받은 장면을 떠올려 봐요.

3 「독도 수비대 강치」를 보고 난 뒤의 느낌을 간단히 써 봅시다.

예 강치가 불타는 얼음을 되찾아 독도를 지켜 낸 것처럼 우리나라 국민이 독도 수비대가 되어 독도를 지켜야겠다는 생각이 들었다.

> 감동받은 장면에 대해 자신의 생각을 정리해 봐요.

알아두기 독도는 우리나라 동쪽 맨 끝에 위치한 섬으로 천연기념물로 지정되어 있습니다.

☆ 만화 영화를 감상하고 사건을 생각하며 이어질 내용을 쓸 수 있는지 확인해 봅시다

1 어떤 일이 일어났는지 생각하며 「임금님 귀는 당나귀 귀」를 봅시다.

❶

❷

❸

❹

2 「임금님 귀는 당나귀 귀」의 줄거리를 정리하고 느낀 점을 써 봅시다.

줄거리

> 임금님이 자고 일어났더니 귀가 커져 있었다. 그래서 임금님은 의관을 만드는 노인에게 귀를 감출 수 있는 큰 왕관을 만들게 했다.

⬇

> ㉤ 노인은 임금님의 귀가 길어졌다는 것을 말하지 못하고 끙끙 앓다가 병이 들고, 마침내 죽기 전에 아무도 없는 대나무 숲에 가서 "임금님 귀는 당나귀 귀."라고 말했다.

⬇

> ㉤ 대나무 숲에서 "임금님 귀는 당나귀 귀."라는 소리가 들리자 임금님은 대나무를 모두 베어 버렸다.

⬇

> ㉤ 임금님은 큰 귀를 백성의 소리에 귀를 기울이는 어진 임금이 되라는 뜻으로 받아들였다.

느낀 점

> ㉤ 큰 귀를 부끄럽게 생각한 임금님이 처음에는 안타까웠는데 어진 임금이 되라는 뜻으로 받아들이는 모습을 보고 훌륭하다고 생각했다.

3 이어질 내용을 글로 써 봅시다.

> ㉘ 임금님은 백성에게 임금님 귀가 당나귀 귀라는 사실을 알렸다. 사람들은 그 사실을 알고 임금님의 귀를 직접 보고 싶어서 궁궐을 기웃거렸다. 임금님은 백성과 가까워지려고 궁궐 밖으로 나가서 당당하게 자신의 귀를 보여 주었다. 임금님의 길고 큰 귀를 본 사람들은 깜짝 놀랐지만 임금님의 솔직한 모습에 감동을 받았다. 그래서 임금님과 백성은 힘을 모아 더 좋은 나라를 만들었다.

4 잘할 수 있는지 확인해 봅시다.

만화 영화의 줄거리를 정리할 수 있나요?	
만화 영화를 보고 느낀 점을 쓸 수 있나요?	
이어질 내용을 쓸 수 있나요?	

매우 그렇다: ◎, 그렇다: ○, 좀 더 노력해야 한다: △

- 만화 영화의 줄거리를 떠올려 봐요.
- 앞으로 어떤 일이 일어날지 생각하며 만화 영화를 다시 감상해 봐요.

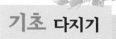
1. 이어질 장면을 생각해요

국어 활동 11쪽

1 어느 것이 옳은 표현인지 골라 봅시다.

나는 학급 회장((으로서) , 으로써) 학급에 열심히 봉사할 것이다.

사람들이 농사를 시작함(으로서 , (으로써)) 한곳에 머물러 살 수 있게 되었다.

2 지위나 신분 또는 자격을 나타낼 때에는 '-(으)로서'를 쓰고, 어떤 일의 수단이나 도구 또는 까닭을 나타낼 때에는 '-(으)로써'를 씁니다. 학급 회장은 신분 또는 자격을 나타내므로 '학급 회장으로서'와 같이 쓰고, 농사의 시작은 한곳에 머물러 살게 된 까닭이 되므로 '시작함으로써'와 같이 씁니다.

3 알맞은 낱말을 골라 ○표를 하고 소리 내어 읽어 봅시다.

• 우리는 책을 읽음(으로서 , (으로써)) 지혜를 얻는다.

• 나는 자랑스러운 우리 학교 학생((으로서) , 으로써) 늘 최선을 다한다.

• 친구와 다투었지만 대화(로서 , (로써)) 풀 수 있었다.

• 언니는 자신이 아버지의 딸((로서) , 로써) 부족하지 않다고 생각했다.

☆ 글쓴이가 전하려는 마음을 아는지 확인해 봅시다

1 글쓴이가 전하려는 마음을 생각하며 엄마가 딸들에게 쓴 편지를 읽어 봅시다.

> 딸들에게
>
> 피아노와 춤을 사랑하는 큰딸 시연아! 십 년 전 막 태어난 너를 처음 안았을 때의 느낌이 아직도 생생한데 벌써 4학년이 되었구나. 친구들과 어울려 놀러 다니는 너를 보며 우리 딸이 많이 컸다는 사실을 새삼 실감하곤 한단다. 언제나 바르게 생활하고, 하고 싶은 것도 많고 꿈도 많은 시연이가 엄마는 항상 자랑스럽단다. 앞으로도 지금처럼 건강하고, 좋아하는 일을 열심히 하는 시연이가 되면 좋겠구나.
>
> 우리 집 애교쟁이 작은딸 정연아! 퇴근해서 집으로 돌아오면 가장 먼저 현관으로 뛰어나오는 귀염둥이! 엄마를 세상에서 가장 좋아한다는 것을 온몸으로 느끼게 해 주는 딸, 네가 현관에서 나를 맞아 줄 때 하루의 피로가 모두 없어진단다. 언제나 밝고 씩씩하게 자라길 바란다. 주변 사람 모두가 행복을 느끼게 하는 너의 미소를 언제까지나 보고 싶구나.
>
> 우리 딸들의 깔깔대는 웃음소리를 들을 때마다 엄마는 힘이 솟고 행복감을 느낀단다. 엄마에게 너희는 세상 무엇과도 바꿀 수 없는 소중한 보물이야. 엄마는 너희가 건강하고 훌륭하게 자랄 수 있도록 도울게. 언제나 사랑한다.
>
> 20○○년 9월 3일
> 엄마가

2 **1**의 편지를 읽고 글쓴이가 전하려는 마음을 알아봅시다.

누가 누구에게 쓴 편지인가요?	예 엄마가 딸들에게 보내는 편지	편지에서 글쓴이의 마음을 느낄 수 있는 부분을 찾아봐요.
어떤 마음은 전하려 했나요?	예 엄마가 딸들을 사랑하는 마음	받는 사람의 처지에서 편지를 읽어 봐요.

☆ 마음을 전하는 글을 쓰는 방법을 아는지 확인해 봅시다

1 글쓴이의 마음을 생각하며 「좋은 사람과 사귀려면 좋은 인상을 주어라」를 읽어 봅시다.

좋은 사람과 사귀려면 좋은 인상을 주어라

필립 체스터필드

아들아!

좋아하는 사람이나 존경하는 사람에게는 자신도 모르게 신경이 쓰이지. 그리고 어떻게 하면 그 사람을 기쁘게 해 줄까 고민도 하고 말이야.

사람을 사귀는 데 가장 기본이 되는 것이 그런 마음이란다. 상대를 기쁘게 해 주고 싶은 마음. 그것을 어떻게 해야 하는지 모르겠다고? 주위에 너를 기쁘게 해 주는 사람들이 있잖니. 너도 그 사람들의 마음 그대로 하면 돼. 어렵지 않단다.

사람은 동전과 같단다. 앞면과 뒷면이 같이 있어. 나쁘기만 한 사람도, 착하기만 한 사람도 없단다. 단점과 장점을 모두 갖고 있어. 그러므로 한 면만 보고 그 사람 전체를 평가하는 것은 옳지 않아. 그리고 그 사람의 단점을 발견했다고 해서 일부러 멀리할 필요는 없어. 너역시 장점과 단점을 다 가지고 있잖니.

상대에게 좋은 인상을 주려면 넓은 지식과 올바른 태도 못지않게 옷차림과 말투, 행동에도 신경 써야 한단다. 때로는 외모를 단정히 하는 것도 필요해.

그리고 친해지고 싶다면 혼자서 모든 이야기를 하려고 하지 마. 대화는 서로 주고받는 거야. 혼자만 말하는 것은 연설이란다. 네가 묻고 대답하는, 여러 사람의 몫을 한꺼번에 할 필요는 없어. 너 자신도 힘들고 상대도 유쾌하지 않단다.

또한 상대에게 어울리는 이야깃거리를 고르렴. 상대에 따라 대화 내용을 다르게 하는 것이 좋단다. 누군가 너에게 아무 재미도 없는 책 이야기를 한 시간 동안 떠든다고 하자. 한 시간이 아니라 단 오 분도 집중할 수 없잖니.

대화를 이끌어 가려면 그 사람의 분위기에 맞는 이야기를 할 줄 알아야 해. 그러면서 상대의 장점을 자연스럽게 끌어내면 상대도 너에게 좋은 감정을 갖게 될 거야.

특히 주의할 것은 흐름과 상관없는 네 이야기를 하지 않도록 하는 거야. 그것도 모자라 이야기 대부분을 자기 얘기만 하다 보면 자신도 모르게 과장을 하게 되고 우쭐대게 된단다. 그러면 불편한 분위기가 되고 말지.

사람의 인격이란 말하지 않아도 자연스럽게 드나드는 법이란다. 아무리 입으로 떠벌리고 치장을 하더라도 그 사람의 됨됨이는 숨기기 어려워.

아빠가

국어 활동 14~16쪽

☆ 글쓴이가 전하려는 마음을 아는지 확인해 봅시다

2 「좋은 사람과 사귀려면 좋은 인상을 주어라」를 읽고 마음을 전하는 글을 쓰는 방법을 확인해 봅시다.

글을 쓸 때 고려한 점은 무엇인가요?

- 읽는 사람: 아들

- 목적: ㉔ 아들이 좋은 친구를 사귀기를

바라는 마음을 정하기 위해

어떤 마음은 전했나요?

- ㉔ 아들이 좋은 친구를 사귀기를 바라는

마음

- ㉔ 아들이 좋은 인상을 주는 사람이 되기

를 바라는 마음

무엇이라고 표현했나요?

- ㉔ 한 면만 보고 그 사람 전체를 평가하는

것은 옳지 않아.

- ㉔ 상대에게 좋은 인상을 주려면 넓은 지

식과 올바른 태도 못지않게 옷차림과 말

투, 행동에도 신경 써야 한단다.

- 글을 쓴 사람의 마음을 떠올려 봐요.
- 글에서 글쓴이의 마음이 드러난 부분을 찾아봐요.

2. 마음을 전하는 글을 써요

국어 활동 17쪽

1 파란색으로 쓰인 낱말의 발음에 주의하며 그림을 살펴봅시다.

2 '맑다'는 [막따]로 발음합니다. 겹받침 'ㄺ'이 자음자와 만나면 [ㄱ]만 소리 납니다. 이와 달리 '밝기도'는 [발끼도]로 발음하는데, 겹받침 'ㄺ' 다음에 자음자 'ㄱ'이 오면 겹받침 'ㄺ'은 [ㄹ]로 소리 납니다.

3 알맞은 발음을 골라 ○표를 하고 소리 내어 읽어 봅시다.

• 가을 산에 붉지[북찌 , 불찌] 않은 단풍이 드물다.

• 물이 참 맑기도[막끼도 , 말끼도] 하구나.

• 찰흙 반죽이 묽고[묵꼬 , 물꼬] 부드럽다.

⭐ 대화 예절을 지키며 대화하는 방법을 아는지 확인해 봅시다

1 다른 사람에게 말할 때 지켜야 할 예절을 모두 골라 ○표를 해 봅시다.

상대를 바라보며 말한다.	고운 말, 바른 말을 쓴다.	시간, 장소에 맞게 말한다.	듣는 사람의 기분을 고려하며 말한다.	항상 커다란 목소리로 말한다.
(○)	(○)	(○)	(○)	( )

2 다른 사람에게 말할 때 자신이 고칠 점과 그렇게 생각한 까닭을 써 봅시다.

고칠 점	⑩ 상대를 바라보지 않고 말한다.
그 까닭	⑩ 상대와 대화가 잘 이루어지지 않기 때문이다.

3 다른 사람의 말을 들을 때 지켜야 할 예절을 모두 골라 ○표를 해 봅시다.

다른 사람이 말할 때 끼어들지 않는다.	다른 사람이 하는 말을 끝까지 듣는다.	적절히 반응하며 듣는다.	자신에게 관심이 없는 이야기이면 듣지 않는다.	책을 읽으며 이야기를 듣는다.
(○)	(○)	(○)	( )	( )

4 다른 사람의 말을 들을 때 자신이 노력할 점을 써 봅시다.

⑩ 상대의 이야기를 끝까지 듣는다.

5 만화를 보고 예절에 맞게 말할 내용을 써 봅시다.

대화할 때 지켜야 할 예절을 생각해 봐요.

듣는 사람의 마음을 떠올려 보고 어떤 말을 해야 할지 생각해 봐요.

☆ 온라인 대화를 할 때 지켜야 할 예절을 아는지 확인해 봅시다

◉ 자신의 온라인 대화 예절 점수를 알아봅시다.

번호	문항	점수(1~10점)
1	상대에게 불쾌감을 주는 대화를 하지 않는다.	
2	바른 말, 고운 말을 쓴다.	
3	주제에 맞는 대화를 한다.	
4	사실과 다른 내용을 올리지 않는다.	
5	시간과 상황에 어울리는 대화를 한다.	
6	상대의 정보를 다른 곳에서 이야기하지 않는다.	
7	다른 사람이 인터넷에 올린 정보를 인용할 때에는 반드시 출처를 밝힌다.	
8	다른 사람의 실수를 이해한다.	
9	대화를 시작하고 끝낼 때 인사한다.	
10	상대가 원하지 않는 행동을 강요하지 않는다.	

• 온라인 대화를 할 때 어떤 말을 사용해야 할지 생각해 봐요.
• 온라인 대화를 할 때 지녀야 할 태도를 생각해 봐요.

국어 활동 24~40쪽

☆ 인물, 사건, 배경을 생각하며 이야기를 읽을 수 있는지 확인해 봅시다

1 인물, 사건, 배경을 생각하며 「주인 잃은 옷」을 읽어 봅시다.

2 「주인 잃은 옷」에 나오는 인물을 써 봅시다.

> 세모시 옷감, 할아버지, 할아버지의 어머니, 바람, 주발 등

3 「주인 잃은 옷」의 배경과 사건을 정리해 봅시다.

배경	사건
옷감 파는 집	할아버지께서 '나'를 사셨다.
한복 만드는 집	'나'는 할머니의 옷이 되었다.
할아버지 집	'나'는 할머니께서 돌아가셨다는 것을 알게 되었다.
들판	'나'는 불에 탔다.
하늘	'나'는 바람을 따라갔다.
나무 울타리 밑	'나'는 주발을 만났다.
할머니의 몸 위	'나'는 바람을 타고 할머니의 몸 위에 내려앉았다.

- 이야기를 읽고 누가, 언제, 어디에서, 어떤 일을 했는지 확인해 봐요.
- 인물의 말이나 행동에 담긴 마음을 생각해 봐요.

☆ 사건의 흐름을 생각하며 이야기를 읽을 수 있는지 확인해 봅시다

1 일어난 일을 생각하며 「비 오는 날」을 읽어 봅시다.

2 「비 오는 날」을 읽고 사건을 정리해 봅시다.

(1) 영란이가 언제 어디에서 무슨 일을 했는지 떠올려 보세요.

(2) **보기** 를 보고 영란이에게 있었던 일을 차례대로 정리해 보세요.

> **보기**
>
> • 영란이가 아버지 몰래 혼자 집으로 돌아왔다.
> • 아버지께서 비를 맞으며 영란이를 데리러 학교에 오셨다.
> • 아버지께서 술을 마시고 집으로 돌아오셨다.
> • 어머니께서 아버지 바지 호주머니에서 초코파이를 발견하셨다.
> • 아침에 아버지께서 자전거로 영란이를 학교에 데려다주셨다.

| 아침에 아버지께서 자전거로 영란이를 학교에 데려다주셨다. |

▼

| 아버지께서 비를 맞으며 영란이를 데리러 학교에 오셨다. |

▼

| 영란이가 아버지 몰래 혼자 집으로 돌아왔다. |

▼

| 아버지께서 술을 마시고 집으로 돌아오셨다. |

▼

| 어머니께서 아버지 바지 호주머니에서 초코파이를 발견하셨다. |

• 이야기 속 인물이 한 일을 떠올려 봐요.
• 인물이 한 일의 차례를 생각해 봐요.

국어 활동 41쪽

1 다음 대화를 살펴봅시다.

2 '얼큰하다', '매콤하다', '맵다'는 매운맛을 나타낼 때 쓰는 낱말입니다. 이 세 낱말은 서로 뜻이 비슷합니다.

3 보기에서 뜻이 비슷한 낱말끼리 나누어 써 봅시다.

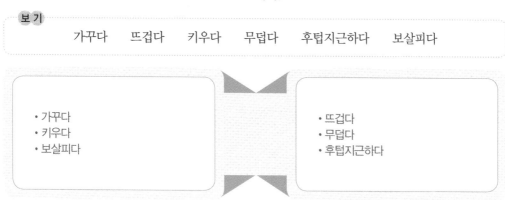

보기

가꾸다　　뜨겁다　　키우다　　무덥다　　후텁지근하다　　보살피다

・가꾸다
・키우다
・보살피다

・뜨겁다
・무덥다
・후텁지근하다

⭐ 문장의 짜임을 생각하며 의견을 표현할 수 있는지 확인해 봅시다

1 ㉮~㉰에 해당하는 속담을 보기 에서 찾아 문장의 짜임에 맞게 써 봅시다.

보기
- 바늘 도둑이 소도둑 된다
- 발 없는 말이 천 리 간다
- 빈 수레가 요란하다

㉮
바늘을 훔치던 사람이 계속 반복하다 보면 결국은 소까지도 훔친다는 뜻으로, 작은 나쁜 짓도 자꾸 하게 되면 큰 죄를 저지르게 됨을 비유적으로 이르는 말이다.

> 누가/무엇이
> 바늘 도둑이

> 무엇이다/어찌하다/어떠하다
> 소도둑 된다.

문장의 뜻을 생각해 봐요.

㉯
실속 없는 사람이 겉으로 더 떠들어 댐을 비유적으로 이르는 말이다.

> 누가/무엇이
> 빈 수레가

> 무엇이다/어찌하다/어떠하다
> 요란하다.

'누가/무엇이'에 해당하는 부분과 '무엇이다/어찌하다/어떠하다'에 해당하는 부분으로 나누어 봐요.

㉰
말은 비록 발이 없지만 천 리 밖까지도 순식간에 퍼진다는 뜻으로, 말을 삼가야 함을 비유적으로 이르는 말이다.

> 누가/무엇이
> 발 없는 말이

> 무엇이다/어찌하다/어떠하다
> 천 리 간다.

2 보기 처럼 문장의 짜임에 맞게 ⬭와 ⬜로 표시해 봅시다.

보기
⟨빨간 것은⟩ 사과이다.

⟨사과는⟩ 맛있다.

⟨긴 것은⟩ 기차이다.

⟨맛있는 것은⟩ 바나나이다.

⟨기차는⟩ 빠르다.

⟨바나나는⟩ 길다.

⟨빠른 것은⟩ 비행기이다.

☆ 자신의 의견을 제시하는 글을 쓸 수 있는지 확인해 봅시다

1 글쓴이의 의견을 생각하며 「함께 사는 다문화, 왜 중요할까요?」를 읽어 봅시다.

함께 사는 다문화, 왜 중요할까요?

홍명진

노르웨이는 인구가 아주 적은 나라인데 전체 인구 480만 명 중 12퍼센트인 50만 명이 이민자입니다.(2011년 기준) 프랑스의 경우에는 *무슬림 이민자가 600만 명이나 된다고 합니다.

외국인 이민자의 수가 그렇게 많다니 놀랍다고요? 남의 얘기만은 아닙니다. 현재 우리나라 전체 국민의 2퍼센트가 외국인입니다.(2011년 기준) 외국인 비율은 5퍼센트를 넘어 10퍼센트, 어쩌면 그 이상까지 늘어날지 몰라요. 지금과 같은 속도라면 머지않아 우리나라도 미국이나 캐나다, 프랑스 같은 다문화 사회가 될 거예요. 그렇게 되면 지금 유럽이 겪고 있는 다문화로 인한 갈등은 남이 아닌 우리 이야기가 되겠지요.

우리는 지금부터 다문화 사회를 준비하는 마음가짐을 가져야 해요. 노르웨이가 그랬듯이 관용의 자세로 다른 문화와 민족을 받아들이고 화합하는 법을 배워야겠지요. 그렇다면 어떻게 관용의 마음을 보여 줄 수 있을까요?

다문화를 받아들이는 방법은 나와 다른 사람을 특별 대우 하는 것이 아니에요. 그들을 관심, 교육, 온정의 대상이 아니라 길거리에서 만나도 신기하지 않은 평범한 이웃이나 친구로 대하는 것이지요. 지하철 옆자리에 앉아도, 식당에서 마주쳐도 아무도 흘긋흘긋 훔쳐보지 않는 편안한 세상, '그들'이 아닌 '우리 중 하나'가 되게 하는 것이죠. 그리고 시간이 얼마쯤 더 지나면, 우리 동네에서 나와 피부색이 다른 경찰관, 소방관, 주민 센터 직원을 만날 수 있게 될지 모릅니다.

우리나라는 전 세계적 기준에서 보면 잘사는 나라 중 하나가 되었어요. 세계 10대 무역국이자 정보 기술 강국으로서 가난한 나라들이 부러워하는 나라 중 하나이지요.

우리의 마음속에 진정한 선진국이 된 한국은 어떤 모습일까요?

물론 가장 먼저 경제적으로 지금보다 더 발전한 나라를 꿈꾸겠지요. 하지만 선진국이란 단순히 제품 생산이나 무역을 많이 하고 국민들의 소득이 높은 나라가 아니에요. 그런 것은 선진국이 되기 위한 조건 중 하나일 뿐이지요. 진짜 선진국이 되려면 겉모습뿐만 아니라 내면도 성숙해야 한답니다. 그 나라가 얼마나 건강하고 성숙한지 알 수 있는 방법은 무엇일까요? 그 나라가 사회의 하층민, 가난하고 소외된 사람들을 어떻게 대하는지 보면 알 수 있어요.

어느 사회나 도움을 필요로 하거나 어려움에 처한 사람들이 있어요. 가난한 사람들, 노인, 몸이 불편한 사람들, 외국인 노동자가 그들이죠. 그런 사람들을 배려하고 따뜻하게 품어 주지 못하는 사회를 진정으로 잘 사는 사회라고 말할 수 없습니다.

그중에서도 특히 외국인 노동자들은 낯선 땅에 살며 자신들의 권리조차 당당히 주장하기 힘들어요. 대한민국이 이들을 피부색으로 차별하거나 혹은 가난한 나라 출신이라고 무시하는 나라라는 말을 듣는다면 정말 부끄러운 일이겠지요.

하지만 사회의 발전을 함께 이끄는 구성원으로 이들을 받아들인다면 한국은 주변 국가로부터 본받을 만한 나라로 인정받을 겁니다.

"우리는 한 공동체의 구성원이야."

라고 손을 내밀 수 있는 국가야말로 열려 있는 사회이며 우리가 만들어 가야 할 선진 국가의 모습이랍니다.

*무슬림: '이슬람교를 믿는 사람 또는 그 무리'를 뜻하는 아라비아어.

2 「함께 사는 다문화, 왜 중요할까요?」를 읽고 우리가 노력해야 할 점에 대해 알맞은 까닭을 들어 의견을 제시하는 글을 써 봅시다.

• 우리가 해야 할 일을 의견으로 정해 봐요.
• 의견을 뒷받침하는 까닭을 여러 가지 떠올려 봐요.

5. 의견이 드러나게 글을 써요

국어 활동 47쪽

1 간판에 쓰인 낱말의 뜻을 생각하며 그림을 살펴봅시다.

2 '올갱이'는 '다슬기'의 방언입니다. 우리말에는 같은 뜻을 나타내는 여러 가지 방언이 있습니다.

3 간판에 쓰인 방언과 뜻이 같은 표준어를 찾아 써 봅시다.

방언	표준어
올갱이	다슬기
부치기	부침개
할매	할머니
오마니	어머니
강생이	강아지
콩주름	콩나물

국어 활동 48~56쪽

⭐ 전기문의 특성을 아는지 확인해 봅시다

1 전기문의 특성을 생각하며 「임금님을 공부시킨 책벌레」를 읽어 봅시다.

임금님을 공부시킨 책벌레

　　1567년, 선조가 조선의 14대 임금이 되었습니다. 궁궐에서는 성대한 즉위식이 열렸습니다. 보좌에 앉은 선조가 고개를 조아린 신하들 앞에서 말했습니다.

　　"과인이 책을 잡고 어엿한 왕이 되려고 마음먹은 데는 유희춘의 공로가 크다. 어서 유배가 있는 유희춘을 불러오너라!" / "명을 받들겠나이다."

　　신하들이 한목소리로 대답했습니다. 어린 시절, 선조는 책이라면 몸서리를 치던 개구쟁이였습니다. 그러나 책벌레 스승 유희춘을 만난 뒤 선조는 180도 달라졌습니다.

　　"스승님, 어제 들려주신『사기』를 더 읽어 주십시오."

　　"항우와 유방 이야기 말씀이시지요? 어디까지 했더라……."

　　유희춘은 수많은 책 속에서 읽은 광활한 역사와 훌륭한 임금들의 이야기를 들려주었습니다. 선조는 그때부터 책의 재미를 깨닫고 스승을 따라 어딜 가나 책을 쥐고 다니게 되었습니다.

　　유희춘은 명종 대에 간신배들에 맞서 바른 뜻을 굽히지 않다가 정적들의 모함으로 제주도에 유배를 가 있었습니다. 선조는 왕이 되자마자 유희춘을 한양으로 불러들이고 관직을 내주었습니다. / "그래, 유배지에서 고초가 심하지 않았는가?"

　　걱정 어린 선조의 물음에 유희춘은 머리를 긁적이며 답했습니다.

　　"소신, 제주에서 미뤄 두었던 책을 읽느라 세월이 가는 줄도 몰랐사옵니다."

　　그 말에 선조는 껄껄 웃으며 무릎을 쳤습니다.

　　"유배를 가 고생을 하고 있을 줄 알았더니 맘 편히 휴가를 즐기고 왔구려!"

　　선조는 유희춘에게 하고 싶은 일이 있는지 물었습니다. 긴 유배 생활로 퀭한 유희춘의 얼굴에 한 줄기 빛이 들었습니다.

　　"그동안 많은 책 속에서 여러 오류를 발견하였습니다. 소신에게 시간을 주신다면 그 책을 바로잡아 새로 편찬하고 싶습니다."

　　이후 유희춘은 선조의 전폭적인 지원 아래 이미 편찬된 책들의 오류를 바로잡고 새로이 찍어 냈습니다.

「임금님을 공부시킨 책벌레」, 마술연필

2 「임금님을 공부시킨 책벌레」를 읽고 유희춘의 업적을 써 봅시다.

> ⑩ 유희춘은 선조에게 책의 재미를 깨닫게 했으며, 이미 편찬된 책들의 오류를 바로잡고 새로이 찍어 냈다.

인물이 한 일을 떠올려 봐요.

인물이 한 일 가운데에서 가장 중요한 일을 찾아봐요.

국어 활동 58~59쪽

☆ 독서 감상문을 쓰는 방법을 아는지 확인해 봅시다

◉ 「나의 꿈, 나의 미래」를 읽고 독서 감상문을 쓰는 방법을 알아봅시다.

나의 꿈, 나의 미래

❶ 학교에서 자신의 꿈이 무엇인지 발표했다. 나연이가 『꿈의 다이어리』라는 책을 읽고, 자신도 꿈에 대해 깊이 생각해 볼 수 있었다며 이 책을 적극 추천했다.

❷ 이 책의 주인공인 하은이는 꿈이 많은 아이이다. 가수, 우주 비행사, 요리사와 같이 날마다 꿈이 바뀐다. 하지만 하은이는 꿈의 다이어리를 받고 난 뒤, 꿈을 이루려면 노력해야 한다는 사실을 깨닫게 된다.

❸ 나는 사실 내 꿈이 무엇인지 모른다. 예전에는 과학자였지만 지금은 연예인이 되고 싶기도 하다. 하은이처럼 내 꿈은 계속 바뀌고 나는 한 번도 꿈에 대해 진지하게 생각한 적이 없다.

❹ 하지만 이 책을 읽고 꿈은 내가 살아가면서 목표를 두고 노력해야 하는 것이라는 사실을 깨달았다. 앞으로는 내가 좋아하고 즐길 수 있는 것을 발견해서 그것을 이루려고 더 노력해야겠다.

• 독서 감상문은 어떤 글인가요?
• 독서 감상문에 들어갈 내용을 떠올려 봐요.

독서 감상문의 내용	해당하는 부분
책을 읽고 생각한 앞으로의 다짐을 썼어요.	❹
친구가 추천해서 책을 읽었다는 동기를 잘 드러냈어요.	❶
글쓴이가 관심 있었던 내용을 중심으로 책 내용을 정리했어요.	❷
책 내용과 관련해 자신을 되돌아보는 내용을 썼어요.	❸

독서 감상문을 쓰는 방법
• 책을 읽은 동기를 쓴다.
• 책에서 관심 있는 내용을 쓴다.
• 책을 읽고 새로 안 내용을 쓴다.
• 책을 읽고 생각한 내용을 쓴다.
• 책을 읽고 자신을 반성한 내용을 쓴다.

기초 다지기 · 7. 독서 감상문을 써요

1 '할아버지'를 지역에 따라 어떻게 말하는지 살펴보고 보기 에서 알맞은 말을 찾아 빈칸에 써 봅시다.

보기
하르방   할배   할압시

☆ 글을 읽고 글쓴이의 의견을 평가할 수 있는지 확인해 봅시다

1 광고를 살펴봅시다.

「여기가 맞을 텐데…?」, 남광민 · 양희원, 한국방송광고진흥공사

2 광고를 보고 생각한 내용을 쓴 「숲을 보호합시다」를 읽어 봅시다.

숲을 보호합시다

　사람들은 숲에서 생활에 필요한 여러 가지 물건을 얻습니다. 이로 말미암아 숲이 파괴되고 생물들의 보금자리가 사라집니다. 우리는 이런 숲을 보호하고 생물들의 보금자리를 지켜 주어야 합니다. 그렇게 하려면 어떻게 해야 할까요?

　첫째, 자원의 낭비를 막아야 합니다. 우리가 물건을 아껴 쓰고, 버리는 물건을 재활용하면 숲이 파괴되는 것을 줄일 수 있습니다.

　둘째, 나무를 베어 낸 숲은 다시 가꾸어야 합니다. 한번 파괴된 숲은 저절로 복원되는 데 오랜 시간이 걸리지만, 사람들이 노력하면 조금 더 빨리 새로운 숲을 만들 수 있습니다.

　셋째, 숲의 파괴를 최소화해야 합니다. 숲을 이용할 때에는 정해진 곳만 이용하고, 보호된 숲에서는 식물과 동물이 살아갈 수 있게 해야 합니다.

3 글쓴이의 의견을 평가해 봅시다.

주제와 관련 있는가?	▶	○
의견과 뒷받침 내용이 관련 있는가?	▶	○
의견을 뒷받침하는 내용이 사실이고 믿을 만한가?	▶	○
문제 상황을 해결할 수 있는가?	▶	○

예: ○, 아니요: ×

· 글쓴이의 의견이 무엇인지 확인해 봐요.
· 의견을 뒷받침하는 내용이 무엇인지 따져 봐요.

⭐ 자신의 의견이 드러나게 글을 쓸 수 있는지 확인해 봅시다

1 자유의 뜻을 생각하며 「자유가 뭐예요?」를 읽어 봅시다.

자유가 뭐예요?

오스카 브르니피에(양진희 옮김)

부모님과 선생님이 항상 우리에게 "이거 해라, 저거 해라!" 시킵니다.

부모님과 선생님이 시키는 일들이 정당하고 꼭 해야 할 일들인데도, 우리 마음대로 못 하게 하기 위해서 그러는 거라는 생각이 들 때도 있나요?

우리는 부모님이나 선생님의 생각과 다르다는 것을 말할 수도 있고, 그분들의 말을 안 들을 수도 있지 않나요?

우리는 혼자서 자신의 삶을 살 수 있을까요?

모든 사람이 우리에게 명령할 권리를 갖고 있나요?

나를 사랑하는 사람들은 내 마음대로 할 수 있도록 내게 날개를 달아 줍니다.

사랑하는 사람들이 우리에게 갖는 믿음 때문에 우리가 잘못된 생각을 할 수도 있을까요?

우리는 자신감을 갖기 위해서 우선 자신부터 사랑해야 하지 않을까요?

우리를 못살게 구는 사람들도 우리에게 날개를 달아 줄 수 있을까요?

우리는 다른 사람들을 기쁘게 하기 위해서 그 사람들을 따라 해야 한다고 느낄 때도 있어요.

다른 사람들을 따라 하지 않고도 그 사람들을 기쁘게 할 수는 없을까요?
자유로우려면 반드시 다른 사람들과 달라야만 할까요?
다른 사람들을 따라 하라고 시키는 건 자기 자신일까요? 아니면 다른 사람들일까요?
어쨌든 우리 자신은 다른 사람들과 닮지 않았나요?

2 「자유가 뭐예요?」를 읽고 다른 사람과 함께 살려면 어떻게 해야 할지 자신의 의견이 드러나게 글을 써 봅시다.

- 문제 상황에 대해 자신이 하고 싶은 말을 정리해 봐요.
- 자신의 의견과 그 의견을 내세우는 까닭을 생각해 봐요.

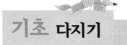

국어 활동 89쪽

1 사진 속 모자를 가리키는 표준어는 무엇인지 생각해 봅시다.

고깔모자

꼬깔모자

2 '위 끝이 뾰족하게 생긴 모자'를 가리키는 낱말은 '고깔모자'입니다. '꼬깔'은 '고깔'의 방언입니다.

3 문장에서 표준어를 골라 ○표를 해 봅시다.

• 어머니께서는 꽃밭 ((가장자리), 가생이)에 채송화를 가득 심으셨다.

• 목욕탕에서 형이 (등어리 ,(등))을/를 밀어 주니 정말 개운했다.

☆ 시를 읽고 느낌을 표현할 수 있는지 확인해 봅시다

1 장면을 떠올리며 「제기차기」를 읽어 봅시다.

제기차기

김형경

제기를 찬다.
책상 앞에 묶였던
빈 마음들
훌훌
골목으로 몰려,
한 다발
하얀
바람을 차올린다.

한 발 차기
두 발 차기
신이 난 제기.

한껏 부푼
골목엔
터질 듯한 아우성.

제기가 숫숫 발을 끌어올리면
아이들 온 바람은
하늘까지 치솟는다.

제기가 오른다.
얼어붙은 골목 가득 숫숫대며
지금도
아이들 하얀
바람이 솟구친다.

2 「제기차기」를 읽고 떠오르는 장면과 이 시에 대한 느낌을 써 봅시다.

시를 읽고 떠오르는 장면	예) 골목에서 아이들이 제기를 차고 있는 모습
시에 대한 느낌	예) 신난다./ 즐거움이 느껴진다.

- 시에서 말하는 이는 무엇을 보고 있나요?
- 시 속 아이들의 모습을 떠올려 봐요.

⭐ 이야기를 읽고 다른 사람에게 들려줄 수 있는지 확인해 봅시다

1 인상 깊은 장면을 떠올리며 「기찬 딸」을 읽어 봅시다.

기찬 딸

김진완

귀가 얼어 툭 건들면 쨍그랑 깨져 버릴 듯한 겨울 어느 날이었어요.

외할머니와 외할아버지는 기차를 타고 어디 먼 곳으로 가고 있었는데요, 아직 외할머니 배 속에 있던 엄마는 발가락을 꼼지락대다가 갑자기 세상 구경이 빨리 하고 싶어졌대요.

"으윽…… 으음…… 아이고, 배야." / 싸한 진통이 시작된 외할머니가 배를 감싸 안았어요.

"보소, 얼라가…… 나올라캅니더."

놀란 외할아버지가 둘레둘레 돌아보니 사방엔 온통 졸음 겨운 눈, 붉은 코, 갈라 터진 입술 들뿐이었대요. / "큰일 났구나! 이 일을 우찌 하노."

엄마 아빠가 빨리 보고 싶은 아기는 '영차' 나올 준비를 했고요.

"으악!" / "오매, 저 아짐씨가 애를 낳게 생겼어유."

"시방 뭔 소리여? 기차 안에서 애를 워떠케 낳아?"

"나오면 낳는 거지, 애가 그런 사정 봐주겠슈?"

사람들이 수군덕거렸어요. / 그때 한 할머니가 버럭 소리를 질렀다지요.

"차장 양반! 기차부텀 싸게 세우쇼! 남정네들은 우두커니 서 있지들 말고 후딱 인가에 뛰어 가서 뜨신 물 좀 얻어 오고!"

할머니 말이 끝나기도 전에 사람들은 서둘러 움직이기 시작했대요.

아저씨들은 "뜨신 물! 뜨신 물!" 하고 외치며 기차보다도 빠르게 하얀 눈보라 속을 내달리 기 시작했고요. / "하이고! 이게 무슨 날벼락이랴!"

"어이쿠, 엉덩이야! 나 좀 일으켜 주랑께!" / "굴러서 갈 참이여? 싸게 일어나!"

기적 소린지, 외할아버지가 힘쓰는 소린지, 기차 안을 울리는 외마디 소리에 딱 기가 막힌 외 할아버지는 다리가 후들거리기 시작했대요.

"조금만, 조금만 더!" 하는 아줌마들의 쉰 목소리 사이로 아저씨들도 '꿍차' 젖 먹던 힘까지 쥐 어짰다는데요, 창피하고, 아프고, 춥고, 떨리는 거기서,

"으앙! 으아앙!" / 엄마가 드디어 울음을 터트렸다지 뭐예요!

"와하하! 나왔어!" / "공주여, 공주!"

"첫딸은 살림 밑천이라는데 기차 안에서 한몫 잡았구먼!"

"우리 얼마라도 보태, 애 엄매 미역 한 줄거리 해 먹입시더."

"그래유. 참 좋은 생각이네유." / "맞다. 그게 사람 사는 정 아잉교."

얼굴이 두꺼비 같은 아줌마가 꼬깃꼬깃한 종이돈을 꺼내자 너도나도 돈을 꺼내 모자를 찾았 어요. / "아따, 고놈 기차 화통을 삶아 먹었나, 울음소리 한번 우렁차고만그라!"

"가수 시키면 되겠구먼."

"맞다! 예쁜 공주도 얻었으니, 애기 아부지, 노래 한 곡 해 보더라고!" / "박수!"

외할아버지는 그제야 헤벌쭉 웃으셨대요.

신바람이 난 외할아버지가 한 손을 척 들어 올리고는 노래 한 자락 하시는데요,

"쾌지나 칭칭 나네! 오늘 만난 벗님네야 쾌지나 칭칭 나네! 고맙고 고맙습니다."

외할아버지가 쾌지나 칭칭 쾌지나 칭칭 노래를 시작하자, 유랑 극단 사람들이 장구와 꽹과리를 치기 시작했어요.

"아리 아리랑 쓰리 쓰리랑 아라리가 났네! 아리랑 응응응 아라리가 났네!"

모두 함께 노래하며 어깨춤을 덩실덩실 추었대요.

기차 밖은 눈보라가 휘날렸지만, 기차 안은 후끈후끈했지요.

귀가 얼어 툭 건들면 쨍그랑 깨져 버릴 듯한 겨울 어느 날 이야기래요. / 아기요?

아기는 아기대로 기분이 최고로 좋아서 장구 장단에 맞춰, 꼴딱 꼴꼴딱 쪽쪽 꼴꼴딱 맛나게 엄마 젖을 빨았지요. / 엄마 이름은 여러 사람의 은혜를 입어 태어났다고 그 자리에서 바로 '다혜'라고 지어졌대요. / 가난이야 설움이야 칙칙폭폭 칙칙폭폭 부아가 끓어올라도 우리 엄마 다혜 씨는 찬물 한 잔으로 가라앉힐 줄 알고요,

"세상에서 가장 용감한 사람은 기차 안에서 얼라를 낳은 느그 외할매다! 내는 그 할매 딸이고! 하하하!" / 웃음소리도 우렁차지요.

"몸만 건강하모 희망은 있다!" / 여장부예요. / 기찬, 기-차-안 딸이거든요.

2 「기찬 딸」을 읽고 인상 깊은 부분을 다른 사람에게 들려줍시다.

(1) 인상 깊은 장면과 그 까닭을 써 보세요.

인상 깊은 장면	㉔ 아기가 태어나서 신바람이 난 외할아버지가 「쾌지나 칭칭 나네」 노래를 시작하자, 유랑 극단 사람들이 장구와 꽹과리를 치는 장면
그 까닭	㉔ 사람들이 남의 일도 자기 일처럼 기뻐하며 함께 축하하는 모습이 보기 좋았기 때문이다.

이야기에서 인상 깊은 장면을 상상해 봐요.

(2) 들려줄 사람을 정하고 이야기를 들려주세요.

(3) 잘했는지 확인해 보세요.

인물의 특성을 살려 표현했나요?	▶	

이야기의 내용이 잘 전달되었나요?	▶	

인물의 마음이 잘 드러나도록 실감 나게 이야기를 읽어 봐요.

매우 잘함: ◎, 잘함: ○, 보통임: △

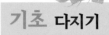

1 파란색으로 쓰인 낱말을 바르게 써 봅시다.

• 나 만큼 너도 힘들겠다. 　➡ (　　　나만큼　　　)	• 감자밭이 운동장 만큼 넓었다. 　➡ (　　　운동장만큼　　　)
• 해야 할 일을 차례 대로 적었다. 　➡ (　　　차례대로　　　)	• 우리 셋 뿐 아니라 거기 있던 다른 사람들도 모두 그렇게 생각했다. 　➡ (　　　셋뿐　　　)
• 나 뿐 아니라 너도 그걸 좋아하니? 　➡ (　　　나뿐　　　)	

2 '만큼', '대로', '뿐'은 '운동장만큼', '차례대로', '셋뿐'과 같이 앞에 오는 다른 낱말과 함께 쓰는 낱말입니다. '운동장만큼', '차례대로'와 같이 사람이나 사물의 이름을 나타내는 낱말이나 '셋뿐'과 같이 수를 나타내는 낱말 뒤에서는 붙여 씁니다. 형태가 바뀌는 낱말 가운데에서 '-는/-을/-던'과 같이 '-ㄴ/-ㄹ'로 끝나는 말 뒤에서는 띄어 씁니다.

3 밑줄 그은 부분의 띄어쓰기가 맞으면 ○표, 틀리면 ×표를 해 봅시다.

• 우리만큼 겨울을 사랑하는 아이들이 또 있을까?　　　　　　　　（　○　）

• 친구는 친구 대로 내 말에 속이 상했나 보다.　　　　　　　　　（　×　）

• 우리 마을뿐 아니라 이웃 마을에도 이상한 소문이 돌았다.　　　（　○　）

• 사람들은 반찬을 먹을 만큼 덜어서 먹었다.　　　　　　　　　　（　○　）